大型电力提灌灌区运行管理与经济分析

朱万花　何　洋◎著

吉林科学技术出版社

图书在版编目（CIP）数据

大型电力提灌灌区运行管理与经济分析 / 朱万花，
何洋著. -- 长春 ：吉林科学技术出版社，2023.7
ISBN 978-7-5744-0833-3

Ⅰ．①大… Ⅱ．①朱… ②何… Ⅲ．①提水灌溉－灌
区－电力工程－运营管理－中国②提水灌溉－灌区－电力
工程－经济分析－中国 Ⅳ．①F426.61

中国国家版本馆CIP数据核字(2023)第191590号

大型电力提灌灌区运行管理与经济分析

著	朱万花　何　洋
出 版 人	宛　霞
责任编辑	李永百
封面设计	金熙腾达
制　　版	金熙腾达
幅面尺寸	185mm×260mm
开　　本	16
字　　数	266 千字
印　　张	12
印　　数	1–1500 册
版　　次	2023年7月第1版
印　　次	2024年2月第1次印刷

出　　版　吉林科学技术出版社
发　　行　吉林科学技术出版社
地　　址　长春市福祉大路5788号
邮　　编　130118
发行部电话/传真　0431-81629529 81629530 81629531
　　　　　　　　　　81629532 81629533 81629534
储运部电话　0431-86059116
编辑部电话　0431-81629518
印　　刷　三河市嵩川印刷有限公司

书　　号　ISBN 978-7-5744-0833-3
定　　价　80.00元

前　言

　　我国水资源总量不足，时空分布不均且水资源与人口、耕地、生产力布局极不协调。造成大部分地区水资源短缺，严重地制约着国民经济的发展。长期以来，我国在水资源开发利用方面，管理体制不顺、思想陈旧、管理方式粗放、技术手段落后，导致水资源的掠夺性开发利用，用水效率低，水资源浪费严重，引发了地下水超采、地下水位下降、河流湖泊萎缩、水污染加剧等一系列问题，严重地威胁到社会、经济与生态环境间的协调发展。我国是一个农业大国，水资源是农业生产的命脉，农业用水占整个国民经济用水的比例最大。但农业用水效率很低，浪费严重。如何提高农业用水效率，实现农业节水，对缓解我国日益严重的水资源短缺问题有着十分重要的意义。水利工程体系得到进一步完善，防洪减灾和水资源调控能力显著提高，就会为经济社会发展提供可靠的防洪安全、供水安全和生态安全保障。而如何保护好、管理好、运用好已建水利工程，充分发挥其效益，则是摆在水利工作者面前的一项重要任务。为利用现代的管理理念和先进的科学技术，提高我国灌区水资源管理水平，促进灌区水资源管理工作由"经验性管理"向"科学管理"转变，实现水资源的实时优化配置，指导灌区合理、高效用水，节约用水。甘肃对省内的大型电力提灌区进行了优化管理与续建，本书是这些研究成果及工作经验的总结。

　　本书一共分为七个章节，首先对我国的大型电力提水灌区进行了分析，主要从大型电力提灌区在我国经济社会发展中的重要作用、大型电力提水灌区节水改造与管理改革现状、制约大型电力提水灌区发展的关键问题三个角度进行阐述。简要概括了我国大型电力提水灌区运行管理相关的概念，并以甘肃的景泰川大型提水灌区的运营管理情况以及经济效益状况为例，探究我国大型电力提水灌区运行管理的优化措施，并探索我国电力提灌工程效益提高的有效途径。基于信息化时代，探讨我国大型电力提水灌区信息化建设的可行路径，旨在为今日其他电力提水进行信息化建设提供可参考蓝本。

目　录

第一章 大型电力提水灌区

第一节 大型电力提水灌区在我国经济社会发展中的重要作用

一、大规模的灌区建设

在新中国的农田水利建设中，除广大农民群众自发进行的小型但广泛分布的以外，由国家或地方政府统一规划和组织施工的灌区建设占有重要地位。

在新中国成立初期，许多地方已开始改建或扩建历代遗留下来的一些灌区，在有条件和需要的地方开始建设新灌区，但规模较小，进展也比较慢。到"大跃进"时期，稳妥的办法受到批判，许多工程纷纷上马。20 世纪末中国所有的灌区中的绝大部分（尤其是灌溉面积在 50 万亩即 3.33 万 m^2 以上的灌区）都是在 1958 年起的一段时间内建立的，到 20 世纪六七十年代开始发挥效益。

"大跃进"时期建立起来的灌溉工程，有些由于不顾人力、物力的可能，仓促上马，以致只完成了主要工程项目，田间配套工程跟不上，未能收到所期望的效益；有些由于缺乏经验，走了弯路，如黄河流域的灌区只灌不排，引发了严重的土壤盐渍化，后来不得不全面停止引黄；有些由于瞎指挥，违反了水流规律，建造的工程不得不拆除，如四川省在都江堰上游筑坝。但是大部分经过慎重设计建造的灌区工程，经受了时间的考验，证明是成功的，直到现在还在中国农业增产中发挥着十分重要的作用。下面是一些重要灌区的简况：

（一）都江堰灌区

历史上的都江堰灌区创建于 2200 多年前的秦朝后期，到新中国成立时，仍灌溉着成都平原耕地 18.8 万 m^2。1949 年后扩大了老灌区，新建了人民渠 1~5 期灌区、三合堰灌区、东风渠 1~4 期灌区、牧马山灌区，共计发展了由都江堰直接引水的平原灌区26 万 m^2，并在龙泉山以东丘陵地区新建了人民渠 6~7 期灌区、东风渠 5~6 期灌区，共计发展了引都江堰水的丘陵灌区 28.6 万 m²。以上合计发展灌区 54.6 万 m²，使整个都江堰灌区发展到 73.8 万 m²。在新灌区适应丘陵山区地形和蓄水的需要，建造了黑龙滩、三岔、鲁班等 10 座大、中型水库和 300 余座小型水库，总库容为 12 亿 m³。

（二）泾洛渭灌区

泾洛渭灌区位于陕西的泾惠渠、洛惠渠、渭惠渠，也是中国古代遗留下来的水利工程。20 世纪 20 年代末，陕西大旱，在李仪先生的领导下，于 30 年代整修了泾惠渠，到 1949 年能灌地 3.33 万 m²，当时也建了洛、渭灌区工程，但洛惠渠因隧道工程复杂，到 1950 年才通水受益。新中国成立后，三个灌区都经过扩建、改善、建库、修塘、打井，开辟了水源，扩大了引水量，增建抽水站，解决高地灌溉，也改善了排水条件，形成以引为主，蓄、引、提相结合联合运用的新型灌区。泾惠渠灌溉面积由原设计的 4.27 万 m² 扩到 9 万 m²，洛惠渠由原设计的 2.67 万 m² 扩到 5.2 万 m²，渭惠渠灌区于 1958 年修建了渭北高原抽水工程，1971 年建成宝鸡峡引渭灌溉工程，灌溉面积扩大到 20 万 m²。

（三）人民胜利渠灌区

人民胜利渠是新中国诞生后在黄河下游兴建的第一个大型灌溉工程。渠首闸建在黄河北岸的秦厂大坝末端，地处河南省武陟县。原计划引水流量 40 m³/s，灌溉面积 4.8 万 m²，由于闸前河床淤高，现在最大引水能力可达 90 m³/s。总干渠向北延伸，到新乡市注入卫河，全长 52.7 km，担负着灌溉、排涝、发电和济卫等多项任务。为了处理引黄泥沙，建有沉沙池 3 处。从灌溉枢纽向武陟、获嘉、新乡、原阳、延津、汲县和新乡市郊供水。灌溉渠系由总干、干、支、斗、农、毛 6 级渠系组成，排水系统以卫河为承泄区，东、西孟姜女河为干排，田间设有支、斗、农排。为开发地下水源，打机井 11 000 多眼，灌区农作物以小麦、玉米、棉花为主，粮食作物面积占 70%，棉花面积近 30%，1979 年粮食每公顷产量已超过 7.5 t，棉花超过 0.75 t。

（四）内蒙古河套灌区

该灌区位于巴彦淖尔盟南郊，西与乌兰布和沙漠相接，东至包头市，南临黄河，北抵阴山山脉的狼山、乌拉山洪积扇，东西长 250 余 km，南北宽 50 余 km，总面积 13 904 km²；土层深厚，地势平坦，西南高，东北低，地面坡度 1/5 000~1/8 000；年平均降水量 130~215 mm，平均蒸发量 2 000~2 300 mm；无霜期 160~180 天，年 10 ℃以上积温 3 000 ℃，是一个没有灌溉就没有农业的干旱地区。

据历史记载，这个地区的引黄灌溉始于秦汉，兴于唐，后因战乱衰废。宋代成为牧场，清朝中叶开始发展农业，当时内地灾民、商人前来承租土地，开凿渠道，开荒种田。至清末民初，基本建成 8 大干渠，由黄河无坝自流引水，灌溉面积达到 6.7 万 m^2 左右。新中国成立初期扩大到 10 大干渠，灌溉面积达到 20 万 m^2。但因渠道弯曲，工程简陋，多用草闸、土坝束水控制水量，受黄河水位变化影响，很难保证灌溉。1962 年，建成三盛公拦河闸和总干渠引水枢纽工程，并开挖了贯穿灌区东西长约 200 km 的总干，上有 4 座分水枢纽分别为各大干渠调控水量，整个灌溉系统由总干、分干、支、斗、农、毛 6 级渠系组成。20 世纪 70 年代中期开始进行排水系统建设，与灌溉系统相对应，亦设 6 级排水沟系。灌区排水经总排干沟入乌梁素海，在入海处建有扬水站及自流泄水闸。平时扬水站抽排，汛期泄水闸自流排水。排水入乌梁素海滞蓄后经退水渠自流入黄河。随着灌溉面积的扩大，灌区农业生产产量逐年增加。据统计，新中国成立初期粮食总产量为 1.35 亿 kg，1957 年灌区面积发展到 31.3 万 m^2，农业总产达到 3.9 亿 kg；1981 年灌区面积为 44.7 万 m^2，农业总产为 9.67 亿 kg。

（五）青铜峡灌区

该灌区位于宁夏回族自治区北部，由河东、河西、陶乐 3 个独立灌区组成。黄河由南向北穿过灌区，流长 194 km，年过境水量平均 320 亿 m^3，灌区面积 5 408 km^2。地势平坦开阔，具有一定坡度，便于引水发展自流灌。2000 多年前，这里就有引黄灌溉工程，目前正在运行的主要水渠都是在古代兴建的渠道的基础上加以整修或重建形成的。主要的渠道如下：

1. 秦渠。是河东灌区最大最早的干渠，有说建于秦始皇时代，有说始于汉武帝时代。经过历代整修，特别是新中国成立后的裁弯取顺、扩大渠身，翻修改建了所有的建筑物，延长尾段，现在渠道全长 60 km，建筑物 340 座，实灌溉面积 2.67 万 m^2。

2. 汉渠。前身为光禄渠，始建于汉代，经历代整修，新中国成立后又做上段裁弯、中段改道、下段延长和合并支斗渠，至今全长 44.3 km，建筑物 190 座，实灌溉面积 1.33 万 m^2。

3. 唐徕渠。河西灌区最主要的灌溉渠道，相传是唐时对汉代的旧渠加以疏浚、延长，用以招徕劳力垦殖，因而得名。新中国成立后，进行了全面整修，渠道全长 154.6 km，实灌溉面积 7.3 万 m^2。

4. 汉延渠。始建于西汉，后因战乱废弃。元世祖至元三年（1266）修复，明清又做多次修整。新中国加以扩建、改建，现干渠全长 88.6 km，大小建筑物 340 座，灌区总面积 4.8 万 m²，实灌面积 3.6 万 m²。由于多年淤灌，沿渠形成带状相对高地，利于灌排；灌区土质肥沃，是青铜峡河西灌区的高产区。

5. 惠为渠。始建于清雍正四年（1726），后经改、扩建，现长 175 km，有支干渠 3条。在干渠和支干渠上共有建筑物 157 座，支、斗渠口 529 座，引水流量 85 m³/s；年用水量 8 亿 m³，灌地 5 万 m²，是青铜区内渠线最长的灌渠。

1958—1967 年间建成的青铜峡水利枢纽，是以灌溉为主，结合发电、防洪、防凌的大型综合性水利工程。混凝拦河大坝坝高 42 m，提高水位 20 m，坝长 697 m，水库总库容 67.35 亿 m³，装有 8 台发电机组，总装机容量 27.2 万 kW，年发电量 12.76 亿 kW·h。该工程的建成，结束了黄河两岸渠道无坝引水的历史，而且为电力提水灌溉创造了条件。全青铜峡灌区现有干渠 11 条，总长 868 km，大、小提站 325 座，装机 720 台，3.9 万 kW。干渠引水能力为 620 m³/s，年引水 55 亿 m³，设计灌溉面积 38.8 万 m²，其中提水灌溉 2.47 万 m²。

（六）淠史杭灌区

淠河、史河、杭河三个毗邻灌区的总称，范围涉及安徽、河南两省的 13 个县市，总面积 1.3 万 m²，设计面积 75 万 m²。在 20 世 50 年代，新中国成立不久，就在大别山区修建了佛子岭、梅山、响洪甸、磨子潭、龙河口 5 个大水库，总库容 66.8 亿 m³，兴利库容 28.4 亿 m³，多年平均来水量 49.0 亿 m³，是灌区的主要水源工程。1958 年开始灌区建设，共建成 350 条骨干渠道（其中包括总干渠、干渠、分干渠 32 条，长 1 387 km）及 1 万多条小型渠道，总长约 2 万 km。在灌区中、上游还建有中、小型水库 1200 多座，总兴利库容 8.0 亿 m³，与渠道相连，形成长结瓜式渠系网。除拦蓄当地径流外，还可用来承蓄非灌溉时期上游与大水库的泄水，做到大、中、小水库与塘坝互相补偿，以满足灌溉用水高峰的需要。淠史杭灌区是新中国成立以来完全新建的第一个大型灌区，是安徽省重要的粮食生产基地。

（七）青年运河灌区

该灌区位于雷州半岛，是以灌溉为主，结合防洪、发电、航运和淡水养殖等综合利用的大型水利工程，于 1958 年 6 月动建，1960 年 5 月建成发挥效益。灌溉面积 155 万 m²，对改变雷州半岛的干旱面貌发挥了巨大作用。灌区水源工程为跨越广东、广西两省的 4 个县的鹤地水库，水库的集水面积 1 496 km²，蓄水面积 122 km²，总库容 1.875 亿 m³。坝为均质土坝，建在九州江上，坝长 885 m，最大坝高 31.5 m，有溢洪道两座，最大泄洪量 2 560 m³/s；灌溉放水闸一座，正常输水量 110 m³/s；船闸一座，通航能力 2×40 t。灌区包括廉江、遂溪、海康、化州、吴川和湛江等 6 个县（市），总土地面积 5 787 km³。为了达到自流灌溉的目的，在雷州半岛的高处自北向南布置了青年运河总干渠，又沿两侧高丘布置了东运河、西运河、东海运河、西海运河、四联运河等分干渠，总长 271 km。此外，还有干、支、斗等灌渠道 4 039 条，总长 6 000 多 km。渠道筑物 2 300 多座，包括大型水闸 14 座、船闸 6 座、渡槽 14 座、铁路公路桥梁 44 座、进水闸 1 320 座、电站 20 座（总装机 3 059 kW）、电灌站 35 处（总装机 750.5 kW）。灌区地势平坦，气候温和，粮食作物可一年三熟，又特别适合甘蔗、花生和其他经济作物的生长，已经成为广东省粮、糖、油的重要生产基地。20 世纪 70 年代，为适应扩大生产的需要，灌区进行了开源节流的扩建工作，包括扩大鹤地水库库容 2.75 亿 m³，增加中、小水库 29 座（库容 1.3 亿 m³），实行渠道衬砌防渗措施634.9 km等。

（八）位山灌区

该灌区位于山东省聊城市，是黄河下游的大型引黄灌区，始建于 1958 年。后来由于排水工程没有跟上，发生了大面积的盐碱化，于 1962 年停灌。经过一段时间的研究、试验，掌握了土壤盐渍化的规律，进行了排水工程建设，于 1970 年复灌。以后又经过几次调整设计，灌溉面积达到 34.4 万 m²，引水能力 240 m³/s，控制范围达到聊城市的 5 县 2 市 1 区，实际灌溉面积 307 万 m²，占全地区地面的 55%。灌区设计按照骨干工程灌排分设、田间工程灌排合一布局，分为东西两条引水输沙渠、两个沉沙区、3 条干渠，共有分干渠 53 条，干渠上共有桥、涵、闸、渡槽等建筑物 643 座（其中提水采站 28 座，总提水能力达 100 m³/s），分干渠和支各类建筑物 4 400 座（其中提水泵站 10 座，提水能力 20 m³/s）。灌区内作为排水河道的有徒骇河、马颊河两大骨干河道和流域面积大于100 km² 的支流 32 条，各类建筑物 3 000 座。

位山灌区的建设完全由地方投资，受到财力限制，各级渠道及排水沟的建筑物配套不全，严重影响了灌溉效益的发挥。但从整体上看，灌区已经形成具有一定规模的布局合理的灌排工程体系。多年来平均每年引水 10 亿 m³，灌溉农田 22 万 m²，最大时达到 30.7 万 m²，对提高当地农业生产发挥了重要作用。20 世纪 80 年代，根据全国统一调度，利用位山灌区西引水渠、西沉沙池和三干渠兴建引黄河水入卫河工程，向天津和河北省东南部送水，为解决这些地区的缺水问题做出了贡献。

据 1995 年统计，全国 667 m²（1 万亩）以上的灌区共 5 560 多处，有效灌溉面积 0.247 亿 m²，占全国总耕地面积的 18.3%，而粮食产量占全国的 44%，棉花产量占全国的 56.5%。其中，2 万 m²（30 万亩）以上的大型灌区 220 处，受益县 577 个，受益人口

1.4 亿，有效灌溉面积 1 130 万 m²，约占全国总地面积的 8.5%，产量 868 亿 kg，占全国的18.6%；其中，水稻产量 430 亿 kg，占全国的 25%；棉花产量 1 600 万担，占全国的22%。也就是说，220 处大型灌区的棉产量均占全国的 1/5 以上，由此可见工程设施对国家农业发展的重要。

二、大型电力提灌区建设的重要作用

（一）大中型灌区是粮食生产的重要基础设施

我国的气候条件与水资源状况决定了灌溉在粮食生产中的重要地位，灌溉耕地的粮食生产能力是非灌溉地的两倍以上。山西有效灌溉面积约 1 800 万亩，占耕地面积的 32%，灌溉面积亩产粮食约 600 kg，灌溉面积上粮食产量占全省粮食总产量的三分之二，其中大中灌区有效灌溉面积 1 070 万亩，占总有效灌溉面积在 59%。霍泉灌区每年除保证本灌区的 10.1 万亩面积（小麦、玉米为 90%，经济作物 10%）的灌溉用水外，还向南垣灌区（灌溉面积 13 万亩）输水 2 500 余万 m³，两灌区粮食产量占该县粮食总产量的 55.6%，在区域粮食生产中起着举足轻重的作用。甘肃省白银市灌溉面积约为耕地的四分之一，却生产出四分之三左右的粮食，从 1997 年开始，全市粮食总产量稳定在了 5 亿 kg 以上，实现了粮食区域自给平衡，稳定解决了灌区 75 万多人的生产、生活问题，并为致富奔小康奠定了坚实的基础。

（二）大中型灌区是当地经济发展的关键支撑

大中型灌区在当地农村经济发展中起着重要作用，同时，有些灌区还承担着向城镇生活和工业供水的任务，促进了当地经济社会发展。山西省夹马口灌区节水改造后，灌溉用水得到保障，灌区调整种植结构，大幅度增加经济林果比例，农民人均收入由 1998 年的 2 774 元增加到 2006 年的 6 636 元，是运城市同期农民人均纯收入的两倍多节水改造前后，扣除物价上涨因素，年灌溉增产值平均增加 35%。甘肃景泰川电力提水灌区实施节水灌溉后，调整种植结构，灌区初步走上高产、高效、优质农业发展的轨道，平均亩产效益 2 500 元左右，是调整前的 5.2 倍，单方水经济效益 2.5 元。兴电灌区建成通水后，扩大有效灌溉面积近 17 万亩，粮食单产由 40 kg/亩提高到 485 kg/亩，总产由 700 万 kg 提高到 2.28 亿 kg，人均农业纯收入由 40 元提高到 2 320 元，彻底改变了当地农业生产条件，改善了甘肃北部恶劣的生态环境，为地方农业生产和国民经济的发展发挥了重要作用。

（三）大中型灌区是农村和谐稳定的重要保障

大中型灌区为增加农民收入、改善生活条件提供了重要基础。甘肃省景电灌溉通水后，在灌区新建 10 个乡镇、178 所学校和 123 所医院（所），安置甘、蒙两省区、景泰、古浪、左旗等 7 县（旗）贫困移民和生态移民 32 万人，解决了灌区 40 万人、100 多万头牲畜的饮水问题。昔日在大漠边缘的一个山镇，因为有了水而焕发出勃勃生机，现已成为景泰县政治、经济、文化的中心。兴电灌区解决了 15 万人的温饱问题，安置贫困山区移民 7.04 万多人。灌区还向周边辐射带动发展，解决了周边山区 8 万多人、10 万多头大牲畜、30 万只羊的饮水困难。由此可以说，大中型灌区发展促进了当地农民脱贫致富、社会和谐稳定。

（四）大中型灌区是区域生态环境的重要载体

大中型灌区是农业生产活动与人类活动最为活跃与频繁的地区，由于水资源条件较好，也是陆地生态系统相对良好而又容易受到影响的地区。灌区的用水行为、工程设施状况直接影响到水资源合理配置和区域水循环变化，进而影响到生态环境变化。灌区节水改造增强了工程能力，提高了用水效率，不仅改善了灌区内的生态环境，同时通过提供生态用水、承接生态移民等，对周边和其他地区的生态环境改善提供重要支持。甘肃兴电灌区紧靠腾格里沙漠，灌溉通水前，兴堡子川 30 多万亩土地已被风沙侵蚀；通水后，不但彻底消除了灌区内的沙漠化现象，而且沿腾格里沙漠边缘发展了近 32 万亩灌溉地，有效遏制了腾格里沙漠南侵。灌区新植树 100 多万株，种草 5 000 多亩，累计保存林业面积达 36 500 亩，其中经济林 7 984 亩。灌区土壤侵蚀模数由 2 550t/km^2 下降为 1 980t/km^2。另外，灌区安置生态移民 7.04 万，使周围山区的 56 万亩耕地实现了退耕还林，使荒山生态环境得到了恢复和改善。

第二节　大型电力提水灌区节水改造与管理改革现状

1998 年以来，国家利用国债资金和农业综合开发资金开展了大型灌区和重点中型灌区（5~30 万亩）骨干工程节水改造建设；同时，推进灌区管理体制改革，各省灌区节水改造与管理改革取得一定成效。

（一）节水改造进展

1. 节水工程改造投入

山西省大型灌区 11 处，其中自流灌区 6 处，泵站灌区 5 处，除册田灌区为首都水资源项目外，其余 10 处灌区列入国家大型灌区续建配套和节水改造项目，设计灌溉面积 678 万亩。受水源变化、工程老化等因素影响，2006 年 10 处大灌区实际灌溉面积 333 万亩，占设计面积的 49%。截至 2006 年底，已完成投资 62 576 万元，其中中央资金 40 102 万元，地方配套资金 22 474 万元，分别占安排资金计划的 88% 和 52%。在开展大型灌区节水改造的同时，国家还通过农业综合开发渠道，启动了粮食主产区中型灌区节水配套改造项目，山西省阳武河、北庄、浍河、南垣、峪道河、槐泉 6 个灌区已实施节水改造，安排改造资金 1.27 亿元。

夹马口引黄灌区地处山西省西南部运城市境内，灌区设计灌溉面积 50.3 万亩。至 2006 年底，工程共安排总投资 9 274 万元，其中，中央财政 4 840 万元，省配套资金 1 940 万元，市、县自筹 2 494 万元，其中，中央资金全部到位，省配套资金到位 92%，市和灌区自筹到位仅 25.6%。霍泉灌区位于山西省洪洞县，灌溉面积 10.1 万亩，非国家节水改造项目区，节水改造资金主要来源于省水利投资、科技示范建设以及灌区自筹，目前，完成节水改造投资 2 551 万元。

甘肃省大型灌区 22 处，其中自流灌区 19 处，高扬程电力提灌区 3 处。大型灌区设计灌溉面积 934 万亩，现状有效灌溉面积 797 万亩。截至目前，完成骨干工程总投资 79 939 万元，占骨干工程规划总投资的 39.15%。田间工程改造完成投资 6 162.65 万元，仅占规划投资的 7%。

甘肃省中型（1~30 万亩）灌区 159 处，有效灌溉面积 721 万亩，其中重点中型（5~30 万亩）灌区 55 处，占中型灌区有效灌溉面积的 62%，规划 47 处灌区须进行节水改造。已有 7 个重点中型灌区列入国家农业综合开发水利骨干工程项目，下达投资计划 15 270.57 万元。其中：中央财政农发资金 5 880 万元，地方配套资金 9 390.57 万元。

2. 灌区工程改造内容

在灌区工程改造中，各灌区突出做好以下工作：

一是优先安排建设"卡脖子"、病险等影响灌溉效益发挥的关键工程。山西省累计建设防渗渠道 432.8 km，其中干渠 224.4 km、支渠 208.4 km，新建、改建渠系建筑物 2 626 座；夹马口灌区一级泵站新增两台机组（新增流量 3 m³/s），提高提水能力；更新电机和水泵；改造厂房、引水渠、前池及管坡管道；改造泵站进水闸及桥梁、新建浪店湾沉沙池；改造干渠、支渠等。截至2006年，甘肃省共改建渠首1座，泵站22座，更换机电设备501台（套），衬砌干支渠道1 007.7 km，改建各类建筑物4 029座；景泰川电力提水灌区对干（总干、干渠）、支（含分支渠）、渠（含斗渠）进行节水改造，灌区渠系衬砌率达到80%以上。

二是积极推广应用新技术、新工艺、新材料。夹马口、大禹渡灌区利用U形渠挟沙能力强的特点，大胆采用弧形底、梯形帮的复合渠道断面和滑模施工，不仅减少了渠道淤积，而且明显提高了工效。甘肃省始终把引进和推广先进技术作为一项重要工作来抓，各灌区续建配套与节水改造项目实施过程中，多方筹集资金，大力发展低压管灌、喷灌、滴灌等高效节水技术，取得了良好的示范效果。在渠道防渗中采用土工织物，采用环氧厚浆涂护渡槽槽身，采用新型液控缓闭蝶阀控制泵站管道系统等。这些新技术、新材料的应用，既保证了工程质量，节省了工程投资，又有效延长了工程使用寿命，充分发挥了工程效益。

三是根据灌区实际情况进行灌区信息化建设，提高灌区工程与用水管理能力。山西省从2002年开始，结合大型灌区续建配套节水改造项目信息化试点项目和中日合作大型灌区节水改造示范项目的实施，夹马口灌区在自动办公、远程监测、自动控制、数据采集、数据处理、水费收缴和查询等方面，取得了长足发展，大大提升了灌区的管理水平和服务水平，灌区管理效率明显提高。甘肃省在大型灌区续建配套与节水改造项目建设的同时，5处灌区列为信息化建设试点灌区，其中省景电一期、民乐县洪水河、白银市兴电灌区为水利部试点灌区，白银市靖会、凉州区西营灌区为省级试点灌区；截至2006年，已完成铺设通信光缆364.07 km，安装设备315台（套），研制开发软件56套；完成灌区信息化改造资金1 635.94万元，占信息化工程规划总投资的16.7%。

3. 建设管理

在工程改造项目建设中，各灌区加强领导，严格执行水利基本建设程序，认真贯彻项目法人责任制、招标投标制、建设监理制，严格合同管理，为项目的顺利实施提供了有力的组织保证。认真落实财政预算内专项资金管理制度，对项目资金由专人负责、专户储存、专款专用，按工程施工合同、质量验收合格证和财会制度办理资金结算业务，保证项目建设资金及时到位。同时，强化项目质量管理，建立了"建设单位负责，监理单位控制，施工单位保证，政府部门监督"的质量保证体系，确保了工程质量和项目建设进度。

4. 灌区管理改革

在灌区工程配套与节水改造的同时，各灌区积极推进灌区管理体制改革，重点开展了以下几个方面改革：

一是根据国务院《水利工程管理体制改革实施意见》要求和"定岗定员"标准，着力推进水管单位管理体制改革。目前，山西省202个水管单位中，92%的单位已经完成了定岗定员测算工作，59%的单位已经完成了工程定补测算工作。甘肃省181处大中型灌区管理单位均制订了水管体制改革方案，其中公益性2个，准公益性179个；129个灌区的改革方案已经当地政府批准实施，占大中型灌区总数的71.3%，有26个灌区水管体制改革方案通过了市县组织的初步验收。灌区水管体制改革方案应落实公益性人员经费8 860.2万元，已落实公益性人员经费984.3万元，占应落实的11.1%；公益性部分维修养护经费应落实4 758万元，已落实262万元，占应落实维护经费的5.5%。同时，各灌区以实施水管体制改革为契机，积极推进人事、劳动、工资等内部管理体制改革，取得了效果。甘肃景泰川电力提水灌区将三级管理改革为二级管理，科级机构由94个减少为45个，减少48%，机关人员减少20.4%。

二是结合实际情况，不断完善水价制度和水费计收制度。在工程设施改善的基础上，加强用水计量管理，规范费用收取标准，实施"阳光工程"。山西夹马口灌区共设置量水设施863处，涵盖了所有斗口，在每个灌季前、后，对量水设施均进行校核，在各个供水点和各大取水口都设有透明栏，流量查对栏、水价公布栏和举报电话等，实行流量公开、用水时间公开、水价公开，把各项工作直接置于农户的监督之下。

三是积极推进农民用水户参与灌溉管理。目前，山西省已有146个灌区建立了农民用水户协会698个，参与户数14.6万户，管理灌溉面积120万亩。夹马口灌区在灌区内成立由夹马口管理局、村民委员会或村民小组、用水户三方代表组成的斗管会，斗管会主任委员由用水户代表担任，代表本斗渠所有农户的利益，明确了斗渠建设管理的责、权、利，有利于调动各方的积极性。目前，已建立斗管会121个，参与农户数量2.6万多户，管理面积25万亩。截至2006年底，甘肃省已成立农民用水户协会1 768个，51.9%已在民政部门登记注册，农民用水户协会工作人员11 868人，控制灌溉面积748.83万亩，参与农户668 124户。农民用水户参与灌溉管理的建设与推广，对规范用水秩序、促进农民参与灌溉管理、减轻农民负担、促进节水型社会和社会主义新农村建设等发挥了积极作用。

（二）取得成效

1. 灌排工程设施有所改善，灌排保证程度进一步提高

通过大中型灌区节水改造项目建设，灌区工程状况得到不同程度的改善，提高了灌区灌溉保证能力，增强了抗御旱涝灾害的能力。山西省各灌区初步解决了水源问题和输水

"瓶颈"问题,基础设施明显改善,灌溉能力显著提升。与1998年相比,夹马口灌区一级泵站实际提水能力由7.5 m³/s提高到23.2 m³/s,实际灌溉面积由18.61万亩增加到27.5万亩,灌区泵站、干、支渠量水设施完善程度达到90%以上。霍泉灌区已累计防渗渠道352.4 km,占灌区渠道总长度727.35km的48.4%,发展节水面积6.5万亩,其中达标面积3.3万亩(包括喷灌、管灌0.24万亩)。平均轮灌周期由40~50天缩短为30~35天,提高了灌溉保证程度。

甘肃省节水改造项目实施后,全省12处灌区骨干工程安全运行率由改造前的平均62%提高到了95%以上,增加输水能力12.9 m³/s,灌溉周期由改造前的平均19.5天减少到16.69天。甘肃省景泰川电力提水灌区斗渠以上渠道总长2 320km,渠道衬砌率达到80%以上;同时,结合灌区信息化试点建设,建成了泵站综合自动化系统、闸门远程监控系统、用水管理信息系统、水费管理系统等,有力地保证了输水渠道、电气设备和建筑物的安全运行,实现了灌区水资源的合理配置和优化调度。兴电灌区对老化失修的泵站、压力管道、渡槽关键"卡脖子"工程进行了更新改造;同时,对部分干支渠进行了配套改造与防渗,显著提高了灌溉供水能力和灌溉保证程度。

2. 农业生产条件有所好转,综合生产能力明显增强

灌区节水改造改善了农业生产条件,提高了灌区农业综合生产能力,促进了农民增产增收。通过实施节水改造,山西省新增和改善灌溉面积120多万亩,根据省有关统计,与旱地相比,新增和改善灌溉面积平均粮食亩产量由60kg提高到350kg,棉花由40kg提高到110kg,苹果由1 500kg提高到2 500kg,经济效益显著,有效促进了灌区农民增产增收。随着灌溉条件改善,夹马口灌区麦棉、经济林种植比例由原来的7∶3调整到现在8∶2,其中10%为粮食复播面积,单方水产值2006年达到10.97元。霍泉灌区工程改造与发展节水灌溉后共恢复耕地375亩,年增产粮食388万kg。

甘肃省大型灌区节水改造实施以来,新增、恢复灌溉面积16.8万亩,改善灌溉面积115.3万亩,增加保灌面积24.02万亩,灌区粮经比平均由改造前的65∶35调整为49∶51,年增粮食生产能力13 295万kg,新增经济作物生产能力18 077万kg。项目区亩均粮食产量由改造前的413.7 kg/亩提高到改造后的512.3kg/亩,亩均增产23.8%,灌区农民人均纯收入由改造前的1 921元提高到改造后的2 873元,提高了50%。兴电灌区节水改造后,提高了灌溉供水保证程度,洋芋由原来只能灌1次水,到目前可灌2~3次水,地膜洋芋亩产可达2 500kg以上,亩产值1 300元。

3. 灌区输水与用水条件改善,节水节能效益进一步提高

山西省夹马口灌区节水改造后灌区渠系水利用系数由0.59提高到0.69,斗口以上渠系

水利用系数由 0.68 提高到 0.81, 灌溉水利用系数由 0.43 提高到 0.59, 灌区年可节约灌溉水量 731 万 m³。泵站单方水耗电由 1997 年的 0.334 度降到 2007 年的 0.274kW·h, 年可节约电费 57 万元。霍泉灌区发展节水灌溉后, 灌区的渠系水利用系数由原来的 0.52 提高到 0.59, 灌溉水利用系数由 0.42 提高到了 0.5, 亩次平均用水量由原来的 160m³ 左右减少到 90m³ 左右。

甘肃大型灌区节水改造项目实施后, 全省 12 处灌区, 灌区渠系水利用系数平均由 0.58 提高到了 0.62, 田间水利用系数由 0.87 提高到了 0.89, 灌溉水利用系数由 0.50 提高到了 0.55。景泰川电力提水灌区亩灌溉用水量由 450m³ 降到 380m³ 左右, 渠系水利用系数达到 0.73。兴电灌区渠系水利用系数由 1998 年的 0.64 提高到 2005 年的 0.68, 年可节约灌溉水量 400 多万 m³, 泵站能源单耗由 4.47 kW·h/kt·m 降到了 4.42 kW·h/kt·m, 年节约电量 769 万 kW·h。

4. 社会与生态效益突出, 生态环境有所改善

节水改造实施不仅改善了灌区工程条件, 提高了农业综合生产能力, 而且取得了较好的社会效益与生态效益。山西省夹马口引黄灌区改造前渠道淤积严重, 清除困难, 清除后泥沙堆积如"山", 渠系面目全非, 节水改造利用 U 形渠输水挟沙的优势, 解决了干、支渠泥沙堆积与风起扬沙问题, 生态环境得到较好改善。节水改造实施后, 灌区内 300 多眼浅层井两年少采地下水 600 万 m³, 一定程度上缓解了地下水超采状况。霍泉灌区 1998 年以来结合灌区改造, 坚持渠、林、路、田统筹考虑, 植树 3.76 万株, 沿渠绿化面积达到了 750 亩。

甘肃省白银市通过大中型灌区改造与建设, 在腾格里沙漠南缘的戈壁荒漠上形成了 4 000km² 的绿洲, 有效阻止了腾格里沙漠的南移, 对改善区域生态环境发挥了积极作用。景泰川电力提水灌区通过节水灌溉, 为灌区生态环境建设提供了水资源保障, 到 2006 年底, 灌区林木覆盖率达到了 14%, 近百万亩的灌区与三北防护林带连成一片, 阻止了腾格里沙漠的南侵, 灌区小气候得到了改善。兴电灌区灌溉渠配套通水以前, 十种九不收, 正常年景粮食亩产量只有 40 kg 左右, 国家每年供应返销粮 800 万 kg, 垫付运水款 400 多万元, 工程配套通水后, 发展水地 31.95 万亩, 解决了 15 万人、20 万头大牲畜的饮水困难。灌区新建移民村 83 个, 迁移干旱山区贫困农民 7.04 万人, 人均水地 2 亩, 粮食单产由不足 40 kg, 增加到 485 kg, 灌区移民告别了靠天吃饭的历史, 迈上了脱贫奔小康的道路。

第三节　制约大型电力提水灌区发展的关键问题

一、灌区工程设施薄弱，投入相对不足

大中型灌区大多建于 20 世纪五六十年代，配套差，老化失修严重，灌区节水改造项目实施使部分灌区基础设施得到一定程度改善。但受资金投入制约，许多大中型灌区还未启动配套改造项目建设，已经改造的灌区中大部分与保障农田灌溉、提高用水效率的要求还有较大差距。许多灌区骨干工程老化、破损的状况并未得到根本治理，骨干工程运行仍存在隐患，田间工程不配套和破损状况更加严重，灌溉用水效率不高，季节性缺水与"卡脖子"旱的状况时有发生。甘肃有大中型电力提灌工程 37 处，大多数泵站设备严重老化，工程年久失修，安全运行没有保障，严重影响灌区效益的正常发挥。甘肃景泰川电力提水灌区二期工程运行 20 多年，主要建筑物、泵站压力管道破损严重，设备运行效率下降。另外，大中型灌区田间工程改造严重滞后，影响了灌溉工程整体效益发挥。

尽管近年来加大了大中型灌区节水改造力度，但与灌区改造需求相比还有较大差距。至 2007 年，山西、甘肃两省列入全国大型灌区续建配套与节水改造项目建设规划的大型灌区共 30 处，已启动节水改造灌区 22 处，尚有 8 处至今没有开始实施节水改造；已安排节水改造资金 17.65 亿元，仅占规划投资的 29%。两省列入农业综合开发重点中型灌区改造项目规划的灌区 86 处，已安排了改造灌区 12 处；已安排投资 2.47 亿元，仅占规划投资的 13%。按照目前的投入水平，全面完成大型灌区和重点中型灌区节水改造需要六七十年的时间，而一般中型灌区（1～5 万亩）节水改造至今没有固定投资渠道，情况更不容乐观。

二、地方配套资金到位差

调研中了解到，灌区节水改造项目地方配套资金到位率普遍较低，有的灌区配套资金到位率仅能达到四分之一左右。山西省大中型灌区节水改造项目，省级配套资金基本到位，但市县配套资金到位较差，致使许多工程不能按计划完成，留有尾工。甘肃省灌区节水改造项目中央财政预算内专项资金基本能够按时足额到位，但骨干工程中地方配套资金及田间配套工程建设资金落实难度较大，大多数灌区骨干工程中的地方配套资金只能以灌区农民投工投劳的方式筹集，配套资金严重不足，给工程招投标及建设管理带来相当大的

难度，项目建设进度与质量也因此受到不同程度的影响。地方配套资金到位差的主要原因是大多数大中型灌区所在的县市多为农业市（县），地方财政多为吃饭财政，加之目前很多中央补助地方的建设项目都有地方配套的要求，造成有限的地方财力在配套上捉襟见肘，资金筹措困难。

三、灌区管理改革面临诸多障碍

"两费"不落实、减员分流压力影响水管单位体制改革顺利推进。目前，大部分大中型灌区根据国务院办公厅转发的国务院体改办关于《国家水利工程管理体制改革实施意见》（国办发〔2002〕45号）精神，按照水利部、财政部联合颁发了《水利工程管理单位定岗标准》《水利工程维修养护定额标准》，完成了"两定"的测算工作，推进人事制度与内部管理体制改革，但在改革实践中遇到诸多困难。主要体现在以下两个方面：一是"两费"落实不理想，制约改革进一步推进。尽管山西省202个水管单位中，92%完成了定岗定员测算工作，59%完成了工程定补测算工作，但两个厅直灌区水管单位体制改革进展缓慢，定补资金没有着落；一些市县灌区多，定补资金筹集困难，短期难以落实。夹马口灌区管理局定性为准公益事业性质，但由于地方财力有限，公益性支出补偿未能到位。甘肃省有129个灌区的改革方案已经当地政府批准实施，占大中型灌区总数的71.3%，有26个灌区水管体制改革方案通过了市县组织的初步验收，但目前落实公益性人员经费984.3万元，占应落实的11.1%；公益性部分维修养护经费已落实262万元，仅为应落实经费的5.5%，水管单位公益性经费和工程维修更新改造资金落实难度大。景泰川电力提水灌区管理局定性为准公益性事业单位，承担着景泰川电力提水灌区7万亩农田防护林的免费供水和灌区防洪工程两项纯公益性任务。根据国家有关规定测算，公益性部分补差资金共2 000多万元，因为没有落实，影响了水管体制改革推进。二是减员增效与就业安置矛盾突出。山西霍泉灌区灌溉面积为10.1万亩（另担负工业供水和向另一灌区的供水任务），实际在册人员356人。2005年测算定岗定编人员不足100人，分流人员多，无法妥善安置，强制下岗会给社会带来不稳定因素，灌区只能在内部管理上下功夫。

灌区利益与农业节水和保障灌溉的社会要求不协调。目前，水费收入是大部分灌区管理单位维持正常运行与工程维护管理的主要经费来源，而水费增加与供水量增加成正比。灌区管理单位是实施农业节水与水资源配置的主体，当农业节约水量可以转移到水价较高的城市、生活用水时，灌区供水收入增加，管理单位对农业节水会有较大积极性。但是绝大部分灌区主要都是农业灌溉用水，节水后供水量减少，水费收入就会减少；同时，实现农业节水需要灌区投入人力、物力和财力，农业节水的社会要求与灌区管理单位的利益不协调，影响其节水的积极性。另外，同时承担向工业、生活或发电等水价较高的部门供水任务的灌区，在来水量有限的情况下，一些灌区受利益驱动会牺牲农业用水与农民利益，使灌溉用水保障受到影响。

推进水价改革面临"两难"局面。一方面，大中型灌区目前执行水价与供水成本还有较大差距，给灌区正常运行管理带来很大困难。山西省霍泉灌区核定农业供水成本 0.115 元/m³，实际执行水价仅 0.04 元/m³，为成本水价的 34.8%。甘肃省景泰川电力提水灌区农业供水成本为 0.39 元/m³，执行水价是 0.24 元/m³，为成本水价的 63%，收取的水费只能维持简单的运行管理；同时，又面临着"三涨一不涨"的困境，即提水电价涨、人员工资涨、运行成本涨，而水价维持不涨，给灌区良性发展带来不利影响。兴电灌区执行的水价仅达到成本费用的 47%，水管单位运营管理费用不足，加之近几年供电部门实行超基数加价政策，进一步加大了灌区管理负担。另一方面，受粮食生产效益低、农民对水价承受能力有限等因素制约，提高水价面临很大困难。农业是弱势产业，尤其是生产粮食经济效益低，农民收入不高，使农民用水户没有能力承担或不愿意承担灌溉供水费用。另外，今年涉及"三农"的诸多优惠政策出台，使一些农民和地方政府领导认为提高灌溉水价就是增加农民负担，甚至认为水费也应该减免，合理调整灌溉供水水价面临很大困难。灌溉水价远离成本，政策性亏损没有合理补偿，使得大部分灌区工程管理只能因陋就简，简单维持。

农民用水组织参与灌溉管理受田间工程状况和经费影响。大中型灌区节水改造建设过程中，积极推进农民用水户参与灌溉管理，对解决田间工程建设与管理、搭车收费等问题起到了重要作用，但受到各种条件制约。目前，农民用水组织参与灌溉管理与自主管理的能力不强，主要体现在以下两个方面：一是我国灌区田间工程质量标准低，配套差，老化破损严重，维修管理经费需求大，再加上农民"一事一议"组织困难，农民用水组织缺乏能力筹集资金，改善工程条件，制约了协会的工程管理与用水管理能力；二是用水户协会缺乏足够的运行经费支持，人员待遇低，而近年社会上农民用工报酬的增加对协会工作人员的稳定性带来冲击，削弱了协会的管理与可持续发展。山西省夹马口灌区以斗渠管理委员会为主要形式的农民用水合作组织经过几年的探索和发展，已经具备了良好的势头，但仍存在农民用水合作组缺乏正常的运行经费的现象，同时农民用水合作组织迫切需要相关的法律支撑，以提高自身的抗风险能力，保障其民主权利和持续发展。

四、灌溉水源缺乏应有保障

由于城市与工业用水挤占、水污染以及上游条件变化的影响，灌溉用水保障受到一定程度威胁，加剧了灌溉用水紧张状况。霍泉灌区是引用岩溶泉水，由于煤矿开采等引起水文地质条件变化，使泉水流量逐年减少，从20世纪50年代的泉源年均流量4.24 m³/s下降到21世纪初的2.98 m³/s。甘肃省引大入秦灌溉工程设计年引水44 300万m³，年灌溉面积86万亩，自2004年以来，随着灌溉取水口上游兴建电站数量逐年增加，电站蓄水、冲沙时间随机变化，引起河道来水流量大幅波动，使灌区正常引水受到较大影响，导致灌区用水矛盾突出。灌溉用水在水量、水质、时间上都有一定要求，灌溉用水权的保障比较薄弱。另外，一些灌区除向农业供水外，还向工业、城市供水，在供水紧张时，由于农业水价低，灌溉供水容易受到影响。

第二章 大型电力提灌区运行管理概述

第一节 提水灌溉设施运行维护管理

一、提水泵站的运行与维护管理

（一）提水泵站的日常运行与维护管理出现的问题

1. 提水泵站设计的标准落后

我国从 20 世纪 70 年代开始将提水泵站投入农业灌溉中去，但是基于经济、科技等多方面原因的限制导致提水泵站的设计标准较为落后，而随着时代的迅速发展，落后的设计标准已无法满足新时代农业发展的需求，日常维护与运行管理工作出现了一定的困难。提水泵站设计的标准落后，导致其无法满足现如今农业灌溉的需求，也无法获得更好的维护与修理，难以在农业经济高速发展的当今社会获得发展。

2. 提水泵站的设备年限使用较长，维护不到位

由于我国提水泵站在农业灌溉中投入的时间较早，但随着时间的推移却没有得到及时的更新与维护。由于使用时间较长，没有及时更新，并且在实际维修过程中相关问题没有得到彻底解决，部分管理人员在面对使用年限较长的机器时无法对其进行彻底维修，导致许多问题不断堆积，最终影响提水泵站的正常使用。由于设备年限使用较长、维护不到位而影响提水泵站的正常使用，就要求相关维护工作人员在日常管理过程中加强对设备的定期检查，及时发现其中存在的问题，并进行维修。

3. 提水泵站的管理机制不健全

大部分管理过程中都对提水泵站维护与运行管理制定了相关制度，但是在实际管理过程中，却没有有效的保障机制和严格规范的制度。一些部门或单位中缺乏明确的分工和职责管理，导致在出现问题时，各个部门之间相互推脱责任，管理方式缺乏科学性，较为落后。由于目前灌溉工程任务多，人员分配不均，职责不够明确，导致管理人员更加紧缺。同时，由于一些提水泵站的工程量较大，有较多的工作需要管理，对于一些较为复杂的管理工作，则需要具有专业经验技能的人员才能完成，但许多部门中没有配备相关专业人才，导致其他人员由于专业素质不高而无法胜任相关维护与运行管理工作，容易出错。缺乏充足的资金支持，也是引起提水泵站管理机制不健全的重要因素之一。由于水利工程建设过程中对管理与维护的资金投入较少，导致缺少管理人员，管理机制也不够健全。

4. 缺乏对提水泵站维护与运行管理工作的重视

在大部分水利工程发展建设过程中，由于思想和观念存在局限，大部分管理者将视线集中在对水利工程建设项目的建设施工环节，而对后续维护与运行管理工作较少关注，表现出对相关工作不够重视、支持度不够的现象，导致提水泵站运行与维护工作出现了许多问题，直接影响了后续的农业灌溉。在大部分单位中甚至没有专门的维护与运行管理部门，负责管理的人员也大多数是从其他部门抽调过来的不具备专业技能和相关工作经验的人员。由于相关领导与部门缺乏对提水泵站维护与运行管理工作的全面认识，对提水泵站的管理工作不够重视，造成管理混乱，分工不清晰，没有专人管理的局面。因此，相关部门和企业应当加强对提水泵站管理工作的重视，进一步加强管理与规划。加强对提水泵站管理过程中维护与运行工作的重视，是保证提水泵站工作质量的关键。为了进一步提升提水泵站维护与运行管理工作的科学性，相关人员以及相关部门应当加强对维护与运行管理工作的深入认识，重视维护与运行工作在提水泵站工程发展过程中的重要作用。

5. 管理人员缺乏较强的职业素养和专业技能

随着我国社会经济的不断发展，农业发展对灌溉水利的维护与运行管理工作提出了更高的要求；与此同时，由于农业发展越来越快，提水泵站维护与运行管理的工作量也越来越大。但相关工作人员的专业技能水平并没有随之而得到提高，相关部门对于管理人员的分配与使用较为随意。这就使得管理人员缺乏较强的专业知识技能和工作经验，导致在进行维护与运行管理工作时出现了许多问题，严重影响了灌溉农业的发展。

（二）灌溉提水泵站的运行管理与维护对策

1. 完善管理体制

农业灌溉提水泵站运维工作具有一定的系统性，所以，其日常管理就需要有相应的制度规范和工作流程、机制提供支撑，如此方能压实责任，保障管理维护措施的有效落实。

具体而言，农业灌溉提水泵站需要明确运维管理的总体目标，再对其具体工作内容进行条目化细分，每个项目都明确具体责任人，再针对每个工作事项设置具体的考核指标，根据工作量、工作要求、考核指标情况等进行合理的人员配备和组织结构调整，切实做到分工明确，责任到人。此外，要针对运维管理的各项工作制定具体的工作制度、流程规范，以确保运维管理的规范化、标准化。同时，要建立必要的考评奖惩机制，结合各项工作的指标完成情况来对运维管理人员进行考核，倒逼其管理责任落实。

2. 重视日常检查工作

农业灌溉提水泵站运维管理中的一项重点工作就是日常的检查，其能够确保提水泵站机组运行中存在的问题被及时发现并得到及时处理，以免引发更大故障。基于此，提水泵站运维管理必须充分做好日常检查工作。首先，在电动机运行之前，运维管理人员需要对电动机的外盖接地进行检查，确保其不存在问题。此外，还应对电动机的电压、零件安装情况与腐蚀情况等进行检查，如发现问题，要及时处理，从而切实消除安全隐患。其次，在电动机运行过程中也需要做好其状态监测工作，除电动机运行的各项参数外，还需要关注其振动情况，如发现异常振动，则需要进行进一步的检查分析，以找到故障点并停机处理。最后，在电动机停机后，也需要进行必要的检查，这一过程中可以运用通电试验等措施对其零部件的运转情况进行检测，如零件在通电试验中出现杂音，则需要进行必要的维修，这种停机状态下的检查，能够避免实际运行中因零件故障而引发更为严重的安全问题，从而做到防患于未然。

3. 加强对提水泵站维护与运行管理工作的重视

提水泵站对于我国农业发展具有重要意义，其维护与运行的效率与质量决定了其工作的效率，因此，应当加强对提水泵站维护与运行管理工作的重视。通过加大资金投入与技术支持推进提水泵站的维护与运行工作，同时应当成立专门的观测与维护工作，在平时对提水泵站的工作情况进行准确观测，并及时进行维护与运行。相关部门应当成立相关监督组织，对提水泵站维护与运行管理工作进行监督，督促相关工作顺利进行。

4. 大力推进运维管理的信息化进程

现代科技的发展为各行各业的管理转型提供了契机，提水泵站领域也不例外，其依托现代信息技术能够实现运维管理的信息化、智能化。同时，运维管理工作与大数据等现代技术的结合，也是水利行业现代化转型的必然趋势，其能够促进提水泵站管理高效化，提高管理工作的科学性与高效性，节省人力、物力的同时拓宽了管理方式与管理渠道。具体而言，依托现代信息技术，提水泵站能够对区域农业灌溉的信息进行动态收集，再依据信息数据来分析其在农业生产中的实际用水需求，进行动态调整供水，使水资源的分配更为合理化，从而在提升调水效率的同时，最大化水资源的利用，最终实现节约目标。此外，利用信息技术对提水泵站信息监控进行自动化改造，并通过与各种互联网信息手段的结合能够有效提升提水泵站维护与运行管理水平与质量，保障后续农业生产的顺利开展，促进传统农田灌溉提水泵站维护与运行管理工作与高新技术相结合，进而提升农业发展经济效益，更好地提升维护与运行管理工作的质量。同时，通过大数据技术能够有效发挥信息化管理优势，提高管理效率。

5. 加强灌溉提水泵站管理意识和观念

通过学习、培训等方式提升单位人员对灌溉提水泵站日常维护重要性的认识和理解，使相关工作深入人心，让每一名工作人员都能将灌溉提水泵站的日常运行与维护管理作为重点工作，从而更自觉主动地落实好管理责任，保障其日常运行稳定性。此外，还可以通过建立领导负责制的方式来充分发挥领导带头作用，从而由上而下地压实运维管理责任，并借助领导的权威来改变工作人员对运维管理的认知偏差。同时，在分管领导负责制的前提下，明确各工作人员的职责，能够有效消除实际维护与运行管理工作过程中的阻碍，遵循统一领导、分级管理的原则，使各项工作开展得更为井井有条。

二、水利灌溉渠道工程运行维护及管理

（一）水利灌溉渠道工程运行维护及管理的意义

1. 提高灌溉水源利用率

目前，我国部分地区水资源短缺，加之存在大量的旱地及荒地，影响农业生产效率和能力，导致农民增收能力较为薄弱。积极开展农田水利灌溉渠道工程运行维护及管理工作，则有利于提升农业基础设施利用效率，强化水资源管控，减少水资源浪费等情况，进而缓解水资源不足的情况，有效提高灌溉水源利用率。

2. 保障农业生产

农业种植生产主要依靠自然条件，尤其是水资源。根据当地的地理位置及气候条件，仅依靠自然降水无法满足当地林果产业的发展需要。因此，积极建设农田水利灌溉渠道工程，加强农田水利灌溉渠道工程运行维护及管理，能提升灌溉渠道的使用效率，为各种种植作物提供充足的水资源，满足作物生长所需，加快作物生长速度，缩短生产周期，并提高作物的产量和品质，进而实现增产增收的发展目标。

3. 保障用水秩序

水资源浪费是目前农业发展的主要限制因素，尤其是在农田水利灌溉渠道工程中，如果出现设备损坏或者管理不善问题，则会导致水资源大量浪费及应用效率较低。因此，在工程整体运行过程中，需要加大灌溉渠道工程运行维护和管理力度，严格把控水资源输送和调配，最大限度地保障用水秩序，避免出现水资源浪费等问题，并确保农田得到合理灌溉。

（二）水利灌溉渠道工程管理现状

现阶段，水利渠道灌溉工程的管理现状较为严峻。随着近年来现代农业的发展，人们对水资源高效利用的需求大幅提升，而原有渠道工程管理模式则存在诸多缺陷和不足，难以实现对水资源的充分利用。综合近年来渠道灌溉工程管理的实践，其主要存在以下几点挑战：

1. 渠道工程运行维护力度有待加大

由于农业生产实践范围扩大、种植面积增多，对灌溉渠道工程的使用频次明显提升。为保障工程正常稳定运行，须进一步加强巡视和维护，针对存在的缺陷和问题，采取有效处理措施。但就当前而言，由于灌溉渠道工程的设施较多、管理人员较少，无法全面对工程实施及时的维护和保养，极易导致工程发生安全风险，影响水资源使用效率的提升。

2. 渠道工程运行管理模式不健全

虽然对农田水利灌渠工程的管控工作日益重视，受限于地理位置以及社会经济水平等因素，但部分地区仍未形成健全的管理模式和制度体系。对于先进观念以及技术的引进、成功案例的借鉴尚未发挥明显效果，从而导致在管理思想、保障机制、人员素质、资金投入以及信息化建设等方面，存在一定的发展滞后现象，亟须采取有效手段予以解决。

（三）水利灌溉渠道工程运行维护措施

1. 全面检测农田水利灌溉渠道的基础设施

农田水利灌溉渠道工程具有运行压力大、时间长等特点，同时灌渠设备往往处于恶劣的环境下，在长期输水作业过程中会受到腐蚀土等侵蚀，造成基础设施损坏严重，从而严重影响灌溉工程的有序运行。为保证农田水利灌溉渠道工程运行状态良好，提高农田灌溉效果，应积极开展工程维护工作。维护人员要提高对农田水利灌溉渠道工程的认识，明确其对于农业发展的重要性，从而树立良好的管理意识，根据工程运行情况定期开展全面检测工作，尤其是要注重对关键设施的性能和缺陷检测。维护人员可采用先进的、智能化工程检测手段，判断水利灌溉基础设施中的田间建筑物、排水沟道、农田桥、排水闸和排水站等是否存在安全性能不足的情况，如果发现存在具有损坏风险的基础设施部件，必须立即进行修理和维护；对于无法继续使用的部件，须进行更换，尽可能消除农田基础设施损坏及残缺的风险，保证农田渠道系统得到良好维护，保障农田水利灌溉渠道工程正常、稳定运行，以最大限度地发挥农田水利灌溉渠道工程的作用，为农业生产提供充足的水资源。

2. 注重处理农田水利灌溉渠道的软基地质

在农田水利灌溉渠道工程中，常见的地质类型是软土地基。软土地基土壤孔隙度相对较大，且承载强度较差、含水率较高，因此，其会增加工程运行维护难度。为充分发挥农田水利灌溉渠道工程的作用，需要有效地开展地基加固工作，避免影响农田水利灌溉渠道工程的正常运行。在具体实践中，维护人员需要对软土地基进行全面分析，通过开展试验确定软土地基加固方案。其中，对于构筑物软土地基，多采用树根桩、预制桩、注浆钢管桩等进行加固，进入持力层的深度应超过桩径或边长的五倍；对于渠道软土地基，可采用混凝土砌筑以及铺设坚硬、防腐板材等进行加固，确保提升工程稳定性，提高输水效率。

3. 积极引进先进的维护管理技术

目前，农田水利灌溉工程建设已向智能化方向发展，但与此同时，对工程运行维护提出了更高的要求。因此，相关人员需要积极引进现代化运行维修及检修技术，以保障工程维护效果。例如，注重利用计算机技术、无人机技术、视频监控等新型维护手段，并结合人工定期巡视，全面落实对灌溉渠道工程的监管和质量控制，从而及时发现存在的问题，尽早解决运行隐患，充分保障农田水利灌溉渠道工程稳定运行，发挥水资源高效利用的优势。

4. 改进灌溉方式

开展农田水利灌溉渠道工程维护工作时，应坚持与时俱进的原则，积极革新农田灌溉技术和方式，建立高效的节水灌溉体系。在农田水利灌溉渠道维护工作实践中，应充分利用现有灌渠设施和资源条件，对原有灌溉方式进行优化和改进，尽可能提升灌溉水的利用系数。例如，应完善农田水利灌溉渠道工程配套设施，针对不合理渠道进行改造施工，改善传统大水漫灌方式，为滴灌、喷灌等先进灌溉技术的引进创设良好条件。同时，维护人员须明确现代高效节水技术的应用趋势，侧重做好低压管道输水、集雨补灌、覆盖保墒等技术准备工作，为后续开展农田灌溉改造提供可行条件，使当地水资源得到合理利用，助力农业可持续发展。

（四）农田水利灌溉渠道工程管理措施

1. 转变管理理念，加强社会宣传

当前，各级水利部门需要积极转变传统观念，从思想上重视农田水利灌溉渠道工程的维护及管理，从而提高农田水利灌溉渠道工程运行效率及使用效率，并尽可能延长工程使用期限。对此，水利部门可通过开展反面案例研讨会，基于实例分析以提高相关管理人员对农田水利灌溉渠道工程维护不足的警惕性，并结合实际情况制订科学的管理计划，并明确具体的灌区项目管理及运维工作要点。同时，水利部门可制定灌渠维护责任制，逐层逐级落实灌渠工程维护责任，激发管理人员的积极性和主动性。

此外，水利部门应在灌区加大社会宣传力度，提高当地农民对水资源节约利用的认识，从而提高自身配合程度，有效、积极地参与农田水利灌溉渠道工程运行维护和管理工作，推动工程整体实效发挥。例如，在农田水利灌溉渠道工程管理中，相关人员须深入农田和农户详细介绍和讲解当前的农田水利政策、管理制度及规范等，并引导农户结合自身实际情况合理用水，避免出现水资源超量使用而导致浪费等问题。向农户发放节水宣传手册，利用网络开展水利灌溉普法学法活动，如转发科普短视频、分享公众号文章等，引导农户全面了解农田水利灌溉渠道工程维护管理知识，引导农户树立良好的保护观念，自觉参与和配合农田水利灌溉渠道工程维护与管理工作，从而保证农田水利灌溉渠道工程高效发挥作用。

2. 建立健全工程管理保障机制

为保障农田水利灌溉渠道工程管理水平得到有效提升，应建立健全工程管理保障机制，为各项管理活动的开展提供良好的基础保证。

（1）建立用水超额收费机制，提高灌渠工程的利用效率。结合实际情况，相关部门要注重创新管理理念，树立用水节约意识，尤其是应针对水资源现状与利用情况进一步细化收费机制。具体来看，应根据当地灌溉用水需求设置阶梯水价，对超出规定用水量的农户加收水费，避免出现过度浪费等情况，从而使农民在用水时形成良好的节约意识，提高当地灌渠系统的利用效率。

（2）建立具有可行性的用水秩序规范，保证用水分配的合理性。水利部门及相关工作人员需要针对现有灌渠系统开展全面的实地考察，结合当地的用水现状和需求，建立用水秩序规章制度，确保农业灌溉用水充足，避免出现用水矛盾，提升灌溉效率，进而推动规模化农业发展。例如，在农田水利灌溉渠道工程中，为有效维护用水秩序，制定分区用水机制，根据当地历史年份用水记录、农田数量等，合理划分各个分区的用水指标，并建立用水巡查机制，对浪费水资源的现象采取教育、罚款等措施，规范当地用水秩序，实现水资源节约利用。

（3）建立农田水利灌溉渠道工程维护管理责任机制。维护管理是保证农田水利灌溉渠道工程稳定发挥作用的基础保证，因此，需要建立责任机制，将具体管理任务和目标落实到个人，确保维护管理责任落实到位。同时，配套建立相应的考核机制，将当地农业灌溉用水系数、水资源节约量、用水收益、灌溉地农业效益等作为考察指标，以此评价维护管理责任的履行情况。对未完成任务的人员采取一定的惩罚手段，对按期完成任务的人员给予相应的奖励，确保农田水利灌溉工程维护管理责任落实到位，以保证灌溉系统的作用得到充分发挥。

3. 加强管理人员的业务素质培养

根据农田水利灌溉渠道工程的运行特点，其对于管理人员的综合素质要求相对较高，为实现优化管理、推动灌渠系统功能良好发挥，应对相关人员加强业务素质培养，保证其能利用自动化检测手段有效识别农田水利渠道渗漏和破损位置，并定期开展灌渠设备检测、更换、维修工作等。所以，相关管理单位应积极组织开展教育培训活动，组织现有管理人员参与培训和交流活动。例如，水利部门可在用水淡季开展管理培训活动，通过加强对法律政策、管理制度、思想道德等方面的教育培训，使管理人员形成规范的管理意识、认真负责的工作态度，使其能针对当地的用水灌溉管理需求提供服务，优化管理效能；围绕现代农田水利灌溉渠道工程开设集中化技术培训班，邀请相关领域专家或领导骨干等进行授课，并结合实地情况编写培训教材，内容涉及农田水利灌渠工程运行管理、检查维修、改造施工、影响评估、风险防范等方面。完成培训后，应设置实践考核，通过考核者可进入岗位工作，未通过者须继续接受培训。以工程运行安全风险管理为例，通过培训，应确保管理与维护人员熟悉工程基本组成结构，能明确判断破损部位的具体位置、形成时间及危害影响等，再根据现场条件和技术条件制订针对性的应对方案，在保证工程平稳运行的基础上第一时间排除隐患、修复问题，以保障农田水利灌溉渠道工程的安全性和可靠性。

4. 持续加大资金投入力度

农田水利灌溉渠道工程规模日益扩大，其所需投入的资金也越来越多。虽然现阶段尚未出现明显的资金短缺问题，但考虑到未来渠道工程的建设要求及运行管理特点，应持续加大资金投入。首先，需要对农田水利渠道工程设置专项资金，实行专款专用，禁止私自挪用。其次，应充分吸引外部投资。地方政府可出台一系列优惠政策，适当拓宽融资渠道，鼓励社会资本参与农田水利灌溉渠道工程的维护和管理。

5. 加快推进信息化建设进程

为有效提高农田水利灌溉渠道工程的维护和管理成效，需要坚持"与时俱进""因地制宜"的基本原则，引进信息化手段。农田水利灌渠工程主管部门可引入大数据管理模式，发挥其信息自动化采集、整理与分析等功能，提高管理工作效率；对各项灌渠参数借助计算机及信息技术、传感器技术等进行优化处理，解决了传统人工核对劳动力消耗大等问题。例如，引入雨水情况自动测量报告系统，全面监管灌溉过程中各个阶段的水位、水量及水流等情况，以此有效控制水流运输；建立图像与电力环境监控系统等，对灌渠设备的运行情况展开全面监控，提高管理效果。

三、电力提灌站机电设备的运行与管理

（一）保证机电设备的基本功能

电力提灌工程在提水过程中，各类设备所发挥出其设计的功能就是它的基本功能。基本功能反映的是设备的使用价值，如果丧失了基本功能，设备也就没有存在的意义了。为有效发挥机电设备的功能，必须通过相关专业技术手段定期对机电设备的功能指标进行测试和维护。这就要求每年对电机的功率、转速，水泵的扬程、流量，变压器的变比、绕组的绝缘电阻等机电设备的相关指标进行定期测量，判断其是否达到额定值。如果达不到额定值则认为功能已经下降，就必须对其进行维修，如果功能下降严重，各种维修手段都无法弥补，并且既耗资又耗时的话，则需要考虑更换。例如，九龙滩灌区一级提灌站水泵经过30多年的运行，叶轮腐蚀严重，严重影响了出水量，降低了水泵的运行效率。考虑到叶轮不便于维修，加之维修后也达不到理想效果，最终选择对叶轮、轴承、轴套等进行了更换，使水泵恢复了正常的功能。

（二）提高机电设备的运行可靠性

可靠性管理的主要任务是防止故障的产生，控制故障发生的概率，及时排除已经发生的故障。

1. 提高机械设备的可靠性

机械设备的可靠性对机械设备能否正常运行起着决定性的作用，其可靠性的高低取决

于零部件在运转过程中有形磨损的程度、零部件材料的质量、安装的精度、设备的工作环境等因素，甚至零部件表面出现少量杂质也会影响到机械设备的运行可靠性（九龙滩灌区白庙子一级提灌站电机控制柜内 CT-19 操作机构的轴承就经常因为进入杂质而影响开关的正常分合，为保证其正常运行，就必须时常对其清理）。所以，为保证机械设备运行的可靠性，必须根据设备的运行情况，正确分析影响其可靠性的因素，科学制定维修内容，合理选择维修方式，以维持设备的可靠性。比如，九龙滩灌区水泵都经过了多年运行，并且春灌期间都是连续运行，运行过程中轴承受传递载荷，在轴瓦内摩擦，要保持在合理的使用期限内发挥正常功能，就要求必须提供优良的工作条件。所以在平时运行过程中，我们要求运行人员每一小时至少对设备进行一次巡视检查，随时注意润滑油的油质、油量，检查紧固螺栓是否松动、发热部分温度变化是否在正常范围内、有无异响等，保证了设备的良好工作条件，提高了机械设备运行的可靠性。

2. 提高机电设备的可靠性

（1）机电设备的绝缘破坏：良好的绝缘是电气设备正常运行的必要条件，也是防止触电事故的重要措施。电气设备绝大多数时间是处于额定工作电压下运行的，但由于系统故障、设备老化等，设备在强电场的作用下被破坏，使电气设备丧失绝缘性能；另外，由于腐蚀性气体、蒸气、潮气、粉尘、机械损伤等也会使设备绝缘性能降低，导致发生故障。比如，1999 年九龙滩灌区在进行春灌时，白庙子二级站的输电电缆因老化、绝缘层脱落而导致短路，不得不停机更换输电电缆，给灌区农业生产造成了损失。

（2）导体的发热：正常运行情况下，机电设备的主导电回路长期通过额定工作电流，这时由于导体本身存在电阻和导体连接处的接触电阻，使导体发热，这些热量会使导体绝缘老化，逐步降低设备性能。

四、景电灌区泵站水泵机组震动及运行管理措施

（一）泵站水泵机组震动原因及防护措施

1. 电气方面诱发震动及相应防治措施

电机是机组的主要设备，电机内部磁力不平衡和其他电气系统的失调，常引起震动和异常声响。电动机震动常见的原因及消除措施有以下几点：

（1）轴承偏磨：机组不同心或轴承磨损。消除措施是重校机组同心度，调整或更换轴承。

（2）定转子磨损：气隙不均匀或轴承磨损。消除措施是重新调整气隙，调整或更换轴承。

（3）转子不能停在任意位置或动力不平衡。消除措施是重校转子静平衡和动平衡。

（4）轴向松动：螺丝松动或安装不良。消除措施是拧紧螺丝检查安装质量。

（5）基础在振动。基础刚度差或底角螺丝松动。消除措施是加固基础或拧紧底角螺丝。

（6）三相电流不稳：转矩减少，转子笼条或端环发生故障。消除措施是检查并修理转子笼条或端环。

2. 机械方面诱发震动及相应防治措施

（1）手动盘车困难，泵轴弯曲，轴承磨损，水泵转子不平衡，机组不同心，叶轮偏心。消除措施：校直泵轴，调整或更换轴承，重校机组同心度，重调间隙。

（2）泵轴振幅过大，轴承和轴颈磨损或间隙过大，联轴器安装精度超差。消除措施：修理轴颈，调整或更换轴承。

（3）水利不平衡，叶轮不同心，离心泵个别叶槽堵塞或损坏。消除措施：校正叶轮静动平衡，消除堵塞或更换叶轮。

（4）底角螺栓松动，转动部分零件松动或破裂。消除措施：拧紧螺栓和转动部分零件。

（5）窜轴现象。消除措施：使用设计合理、制造精度的新型弹性圈注销联轴器。

3. 水力方面诱发震动及相应防治措施

（1）前池水位过低，改变了进水流态，形成进水携带表面漩涡和附壁漩涡带，进入叶轮工作室后被叶片切割而引发振动，其频率与叶片数成正比，且常伴有较大的噪声。通常可采用导流、设置隔板等应急措施来有效减振。

（2）轴流泵轴功率过大，进水池水位太低，叶轮淹没深度不够，杂物缠绕叶轮，泵汽蚀损坏程度不同，叶轮缺损。消除措施：抬高进水池水位，将底水泵安装高程，消除杂物，并设置拦污栅，修理或更换叶轮。

（3）离心泵机组效率急剧下降或轴泵机组效率有下降，伴有汽蚀噪声。消除措施：改变水泵转速，避开共振区域，查明发生汽蚀原因，采取措施消除汽蚀。

4. 水工及其他方面诱发震动及相应防治措施

（1）在长期外部环境作用下，泵房若是出现不均匀沉陷，它的倾斜有可能会引发因叶轮间隙不均匀而产生的流畅不对称水利振动；因导轴承间隙不均匀而产生的干摩擦和振动等机械振动，和空气间隙不均匀而产生的电磁拉力不平衡振动等。相应的减振措施是泵站主厂房的纠偏；对于大型水泵机组，可在允许调整范围内，以进水流道为基准重新测量调整机组固定部件的垂直同心度、水平度，转子的垂直度、摆度、中心，电机的磁场中心以及轴承间隙、叶片间隙和空气间隙等。

（2）拦污栅堵塞，进水池水位降低。消除措施：拦污栅清污，加设拦污栅清污装置。

（3）前池与进水流道设计不合理，进水流道与泵不配套，使进水条件恶化。消除措施：拦污栅清污装置合理设计与该进水池和进水流道设计。

（4）基础在振动：基础刚度差或底角螺丝松动或共振。消除措施：加固基础拧紧底角螺丝。

（5）进水管道固定不牢或引起共振。消除措施：加设管道镇墩和支墩，加固管道支撑，改变运行参数，避开共振区。

（二）泵站水泵机组运行管理中需要注意的技术问题解决议

根据上述关于水泵电机振动问题的探讨，同时作者对运行管理中相关应该注意的技术问题进行总结，建议如下：

1. 水泵出水量少

一是转速不足，检查电源系统；二是密封环和叶轮口环部位磨损严重，更换密封环和叶轮；三是水泵吸程超过其额定吸程，水泵在工作过程中，水源水位过低，这样会使水泵处于超吸程状态下工作，据测定，超过吸程 0.5m 的水泵，出水量会减少 20% 左右。

2. 水泵内部声音异常

一是流量太大，要减小出口闸阀的开度；二是有空气渗入，检查吸入管路是否有不密封情况，堵塞漏气处。

3. 轴承过热，水泵振动大

一是没有油，要加注润滑油；二是水泵轴弯曲，一旦发现水泵振动，应立即检修，若泵轴弯曲不严重，可用手动螺杆校正器校正后，再重新使用，若弯曲严重，应立即更换；三是轴承轴向无间隙，轴承盖端面加纸垫调整。

4. 电机发热，功耗大

一是填料压得太紧，适当放松填料压盖；二是因叶轮磨损太大，水泵出水量增加，可更换叶轮来调解流量。

5. 对厂房、水泵的全面检查

检查厂房沉陷，并通过与原始数据对照，调整并确定机组轴线的水平；检查润滑油质量和油位；检查机组紧固件，检查是否有松动和锈蚀等现象，并做相应处理；检查主轴连接、密封情况以及轴径处的锈蚀情况；检查推力轴承及各导轴承的受力、间隙及存泥沉沙和锈蚀等情况；检查轴封填料的存泥沉沙腐烂程度及其密封的可靠程度；检查叶轮间隙及空气间隙，若有较大的变化应分析原因并做出相应处理。另外，对于液压全调节水泵机组，还应进行叶片调角机构的检查，检查浸水及密封状况，辅机系统的检查和修复工作也应及时跟上。在全面检查工作的基础上，确定相应的修复对象和具体方法。需要拆卸时应尽量少拆，避免盲目乱拆。遵循"先外后内，先上后下，先部件后零件"的原则进行。

五、灌区排水系统管理

（一）排水系统管理的一般要求

排水系统管理是保证排水工程系统安全运行、促进农业增产、发挥排水工程效益的重要措施，也是改变地区自然面貌、维持生态平衡的重要措施。排水工程的管理工作是在灌区管理机构的统一领导下进行的，一般不另设专门的管理组织。

排水系统管理的任务一般包括：经常对工程进行检查维修，及时养护，保持工程设施完好无损，挖掘潜力，扩大工程效益；对工程进行合理运用，不断提高工程标准，延长工程使用年限；对主要建筑物的重要部位，进行定期观测研究，掌握工程动态，确保工程安全。

排水工程管理养护的内容一般为：制定工程管理运用操作规程，执行工程控制运用计划，定期观测记录重要建筑物和险工险段的动态，及时进行研究分析，采取适当的对策。进行工程的管理养护，包括经常性的和定期的维修养护。经常性养护是指经常进行的维修养护工作，发现问题及时解决；定期维修养护一般是在汛前和汛后集中必要的人力和物力进行的维修养护，检查工程运行情况，确保安全度汛。对于天灾人祸等工程重大险情，应及时进行紧急抢修。

（二）排水系统的养护维修

1. 排水系统的检查养护

（1）排水系统的检查养护要求

排水系统的检查养护应符合下列要求：汛前对各级排水系统进行检查，编制岁修计划。汛后根据损坏情况，安排大修或小修以及必要时的抢修。及时拆除排水沟各种障碍包括临时抗旱抽水横堤、小坝、临时人行便桥等。明沟一般要求干沟 2~3 年清淤一次，支沟 1~2 年清淤一次，斗农沟每年清淤一次。对不稳定沟段，应采取有效的防坍、固坡措施。

（2）排水系统的检查养护

春季解冻后，对排水系统的各级沟道及其建筑物应详细检查登记，编制岁修计划，报请有关上级水行政部门批准后，按先后次序，在雨季前完成。春播后要做好排洪、泄洪前的准备工作。在汛期能及时泄洪、排涝，防止洪涝灾害的发生。在植物生长期内，要及时清除沟底、边坡、做台和弃土堆上的杂草和灌木。在汛期过后，排水沟系及其建筑物进行汛后检查，根据损坏情况进行大修或小修。要及时清除沟道中一切临时落入水流中并阻碍水流的物体，如植物根、茎、叶、土块、乱石砖瓦、垃圾等。在较大的排水沟道中，应及时拆除各种阻碍水流运行的临时建筑物，如临时抗旱抽水横堤、小坝堰，临时人行便桥或行车桥，鱼栅、鱼闸等捕鱼设备等。清除闸孔、桥孔、涵管口及拦渠土堤中泄水口的淤泥冰块和漂浮物等清除在各沉沙池内的淤沙及堵塞在池中的其他物体。堵好、填实沿排水系统的灌溉田块向排水渠泄水的冲沟、缺口。

2. 排水系统维修

（1）小修

小修是排水系统管理养护工作经常性的工作，一般由沟道专职管护人员负责完成。小修一般包括以下工作：

①清除排水网中的杂草与灌木。

② 清除放水的喇叭口、涵管口、桥孔、闸孔及排水沟上观测井、测水设备等附近的杂物。

③清除排水沟槽中的树根、树桩、漂浮在沟道中乱木、杂草，砖石块、小草丘，挖除阻碍水流的土堰，并注意清除为方便行人和车辆跨越沟道而扔下去的砖石块、枯枝、秸秆等。

④清除阻碍沟道排水的小浅滩、滩嘴鱼嘴等。

⑤对排水沟道衬砌护面、便桥、行车桥及其他建筑物的小修小补。

⑥做好汛前的一般准备工作。

⑦修理沟道受冲刷的部位，加固个别冲刷部位等。

管理排水沟道与灌溉渠道一样，应经常分段分工有专人巡查，发现问题，要经常地、系统地实施小修小补，以保持排水畅通。

（2）大修

排水系统的大修是根据排水沟系统各部分损坏情况或规定的大修年限进行的。对需要进行大修理或大清淤整修的沟渠，应进行纵横断面的测量，调查各段和各处边坡、沟底、戗台和弃土堆上杂草生长的程度，承泄河床冲刷或淤积变形地点和性质，各段淤积泥沙及形成浅滩、沙洲等地点和性质，并注明全沟损坏处的准确桩号和分布情况。

在调查排水沟上建筑物时，应调查主要建筑物分布状况和损坏程度，分析原因并提出修复措施方案等。大修一般包括以下几方面工作：

①土方量较大的沟道、河道的清整修工程，使它们有必要的过水断面深度和纵坡。

②整修或改建计划包括由于原设计、施工上没有考虑到的多种条件所造成的较大损坏或变形，达不到原设计效益等情况。

③修理或改建各类建筑物的局部或全部，使之符合实际运用的要求。

④修建或改建沟渠，增加或填塞不必要的沟渠，新修或改建水闸，增建或改建排水网上的观测设备。

排水沟渠大修工程经过勘查、调查、测量后，编报各项文件（包括建筑物损坏明细表，沟道纵、横断面图，建筑物局部测量图等），然后编制大修工程设计。其设计包括：排水系统工程示意图，并在图上标明应大修理的地段和建筑物；应修理地段的纵横断面图，并注明应完成的工程量；调查沟道和承泄区的综合损坏明细调查表；修理和改建说明书和预算；各种建筑物改建损坏明细表及设计图和预算书；施工设计及说明；综合预算及建筑材料、工程量、投资明细表以及设计说明书等。

（3）抢修

抢修工作大都发生在非常洪水通过以后，险工往往出现在沟道或承泄河流的弯道水流顶冲处，若不及时抢修堵复，将会给附近道路、桥梁、水闸等建筑物造成很大的危害。在防汛前，应在可能发生的险工地段，备好一定的抢险器材，如发现紧急事故，必须组织力量进行抢修。修理范围和重点，应根据具体损坏的程度与地点来确定，并报上级主管部门核查。

（三）排水沟系统损坏的处理与防治

排水沟沟坡冲刷和坍塌、沟底淤积和杂草丛生是排水沟管理过程中存在的主要问题，管理养护的任务就是要防止这些现象的发生，对已经发生的问题要及时处理，使排水沟处于正常状态，充分发挥排水沟的工程效益。排水沟管理养护工作的主要内容是防冲、防淤、防塌、清除杂草和阻水障碍物、进行建筑物的维修等。排水沟正常工作状态的标准是：过水断面的输水能力符合设计要求，断面不冲不淤，沟堤坡岸完整，沟内不生杂草，没有人为的阻水障碍物，建筑物完整无损，控制自如，保持排水通畅。

1. 防冲防坍

造成排水沟冲刷和沟坡坍塌的主要原因是：沟中水流速度过大，地面径流对坡面的冲蚀，地下水在坡面的渗出以及沟中水位的急剧变化等。

防止措施有：

（1）流速过大的沟段应增设跌水或修建防冲设施。

（2）发生冲刷的建筑物进出口段，应增设或改进消能设施。

（3）认真处理各级沟道的入水口，必要时应设置控制闸门，以防止冲刷和水量的急剧增减。

（4）整修岸坡，在冲蚀严重的沟段附近开挖截流沟，防止地面径流漫坡注入沟道，或采用工程措施和生物措施进行护坡。

2. 防淤除草

造成沟道淤积的主要原因是沟坡坍塌、沟道冲刷或高含沙水流入沟等。沟道淤积将造成过水断面减小，排水沟的输水能力达不到设计要求；沟道中杂草丛生，将增大沟道断面的粗糙率，使断面的过水能力减小；交通或其他原因填土筑坝更是排水的巨大障碍，使正常排水无法进行。排水沟道的淤积和杂草滋生一般是难以避免的，但人为修建阻水建筑物是不允许的，因此，及时清淤除草、清除阻水障碍物是排水沟管理的重要内容。

3. 清除隐患

排水沟道的隐患主要是由于施工质量差、管理不善、制度不严造成的。隐患不除可能导致排水紧张时出现险情，甚至导致决口事故的发生。具体措施有：经常检查巡视，及时发现隐患，加固险工险段，清除雨淋沟、浪窝、裂缝和塌坡等；在沟道两旁有计划地植树，以加固堤岸，美化环境，防风排水，增加收入。

4. 排水建筑物管理

排水沟上修建的桥、闸、涵等各种建筑物是排水系统的重要组成部分，它们必须与排水沟道一起保持稳定的工作状态，才能保证排水系统充分发挥效益。排水建筑物正常工作的标准是：过水能力符合设计要求；上下游没有冲淤现象；各部位经常保持完整无损，可准时快捷地控制运用；闸门和启闭设备能灵活地操作、不漏水、与土堤的接触部位填土密实，无严重渗漏。

排水建筑物的管理养护包括经常性维修，汛期前后的定期检修和紧急情况下的抢修。

排水建筑物容易出现的问题有：由于外力的撞击造成局部损坏或剥蚀，高速水流冲刷引起的表面磨损，施工质量不好引起的空蚀，混凝土表面产生蜂窝、麻脸、骨料架空、接缝不平、砖石砌体砂浆不密、勾缝脱落等。排水建筑物防护措施有如下几点：

（1）制定建筑物的操作运用规程和必要的规章制度。

（2）不准在较大建筑物附近进行破坏或炸鱼，禁止在建筑物上堆放超过设计重量的重物。

（3）不许任意在沟道内私建和修建任何建筑物。

（4）在排涝期间应随时注意观测检查建筑物的水流状态和工作情况，及时清除柴草杂物，冬季还要注意冰块堵塞，避免沟道雍水冲刷或漫溢决口等事故的发生，保证行水安全。

（四）排水容泄区管理

排水容泄区是指位于排水区域以外，承纳并宣泄排水系统排出水量的区域。通常用作排水容泄区的有河流、湖泊、海洋等，废河床、未被开垦的沼泽、洼地也可作为排水容泄区。

1. 排水容泄区的要求

排水对容泄区的要求如下：

（1）平时排除日常流量和汛期排除设计流量时容泄区的水位均应低于排水干沟出口的相应水位，使排水系统排水通畅，不致造成排水系统的雍水和淹没现象。

（2）容泄区的输水能力或容量应能及时宣泄或容纳从排水区域排出的全部水量。

（3）容泄区应具有稳定的河岸，良好的河槽，稳定的主流。

（4）容泄区的洪水若对排水区域产生水而造成淹没，其淹没历时应在允许的范围内。

（5）容泄区应尽可能地满足排水通航和养殖等综合利用的要求。

2. 排水容泄区的治理

天然情况下的河流、湖泊等排水容泄区，在水位和泄水能力方面，往往不能满足排水系统的排水要求。为此，必须采用工程措施进行治理，以满足排水的需求。若以河道作为排水容泄区时，整治的目的是稳定河槽，降低水位，增大泄量，改善排水条件。整治的工程措施有：护岸工程（如修建丁坝、顺坝，以控制主流，归顺河道，防止岸滩冲蚀）、疏浚工程（如挖深河槽，清除浅滩等，以改善河道流态，增加水深）、裁弯工程（如对过分弯曲的河段进行裁弯取直，以缩短流程，保持水流顺畅）、堵汊工程（如对汊道、淤滩较多、水流分散的河段进行堵塞以使主槽稳定，水流集中）、堤防工程（如对河床较高、过水断面较小、泥沙淤积严重的河道，修筑和加固堤防，以扩大泄水能力，保证泄洪安全）。

整治的方法主要有：疏浚河深、束窄河床、拓宽河槽、堵塞支流、裁弯取直、修筑堤防、加固河岸、拆除障碍以及分洪减流等。

（1）疏浚河床

用开挖浅滩以增加河道水深的方法称为疏浚。对于水流含沙量大，淤积严重，河床较高，滩地较宽，水深较小，杂草丛生的河段，可采用疏浚的方法是将河槽挖深，并用挖出的土方在河道两岸修筑或加固堤防，以扩大泄水断面和稳定主流。挖槽的轴线以直线为宜，并尽量和水流流向一致，不一致时，其偏角不应超过 15°。挖槽的深度和宽度决定于排水的要求并使河道水流在任何水位时都能平顺稳定，在河道两岸应留出一定宽度的滩地，一般为 10~15 m，以保护地方安全。在两岸河滩宽窄不一或曲河段，应在滩地较宽的一侧或河道的凸岸切滩，以使河道两岸对称，主河槽保持在河道中心线两侧，达到水流平顺稳定的目的。疏浚河槽一般多采用挖泥船等施工机械进行开挖。

（2）拓宽河槽

对于河床狭窄、水深较大、滩地较少的河段，疏浚河深不仅施工困难，挖深有限，有时不能满足安全泄洪的要求，而且挖深过大，宽深比过小，还可能造成断面不稳。这时，可拓宽河槽，扩大过水断面。一般情况下，为减少工程量，多采用一岸拓宽。当一岸拓宽不能满足泄水要求，或可能引起主流偏离河道中心，产生冲刷和断面不稳时，应采取两岸拓宽。拓宽时应尽量减少挖压农田和拆迁房屋，拓宽后的河岸和堤防应修在良好的地基上。

（3）束窄堵汊

对于河宽过大，河汊较多，流速迟缓，主流游荡，一岸易冲，一岸易淤的河段，可修建束水堵汊建筑物，束窄河宽，堵支强干，引导流向，保护河岸，使河床达到水深、流速和稳定等都比较适宜的规则断面。常用的束窄堵汊建筑物有丁坝（是由河岸伸向河槽、与河岸线成丁字形的横向整治建筑物，有束窄河床、导水归槽、调整流向、改变流速、冲刷浅滩、保护河岸、控制泥沙的作用）、顺坝（是与水流方向大致平行的纵向整治建筑物，作用是束窄河槽、保护滩岸、增大流速、引导流向、改善水流条件）、锁坝（是一种拦断河流汊道的整治建筑物，又称堵坝）。

（4）裁弯取直

弯曲河道，蜿蜒曲折，凹岸易冲，凸岸易淤，深槽、浅滩并存且不断发生，河床不稳，主流多变，宣泄能力低。因此，必须根据具体情况，对弯道过多、弯曲过大的河段进行裁弯取直，以缩短河道长度，增大水力坡度，提高流速和挟沙能力，扩大宣泄流量。蜿蜒型河段，由于凹岸的不断冲刷和凸岸的不断淤积，常常形成弯曲很大、近似环形的弯道，称为河环。河环的两端相距很近，称为狭颈。狭颈两端水位差很大，一遇漫滩水流，容易形成串沟并逐渐扩大发展成为新河，这种现象称为自然裁弯。裁弯取直则是利用河流的这种自然规律，在河环的狭颈附近，开挖断面较小的引河，然后借助水流的冲刷力，扩大发展成为新河，故又称为人工裁弯。

（5）修筑堤防

堤防是一项重要的防洪工程，也是河道整治中经常采用的一项工程。对于用作排水容泄区的河道来说，修建堤防的主要作用是：保持河道稳定，增加过水断面，扩大泄水能力，改善排水条件，确保行洪安全。

合理选定堤线是堤防工程的关键，它关系到工程安全、工程量大小、造价高低和沿岸人民生命财产的安危。一般应考虑堤线平顺短直，大致与洪水流向一致，与河势、河岸线的方向相适应，避免急弯和局部突出，以使水流顺畅；堤线尽量布置在地势较高、土质较好的地段，尽量避开沙土地带和深塘深沟以及沼泽地带，以免造成施工困难和引起堤身安全问题；同时，还应满足营造防护林带和筑堤取土的要求；尽可能少占耕地，少迁房屋，以减少经济损失和工程造价。

堤身的横断面一般为梯形。堤顶高程一般根据设计防洪标准通过计算确定。堤顶宽度一般是堤高 6 m 以下，顶宽 3 m；堤高 6~10 m，顶宽 4 m；高 10 m 以上，顶宽不小于 5 m。堤防边坡为堤高小于 5 m 时，内外边坡可采用 1∶2.5；堤高 5~10 m，内外边坡可采用 1∶3。

第二节　提水灌溉设施养护管理制度

一、我国灌区的管理现状

（一）灌区管理的重要意义

灌区建设及运行管理在国民经济尤其在农业生产中占有重要地位。据 2003 年底统计我国灌溉面积已达 8.38 亿亩，占耕地面积的 45%，生产占全国 70%左右的粮食、70%的棉花和 90%以上的蔬菜。万亩以上灌区 5 729 处，万亩以上灌区有效面积 3.8 亿亩。占灌溉面积 43%的大中型灌区是我国主要的粮棉油生产基地，是农业和农村重要的基础设施，是农业可持续发展的基础，它对满足我国 21 世纪 16 亿人口的食物需求、保证粮食安全具有举足轻重的作用，对我国国民经济持续、稳定、健康发展具有重要的保证作用。

一是灌区建设及运行管理充分挖掘现有水利设施的潜力，合理调配水资源，使耕地多水资源短缺的干旱地区，水土资源分布不均衡的矛盾得到解决。为灌区的农业生产和人民生活提供了水源保证，促进了当地经济的发展。

二是通过灌区合理运行管理，实行计划用水，科学用水，节约用水，优化调度，提高了水的利用系数。

三是灌区建设从根本上改变了农业生产条件，实现了灌区旱能灌、涝能排，旱涝保收、稳产高产，为农业产业结构调整、农业增产、农民增收打下了基础，为发展农村经济创造了条件。

四是灌区建设及运行管理，不仅在农业生产上发挥了巨大作用，而且在向城市供水保证城镇工业及第三产业用水、城镇居民生活用水以及环境用水等方面发挥重要作用。同时，还为解决农村人畜用水困难，改善农村卫生状况，提高人民生活质量方面发挥重要作用。

五是灌区综合开发利用水资源，除灌溉、供水外还在发电、航运、旅游、水产养殖、造林绿化等方面发挥着重要作用。

六是灌区建设及运行管理，改善了灌区生态环境，通过沟、渠、田、林、路、村庄等的综合整治，改变了灌区的面貌，为建设现代化新农村，实现农业机械化打下了基础。

七是利用灌区水土资源，开展综合经营，改善了灌区管理单位经济状况，减轻了国家负担。

（二）灌区管理存在的主要问题

我国灌区建设与管理为国民经济的发展做出了重大的贡献，但是随着经济的快速发展，社会主义市场经济的逐步深入，人口的增加，水资源短缺矛盾日益突出。灌区工程的现状远远不能适应经济发展和农业生产的需求，存在的主要问题有以下几点：

1. 灌区工程老化、损坏、不配套

现有的大中型灌区大多始建于 20 世纪五六十年代，由于资金、材料和技术的限制，工程设计标准低且不配套，施工质量差，有的是边规划、边设计、边施工的"三边"工程，基本上属于没有完工就投入运行的"半拉子"工程。同时，由于长期实行无偿或低偿供水方式，已建工程缺乏必要的维护经费，工程老化失修损坏现象普遍，造成灌区供水能力衰退，灌溉效益衰减。

2. 管理粗放，灌溉水利用系数低

由于灌区田间工程不配套，渠系工程失修，损坏严重，输水过程中跑、渗、滴、漏现象普遍。节水灌溉新技术推广应用进展缓慢，农业用水浪费严重，渠系水利用系数一般只有 0.4~0.5。

3. 管理体制不顺，机制不活

灌区工程产权不清，机构臃肿，权责不明，效率低下。灌区工程缺乏科学分类，性质不明，责任不清，公益性水管单位社会效益难以发挥，经营性水管单位缺乏市场竞争机制和活力。

4. 灌区投入不足

供水价格形成机制不合理，灌区水管单位大多经济困难。水费是灌区水管单位的主要经费来源。长期以来，水费由政府核定，且低标准的水费又难以足额到位，各级财政的补助很少或没有，有的还挪用水费。

5. 人员过多，且结构不合理

管理队伍整体难以适应灌区改革发展的需求，管理水平不高。

（三）提高灌区管理水平的对策

1. 抓住机遇，加快灌区的节水改造和续建配套

党的十五届三中全会明确提出，"要加快现有大中型灌区水利设施的维护和完善""把推广节水灌溉作为一项革命措施来抓，大幅度提高水的利用率，努力扩大农田有效灌溉面积"。国家十分重视"三农"问题，把发展节水农业作为灌溉领域一次全面、深刻的变革，是我国传统农业向现代化农业转变的重点战略举措。从 1997 年起逐年增加大型灌区的节水改造，续建配套项目的投入，给大型灌区的发展带来了难得的机遇和挑战，我们应该紧紧抓住这个千载难逢的发展机遇，加快灌区的改造和续建配套。

2. 深化灌区体制改革

根据《国务院办公厅转发国务院体改办关于水利工程管理体制改革实施意见的通知》（国办发〔2002〕45 号）理顺灌区管理体制，完运行机制，建立健全激励机制，逐步建立适应社会主义市场经济的自主经营、自负盈亏、自我约束、自我发展的管理运行机制，使灌区走上良性运行和持续发展的道路。

3. 加大对灌区的投入

发挥政府投资的主渠道作用。对灌区公益性工程和非盈利骨干工程的续建改造由各级

政府负责投资，具体由中央政府和地方政府按比例投入；田间工程续建配套由用水户协商筹资，政府给予必要的补助。

大中型灌区现存在的问题，应该说是计划经济时期对农业效益长期实行隐性转移和长期实行分散经营生产方式的综合反映。因此，必须正视"三农"问题的严峻现实，确定政府对农业实行高投入的国策，通过建立工业、城市、政府、社会对农业及灌区的反哺机制，制定必要的配套政策，扶持灌区摆脱困境，逐步走上良性发展的道路。

4. 完善水价形成机制，强化计量收费管理

对农业用水和非农业用水实行分类定价，并根据水资源状况，市场供求变化，推行浮动水价，实行计量供水，超量累进加价等水价制度。深化水费收取方式改革，适应农村承包制改革形势，因地制宜开展多种形式水费计收方式改革，提高水费到位率；积极推行农民用水合作组织，逐步使农民用水户协会成为灌区末级渠道管理和水费收缴责任主体，加快灌区计量设施建设和计量供水的步伐。

二、灌区管理的任务和要求

灌区管理工作的主要任务是：管好用好灌区工程设施，充分利用、合理配置灌区的水资源；积极开展计划用水、节约用水、按方收费、科学调度，适时适量地满足各用水户的用水要求；做好灌区的环境保护工作；开展城市供水、航运、发电、水产养殖、旅游等综合经营，不断提高工程效益和管理水平。

灌区管理工作包括组织管理、工程管理、用水管理和经营管理四个方面，具体要求如下：

1. 组织管理

组织管理是做好灌区管理的根本保证。必须建立健全各级管理组织，配备合格管理人员，组织培训管理人员，制定管理工作的规章制度，做好灌区的宣传工作，组织领导灌区各项管理工作。

2. 工程管理

对灌区工程进行监测、维修养护、改建扩建等，确保工程正常运行，科学合理地调度运用，最大限度地发挥工程效益；明确划分各级管理单位的管理范围和职责，制定工程管理运用工作细则；对工程进行技术改造，使其不断完善，以满足工农业生产和城镇居民用水日益扩大的需求；采用新的管理手段和技术，提高管理水平。

3. 用水管理

实行计划用水、节约用水、按方收费。在灌区内合理配水，采用先进灌溉技术，适时

适量满足作物需水量和其他用水部门的需求，积极开展灌溉试验和量水工作，不断提高灌溉工程的效益。

4. 经营管理

经营管理是维持和扩大灌区再生产，做好灌区管理的物质保证。通过综合利用灌区丰富的水土资源，大力发展供水、发电、养殖、旅游等多种经营，增强灌区水管单位的实力；合理计收水费，加强财务管理，实行经济独立核算，逐步做到"以水养水，自力更生"，为灌区可持续发展积累资金，增强后劲。

三、灌区管理体制与管理组织

（一）灌区分类

灌区有各种不同的分类方法，最常见的有下列几种：

1. **按受益面积和建设规模分类**

按受益面积和建设规模有两种不同的分类标准。一种是我国在灌区管理和统计上通用的分类标准，即受益面积在 30 万亩为政及以上为大型灌区，30 万亩以下到 1 万亩的为中型灌区，1 万亩以下的为小型灌区。但由于相当一部分区实际可利用的面积还未达到设计灌溉面积，在水利统计年报上又分别按设计面积和有效灌溉面积进行统计。

另一种分类标准是国家计委国家建委财政部 1978 年 4 月发布的《关于基本建设项目大、中型划分标准的规定》，将设计面积在 50 万亩以上的工程为中型建设项目，小于 50 万亩的为小型建设项目。这种划分适用于水基建设的审查管理工作。

2. **按管理体制分类**

按管理体制分类，大致可分为三种类型，即国家管理、集体管理和个人管理的灌区。

（1）国家管理的灌区。我国目前绝大多数大中型灌区由国家设专门管理机构进行管理，但其斗渠以下的田间工程多组织受益农户或单位设立群众管理组织，在灌区专管组织的统一领导下进行管理。

（2）集体管理的灌区。一般面积在 1 万亩以下的小型区都由集体管理。在农业生产体制改革以前，这些灌区多由公社和生产大队管理。生产体制改革以后，各地出现了多种不同的管理形式，有的由乡、镇政府出面组织受益地区用水单位组成集体管理机构，有的由乡、镇企业成立专业机构进行管理，有的由村民委员会进行管理。

（3）个人（或个体户）购置和使用管理的灌溉工程设施，如小型提水机具，喷灌机、水井、小型蓄水工程等均属此类。

3. 按灌溉水源和引水方式分类

按灌溉水源和引水方式，一般又可分为自流引水灌区和提水灌区两大部类。自流引水灌区，根据水源不同又可分为河川引水、湖泊引水、水库（堤）引水、冰川引水灌区等。提水灌区又可分固定泵站、流动泵站、水轮泵、机井灌区等。我国还有不少灌区是利用两种或多种水源灌溉的。

（二）灌区管理的行政机构及领导体制

《水法》第十二条规定：国家对水资源实行流域管理与行政区域管理相结合的管理体制。国务院水行政主管部门负责全国水资源的统一管理和监督工作……县级以上地方人民政府水行政主管部门按照规定的权限，负责本行政区域内水资源的统一管理和监督工作。根据上述规定，灌溉管理工作的行政主管部门为水利部及地方各级政府的水行政主管部门。据水利部1981年发布的《灌区管理暂行办法》第四条规定，国家管理的灌区"凡受益或影响范围在一县、一地、一省之内的灌区由县、地、省负责管理，跨越两个行政区划的灌区，应由上一级或上一级委托一个主要受益的行政单位负责管理。关系重大的灌区也可提高一级管理"。这里不仅规定了灌区受益范围在一县以内的由县管的由地（市）管，地（市）省管，对特别重要的灌区，如灌溉面积超过30万亩的大型灌区以及在防洪、排水引水对相应地区有严重影响的灌区或水源工程在相邻地区的灌区，可以根据实际需要由上级政府决定，提高一级管理。而对一些虽然涉及两个以上地区，但其主要受益区在一个地区的中小型灌区，则可由上级政府通过与受益县（区）协调，市（县）可通过灌区管理委员会等权力机构参与管理。

对集体或个人举办的小型灌溉工程，则由县、乡人民政府及其水行政主管部门（县水利局及区、乡水利管理站）依法进行行政管理和业务技术指导。

（三）灌溉工程设施的归属

《水法》第三条规定，"水资源属于国家所有""农民集体经济组织所有的水源、水库中的水，属于集体所有""国家保护依法开发利用水资源的单位和个人的合法权益"。

《水法》第三十二条规定，"国家对直接从地下或者湖泊取水的实行取水许可证制度"。第三十四条规定，"使用供水供应的水，应当按照定供水单位水费""直接从地下或者江、河、湖泊取水的，可以由省、自治区、直辖市人民政府决定征收水资源费"。

《水法》第十一条规定"开发利用水资源和治理，应当由流域或者区域进行统一规划"。"经批准的规划是开发利用水资源和防治水害活动的基本依据。规划的修改，必须经原批准单位核准"。水法第十二条规定"任何单位和个人引水和排水，不得损害公共利益和他人的合法权益"。

《水法》第二十二条规定，"兴建水工，必须按照国家规定的基建设和其他有关规定"。第二十九条规定，"国家所有的水工程，应当按照经批准的设计，由县级以上人民政府依照国家规定，划定管理和保护范围""集体所有的水工程应当依照省、自治区、直辖市人民政府的规定，划定保护范围"。

根据《水法》及国家其他有关法的规定，对工程的所有权与使用权可做如下理解：

一是一切灌溉工程的兴建都必须服从流域的和区域的水利发展规划的要求，必须经过政府主管部门的批准。

二是一切直接由天然水源（地下水和地表水）取水工程需要得到水利部门的同意，并按有关规定办理取水许可证，从水库或其他人工水源工程取水的灌溉工程则应征得水源工程管理单位的同意和上一级水主管部门的批准，并按规定缴纳水费或水资源费。

三是工程建设一般是谁投资，谁使用，谁管理，并可按照当地政府的规定，向用户收缴水费。从当前实际情况看，一般大、中型灌溉工程为国家所有，归国家管理。也可以根据有利于灌区发展的需要，采取承包制、股份制等形式进行经营管理。一般较小的灌溉工程则多为集体所有，由集体管理。由一户或几户农民投资兴建的机井、塘坝、小抽水机站，由农户管理、使用。

四是凡是与土地直接相关的工程建设，如道、闸、塘水及其附属的水工建筑物，应根据土地使用权的转移而转移，并给原兴修者以适当补偿。而一般可以移动的灌溉措施，如动力机、水泵、喷灌机等则不属于必须转移之列。

五是一经政府批准，合法兴建的排水工程，国家依法保护其所有权、使用权和按规定向用水户收取水费的权利，并根据当地政府的有关规定，划定必要的管理区和保护区。

（四） 灌区管理机构的设置与筹建

1. 管理机构的设置

国家管理的灌区按渠系实行统一管理，分级负责的原则，采取专业管理与群众管理相结合的管理体制，以专业管理为骨干，群众管理为基础，同时充分发挥民主管理组织的决策和监督职能。

2. 灌区管理机构的筹建

为了保证灌区工程竣工后能及时投入生产，正常运行，发挥效益，在拟订灌区规划、设计时及施工期间应当把管理机构的筹建作为一项重要内容列入计划。筹建工作主要包括以下各项：

（1）确定管理体制机构设置和人员编制，选专业的行政领导和技术骨干，如总工程师、总会计师等，并吸收他们参加工程的施工检查和验收工作，使之能比较全面熟悉和掌握灌区工程情况。

（2）要把工程管理运行所必要的房屋（包括公产和生活用房）通信及观测和试验设备，以及道路、交通机具等纳入施工计划妥为安排，进行修建、购置和安装。

（3）对管理人员及职工进行上岗前的培训工作，经过考核达到标准的，方准上岗。

（4）开工后，经过上级部门验收合格管理部门才可以接管。验收不合格者，管理部门有权拒绝接管，对一些分期施工、分期受益的工程，可由施工部门和管理部门共同负责进行试运行，直到全部工程竣工，验收合格后，再正式由管理部门接收管理使用。

（5）灌区管理机构设置地点，除考虑管理工作方便以外，还要考虑职工生活和家属就业、上学问题。

四、灌溉设施管理与维护制度

（一）土工建筑物的养护

土工建筑物表面有雨淋沟、浪窝坍陷时，应及时进行修补；发生渗漏、管涌现象时，要在上游堵截渗漏，下游反滤导渗；发生裂缝、滑坡，应采取开挖回填或灌浆方法处理；对土堤、土坝等，应定期锥探检查有无蚁穴、兽洞等隐患，并采取灌浆或开挖回填等方法处理；在土堤、土坝背水坡，应铺植草皮，防止雨水冲刷。

（二）圬工建筑物的养护

浆砌石护坡如有塌陷、隆起，应重新翻砌；无垫层或垫层失效的应补设和整修；遇有勾缝脱落或开裂，应洗净后重新勾缝；浆砌石岸墙有倾覆或滑动迹象时，可采取降低墙后填土高度或增加拉撑等办法处理；干砌石护坡、护底，如有塌陷、隆起、错动等，应予整修；如石块重量不足时，应予更换或灌水泥砂浆。

（三）混凝土建筑物的养护

对混凝土建筑物应定期清除苔藓、扇贝等附着生物；混凝土表面有脱壳、剥落、蜂窝、麻面、冲刷损坏时，可采取水泥砂浆、环氧砂浆混凝土、喷浆等措施进行修补；对于不影响结构强度的裂缝，可采用灌水泥浆、表面涂环氧砂浆的方法处理；对影响结构强度的应力裂缝和贯通裂缝，应采用凿开锚筋回填混凝土、钻孔铺筋灌浆等方法补强；对于建筑物本身的渗漏，应尽量在迎水面封堵，既阻止渗漏，又防止建筑物本身的侵蚀，而且有利于建筑物的稳定；当迎水面封堵有困难，且渗漏水不影响工程结构稳定时，也可在背水面封堵；对于接缝渗漏或绕坝渗漏，应尽量采取封堵措施，以减少水量损失，防止渗漏增大。

（四）闸门的养护

闸门、滚轮、吊耳、弧门支架等活动部件应定期清洗，经常加油润滑；闸门门叶如发生变形、杆件弯曲或断裂、焊缝开裂、铆钉或螺栓松动及脱落等，都应立即恢复或补强；部件和止水设备损坏的应及时修理或更换；钢丝网水泥闸门，应经常清理表面污垢及苔藓等水生物；如有保护层剥落、脱壳、露筋、漏网、裂缝、渗水等现象，应用高标号水泥砂浆或环氧砂浆修补。

（五）启闭机的养护

各传动部件如滚动轴承、联轴器、变速箱、变速齿轮、涡轮、蜗杆、轴与轴瓦、油（水）泵、阀门及管道等，必须加强润滑或其他防护工作，以减少部件的磨损和保证传动部位的正常运行；制动器（刹车）要求动作灵活，制动准确。如发现闸门自动沉降，应立即对制动器进行彻底检查修理；悬吊装置的钢丝绳、链条、拉杆、螺杆、齿杆、活塞杆等构件，要防止松动变形、锈蚀、断丝，并经常涂油润滑防锈；电源、电气线路、机电设备、动力设施各类仪表和集控装置等，均应经常养护，定期检修，使其运行灵活，准确有效，安全可靠。

（六）泵站的运行与维护

水泵运行前应检查，机组转子的转动是否灵活，叶轮旋转时是否有磨阻的声音；各轴承中的润滑油是否充足、干净，用机油润滑的轴承，油位应正常，用黄油润滑的轴承，油量应占轴承室体积的 50%～70%；填料压盖螺栓松紧是否合适，填料函内的盘根是否硬化变质，引入填料函内的润滑水封管路有无堵塞；水泵和动力机的地脚螺丝以及其他各部件螺丝是否松动；进水池内是否有漂浮物，吸水管口有无杂物阻塞，拦污栅是否完整；出水拍门与出水闸阀关闭应严密，并灵活可靠。

水泵在运行中的保养包括以下内容：

1. 皮带的保养

运行中传动皮带不要过松或过紧，过松要跳动和打滑，增加磨损，降低效率；过紧轴承要发热。一组三角皮带中不能有松紧不匀的现象。要注意清洁，防止油污，妥善保养。

2. 机组和管路的保养

运行中要保持清洁，灌排结束，要防空柴油机、水泵、水管内的存水，防锈防冻。油漆剥落的要进行补油漆。对机组各部件进行养护，通过全面检查，提出修理要求，进行修理。

3. 注意安全

要有安全防护设施。禁止对正在运转的水泵进行校正和修理，禁止在转动着的部件上或有压力的管路上拧紧螺栓，运行值班人员应经常保持抽水机站内外的清洁卫生。

（七）灌溉渠道整修养护

1. 防淤

在渠道枢纽设置防沙、排沙等工程措施，带冲刷闸的沉沙槽，槽内设分水墙、导沙坎，构成一套较强的冲沙设备，按照操作规程，启闭冲刷闸和进水闸，合理运用，防止底沙进渠在进水闸相距不远处，利用天然地形设置排沙闸，将沉积在渠首干渠段内的大颗粒泥沙定时冲走，泄入河道或沟道。在无坝引水时，在进水闸前一定距离的河床上设置拦沙底坎，其高度应为河道中一般水流深度的 $1/3 \sim 1/4$，底坎与水流方向应成 $20° \sim 30°$ 的角度，底坎长度，应以河道流向及进水闸设计而定。其他防止泥沙进渠的工程设施如导流装置、沉沙池、导流丁坝、隔水闸门等，可根据当地实际情况选用。

在管理运用上，防止客水挟沙入渠，傍山渠道经过村庄、道路一般有交叉建筑物或截洪沟槽等。为了减少入渠的泥沙量，应尽可能地减少计划外的引水量，严格实行计划用水，采取各种有效措施，提高灌溉水的有效利用系数，以减少渠首引水量，从而减少进渠的泥沙量。在河水含沙量小时，加大引水量；在河水含沙量大时，把引水量减到最低限度，甚至停止用水。

2. 防冲

渠道冲刷的原因和处理方法如下：

（1）渠道土质或施工质量问题。渠道土质不好，施工质量差，又未采取砌护措施，引起大范围的冲刷。可采取夯实渠堤，对弯道及填方渠段，用黏土、土工编织袋或块石砌护，以防止冲刷。

（2）渠道设计问题。渠道设计流速和渠床土壤允许流速不相称，即通过渠道的实际流速，超过了土壤的抗冲流速，造成冲刷塌岸。可采取增建跌水、陡坡、潜堰、砌石护坡护底等办法，调整渠道纵坡，减缓流速，使渠道实际流速与土壤抗冲流速相适应，达到不冲的目的。渠道建筑物进出口砌护长度不够，造成下游堤岸冲塌，渠底冲深，这是灌区较普遍的现象。改善的办法是增设或改善消力设施，加长下游护砌段，上、下游护坡及渠堤衔接处要夯实，以防淘刷。

（3）风浪冲击、水面宽、水深大的渠道，如遇大风，往往会掀起很大的风浪，冲击渠岸。其处理办法是两岸植树，减低风速，防止水流的直接冲刷。最好是用块石或混凝土护坡，超过风浪高度。

（4）渠道弯曲过急，水流不顺。渠道弯曲半径不应小于五倍水面宽度，否则将会造成凹岸冲刷。根治办法是：如地形条件许可裁弯取直，则适当加大弯曲半径，使水流平缓顺直；或在冲刷段用土工编织袋装土、干砌片石、浆砌块石、混凝土等办法护堤，则效果更好。渠道流量猛增猛减，流冰或其他漂浮物撞击渠坡，在渠道上打土堰截水、堵水等，造成局部地段的冲刷塌岸，必须严加制止，拆除堵截物，清除流水漂浮物，避免渠道流量猛增猛减。

五、农业水利灌溉渠道的维护和管理措施

（一）加强农田水利灌溉渠道维护管理的意义

在农田水利工程运行过程中，加强灌溉渠道的维护和管理能够大大提高水利资源的利用效率。中国水资源储备量虽然比较丰富，但是水资源分布不均，人均占有量较少，可供灌溉的淡水资源十分有限。尤其在当前农业生态环境逐渐恶化，大量土地沙漠化严重的背景下，很多农业生产区域灌溉用水已经成为一种稀缺资源，在很大程度上制约了农村地区经济的发展。加强农田水利工程灌溉渠道的维护和管理能够大大提升水资源的利用效率，确保水资源在使用过程中不会流失浪费。做好农田水利工程灌溉渠道的养护管理工作，能够延长水利工程的使用寿命，发挥其应有的节水灌溉效能，进一步提高农业灌溉效率，更好地摆脱靠天吃饭的现状，最终提升广大农民的经济收入。

（二）农田水利灌溉渠道工程运行维护与管理存在的问题

1. 维护与管理的意识不足

就农田水利灌溉工程而言，其后续的维护与管理工作能否做到位，将会直接影响着最

终工程能否顺利发挥作用。然而，当前某些政府部门普遍存在"重建设、轻管理"的问题。即使在实际的农田水利灌溉渠道工程中，都设置有专项资金来支持工程建设，但是在工程完成之后，在后期投入使用阶段，往往缺乏对其维护和管理的重视程度，主要表现在不科学的人员配置和工人老龄化等方面。同时，有关维护管理人才缺乏专业性，无法使后期的工程运行维护和管理工作落到实处。除此之外，对于农田水利灌溉渠道工程的维护和管理宣传力度不足，使得某些农民在使用该工程时较为随意，对设施的保护意识不足，这也对农田水利潜溉渠道工程的正常运行带来一定的安全隐患。

2. 维护与管理体系有待完善

当前，对于大多数地区的农田水利灌溉渠道工程来说，其维护与管理制度还不够完善，如果缺少有效的体系，在很大程度上就会限制维护与管理措施的有效发挥，不利于工程的顺利实施。例如，当前很多地区为了使农田水利灌溉渠道工程的作用有效发挥出来，制定了有关工程管理的实施细则，对工程的维护和管理方法及步骤进行了详细的阐述，但是在实际工作中的安排却缺少统一性；再加上监管力度较弱，就会使农田水利灌溉渠道工程运行的维护和管理工作无法得到积极落实，往往会出现权责不明确、推卸责任等情况，无法使运行管理制度得到充分的发挥，不利于工程的顺利使用。

3. 缺乏充足的维护与管理资金支持

农田水利灌溉渠道运行的维护与管理工作较为复杂，导致其后期的维护管理内容涵盖到方方面面，同时还大大消耗了人力成本，因此，在工程的维护与管理方面需要充足的人力、物力及财力支持。由于在农田水利灌溉渠道工程建设初期就花费了部分政府投资资金，再加上多数资金应用到了工程的实际建设环节中，就导致后期的农田水利灌溉渠道工程得不到有效的资金支持。当设备出现磨损需要修护或更换时，往往不能进行及时地维护，一定程度上就会阻碍农田水利灌溉渠道工程的正常运转，影响当地农业的发展。

（三）加强农田水利灌溉渠道维护与管理的措施

1. 建立并完善管理机制，增加资金投入

农田水利灌溉渠道工程由于过去长时间未建立起完善的维护与管理机制，使得渠道维护管理工作一直无法落到实处，许多农村地区的灌溉渠道因常年得不到应有的维护而无法进行修缮继续使用。对于农田水利灌溉渠道进行维护与管理，不仅是保障其能够正常运作，也是为农业经济发展打下坚实基础。为此，应该尽快建立并完善农田水利灌溉渠道的维护与管理机制，明确维护与管理的责任，制定相应的管理制度，并在文中明确相关人员的责任与义务，避免无人维护管理的情况出现。农田水利灌溉渠道系统维护和管理是一个复杂且庞大的工程，需要大量资金支持，仅依靠农村方面的投入远远不够，基于此，在农田水利灌溉渠道系统维护和管理中，地方政府需要将其职能作用发挥出来，增加资金投入，引入先进设备，并增加基础设施建设。另外，相关部门可以通过招商的方式或是社会融资的方式，增加社会资本对水利灌溉渠道的维护与管理方面的投入，这样不仅使不断提升渠道的维护与管理水平得到保障，同时可以增加农业经济效益，提高现代农业发展水平。

2. 提高维护和管理认知

作为农田水利灌溉渠道的维护与管理者来说，提高自身的认识，加强自身对农田水利工程整体重要性的认知十分重要。只有管理者自身认识到灌溉渠道的重要性，才会真正将其运行状态与运行系统放在心上，才能做好维护与管理工作。除此之外，相关部门应该提高当地群众对于灌溉渠道的认知，并让群众发挥自身的监督作用，要让民众明白渠道的维护管理与自身利益的关联性，以此来提升农民对于渠道维护与管理的积极性，减少农田水利工程遭到人为破坏的概率。另外，需要强化先进维护技术、管理技术的应用，使管理人员熟练掌握并有效应用先进维护与管理技术，进而提高维护与管理水平，使农业经济效益得到保障。

3. 加强水利灌区信息化管理

随着先进性信息技术的提升，农田水利灌溉渠道的管理也应跟上时代的步伐，开展信息化管理，通过信息化的方式将水利灌渠的整个运转过程监控起来，以便及时发现问题并解决问题。这样不仅能够节省更多的人力物力，还能够降低人力成本，提高作业效率与准确度，从而更好地保护水利灌溉渠道。对灌溉渠道不同部位进行监测时，具体包括对农田水利的闸门和流量等的监控，在进行实际的维护和管理时必须加强相应技术的提高，在结构上使用 C/S 来实现对洪水预报和调度闸门的功能，对于水利灌渠的信息进行及时的查询，实现对其信息化的管理。

4. 加强养护管理队伍建设

在农田水利渠道养护管理工作开展过程中，需要有专业的技术人才融入其中，国家各个地方的水利部门应有针对性地对灌溉渠道管理和维护实际需求进行严格的调研分析，配置专业人才进行有效维护和管理。一方面，应该严格落实各项聘用机制，提高准入门槛，招聘高素质的专业人才；另一方面，还应该定期对现有工作人员进行业务培训，及时学习世界上先进的灌溉渠道管理技术，并在培训结束之后进行考核。考核成绩合格的持证上岗，对于多次考核不合格的解除聘用，逐渐优化工作队伍。

（四）渠道运维管理优化措施

1. 优化渠道运维管理技术

传统的渠道运维管理技术科学水平不高，需要投入大量的人力、物力才能保证渠道稳定运行。随着科学技术的飞速发展，如何利用先进技术提升渠道运维管理水平已成为相关从业人员需要重点考虑的问题。具体而言，就是要将各种新技术引入渠道运维管理工作，构建基于大数据技术、AI 技术、云计算技术等多种新技术的运维管理新模式。例如，在渠道关键设施上安装数据监视装置，利用 PLC 单片机及数据读取元件对水流、水量、土壤湿润度等重要参数进行实时检测与分析，一旦单片机检测到某项数值超过设定的阈值，可通过与该装置相连的无线发送装置，将报警信息传输至后台控制室，使运维人员能够在第一时间了解渠道出现的问题并及时制定运维策略。此外，还可利用无人机对农田水利管理系统进行实时观测，通过这种方式降低运维管理成本。

2. 提升运维管理统筹性

在项目开始阶段，相关工作人员就要对后期可能涉及的项目管理、运营维护等工作进行有效的控制，通过这种方式确保渠道工程施工活动具备更强的适应性。具体来说，管理维护工作的开展需要结合目标地点实际情况及农田灌溉需求，设计多条渠道线路，并通过遗传算法分析每一条设计线路的适应度，最终选择与外界环境最为适应的渠道设计线路。这样不仅能够压缩施工成本，而且能够减轻渠道后期运维管理工作压力。在渠道项目建设开始阶段，相关工作人员需要明确规划施工范围、项目体量、工期等，使渠道施工变得更具目的性。同时，当地政府要针对渠道后期运维管理工作拨付专项资金，为运维管理工作提供充足的资金。

3. 加大宣传力度

农民是水利灌溉系统的直接受益者，但很多农民由于自身文化水平不高，导致其无法科学有效地使用灌溉渠道，在长时间使用过程中，易养成不良的使用习惯，影响水利工程的使用寿命及稳定性。针对这一问题，政府部门及社会机构要积极开展农田水利工程宣传工作，通过"技术下乡""助农惠农"等活动，深入乡村，为农民讲解农田水利项目的运行原理，阐明农田水利项目对推动农业发展的重要作用。通过这种方式引导农民养成爱护水利设施、正确使用水利设施的良好习惯。此外，还要加大面向社会的宣传力度，让更多的人了解农田水利灌溉设施的重要作用，吸引更多的优秀人才加入农田水利灌溉设施运维管理工作中，配合当地政府出台的一系列扶持政策，为运维管理团队输入新鲜血液，提升运维管理整体水平。

4. 明确责任主体

为进一步提升农田水利灌溉渠道运维管理效率，相关部门需要对现有的运维管理结构进行优化，明确管理主体及各个部门的责任，提升管理系统运行效率。针对职能存在重叠及交叉的部门进行工作职能拆分，明确各部门工作内容，优化各部门人员配比，对工作内容模糊的部门进行裁撤或者合并，利用这种方式为管理系统"瘦身"。同时，在管理系统内部设置公开、公正、透明的绩效考核机制，对各部门日常工作内容进行量化考核，并直接将量化考核内容与工作人员的薪资挂钩，借助这种方式使每一位工作人员明确职责范围，纠正消极的工作态度。如此，一旦渠道运维管理出现问题，可在第一时间找到相关负责人，避免渠道问题进一步扩大，提升渠道运维管理系统整体工作效率。

5. 健全工程招标制度及设计资格准入制度

农田水利灌溉设施作为一项基础性设施，其质量不仅会对农业生产产生直接影响，而且与乡村居民的日常生活息息相关。因此，在设计、建造、管理农田水利设施过程中，需要特别强调设计资格准入制度，确保参与农田水利灌溉工程设计、施工及管理的人员具有相关专业背景，严禁没有资质的人员参与上述工作。同时，所有与该工程有关的设计图纸必须加盖资质证章才能生效，为农田水利灌溉工程能够顺利投入使用提供制度保障。此外，工程招标工作需要由行政主管部分负责，行政主管部门要成立招标办，选择符合施工要求及具备施工资格的多家企业参与招标（通常为三家或三家以上），在招标过程中引入竞争机制，对施工管理工作细节进行规范与调整，明确项目投资金额，避免在招投标过程中出现徇私舞弊、暗箱操作等现象。待业主方与施工方签订公证合同后，正式进入施工环节。

6. 针对灌溉渠道设备进行定期检修

灌溉渠道长期暴露在户外，受到土壤腐蚀及风沙侵蚀等外部作用的影响，在长时间高强度工作过程中，部分零件设备可能出现受损问题。如果没有定期进行检修，灌溉渠道受损部位会迅速扩大，影响其他设备的正常运行，小问题逐渐演化为大毛病，不仅增加了灌溉渠道运维管理成本，还会缩短灌溉渠道使用寿命。针对这一问题，相关工作人员要根据灌溉渠道实际使用情况，制定切实可行的定期检修制度，定期对渠道各项指标进行全面排查，对于已经出现故障的设施及零件要及时报备并更换。针对运行状态不稳定，可能出现问题的设备零件，要对其进行标注并进行重点观察。借助上述方式可将灌溉渠道设备产生的故障控制在小范围内，提升灌溉渠道可靠性，确保农田水利工程能够持续稳定供应水源。

7. 加大重点区域的维护监管力度

农田灌溉渠道工程的日常维护管理工作，需要根据不同的时间节点及灌溉水渠维护实际需求，明确相应的维护管理时间，尤其是在农田水利渠道工程现代化建设和信息化管理背景下，机电设备及农田水利灌溉工程的基础辅助设备的维护管理，成为水利工程运行管理工作中的重点。因此，在维护重点区域过程中，运维人员要结合整个渠道灌溉工程的使用情况，在应用频率相对较低的时间阶段集中进行维护保养工作，降低运维工作对渠道灌溉工程的影响。由于现阶段农田水利灌溉渠道工程所分布的范围相对较广，一旦辅助机械设备和常规运行系统因维护保养而停用，会对正常的农业生产造成一定影响。因此，相关工作人员要结合不同的设备和系统，明确针对性维护管理的工作流程，结合不同区域对设备系统的使用需求，提升设备维护效率。同时，维护管理工作的落实开展也应由专业的组织系统和专业人员进行监督。只有监督和维护保养相互结合，才能避免由于人为因素或环境因素，导致整体的维护管理工作质量下降。

为了切实发挥监督工作的积极作用，要根据灌溉渠道设备运维实际需求制定预警机制，一旦在监督管理中发现问题，立刻启动预警机制，将违规操作和较为显著的安全隐患及时上报给上级管理部门，管理部门在收到信息之后，派遣专业人员赶往运维现场处理问题，根据每个岗位的责任划分，对造成该问题的责任人进行严肃处理。在实际工作中，常规的维护管理和重点区域的维护管理，应在日常工作的开展中持续协同进行，以便更好地发挥维护管理效用。实际开展灌溉渠道维护管理工作时，需要依托专业的人员团队。除了在技术层面加强工作人员培训教育外，还应针对监督管理人员的工作责任心、工作能力、监督管理资质等加强审核，确保参与监督和维护管理的一线工作人员，在工作能力、工作思路、工作方法等方面达到预期要求，充分发挥监督管理工作效用。

第三章 甘肃省大型提水灌区运营现状

第一节 景泰川电力提灌区工程发展现状

一、景泰川电力提灌区发展历程

景泰川电力提灌工程（以下简称景电工程）是一项高扬程、大流量、多梯级电力提水灌溉工程。该工程位于甘肃省中部，河西走廊东端，省城兰州以北 180 km 处；灌区东临黄河，北与腾格里沙漠接壤；是一个横跨甘蒙两省区的景泰、古浪、民勤、阿拉善左旗四县（旗），跨黄河、石羊河流域的大型电力提灌水利工程。整个工程由景电一期工程、景电二期工程（以下简称二期工程）、景电二期延伸向民勤调水工程（以下简称民调工程）三部分组成，其中景电一期是一个独立的供水系统，景电二期和民勤调水工程共用一个提水系统。整个景电工程设计提水流量 28.56m³/s，加大流量 33m³/s，兴建泵站 43 座，装机容量 270 MW，最高扬程 713 m，设计年提水量 4.75 亿 m³。建成干、支、斗渠 1 391 条，长 2 422 km。灌区总面积 1 496km²，总土地面积 197 万亩，宜农地面积 142.40 万亩，控制灌溉面积 100 万亩。灌区干旱、少雨、风沙多，属于干旱型大陆性气候；灌区范围内地表径流和地下水都极度匮乏，灌溉水源来自黄河提水。

工程建成后，彻底改变了当地农业生产的基本条件，取得了显著的经济、社会和生态效益，成为腾格里沙漠南缘的一道绿色屏障。景泰川电力提水灌区已成为景、古两县进行农业科技示范，带领群众致富奔小康的示范基地。

第一期工程提水流量 10m³/s，灌溉面积 30 万亩。工程位于河西走廊东端，景泰县中部。灌区北接腾格里沙漠，南依老虎、米家两山，西临猎虎山，东毗刀楞山，形成扇形洪积盆地。距灌区东侧 10km 处，有黄河从南向北流过。灌区有包兰铁路穿越其间，海拔 1 540~1 710m，四周群山环抱，地形由西南向东北倾斜，其间低山、丘陵相隔，形成白墩子、草窝滩、芦阳、兴泉四个小盆地。盆地内长有稀疏的超旱生小灌木和旱生草本植物，土地面积55万亩，其中宜农地37.62万亩，土地连片，地势平坦，土层深厚，土质肥沃、疏松，土壤属荒漠灰钙土、一米土层内全盐量一般在0.5%～1%，有机质含量1～2%。灌区年平均气温8.5℃，最高气温36.6℃，最低气温-27℃；年平均降雨量仅有186mm，多集中在7、8、9三个月，而年平均蒸发量3338mm，冬春两季多风，年平均风速为3.7m/s，八级以上大风年均29天。日温差大，日照长，蒸发大，降水又少，属于典型的干旱型大陆性气候。

灌区地表径流和地下水源极为贫乏，地表径流仅有来源于长岭山和老虎山的洪水，经各条沙沟河或渗入地下，或汇入黄河。地下水因地表径流条件差，补给来源不充沛，所以水量极少，埋藏深度在100m以下，近山麓地带多在30m以下。水质差，总矿化度为每升2.5～5g。灌区唯一的灌溉水源为黄河。在五佛乡，黄河多年平均流量是993m³/s，年径流量为313亿m³。由于地高水低，仅能灌溉黄河沿岸的滩地。灌区土地高于黄河水面365～460m，所以景泰县虽有黄河流过县境，只能望河兴叹，却不能得黄河之利，长期受到干旱的严重威胁，成为甘肃中部最干旱的县份之一。

景泰县1972年有人口12.5万人，劳动力5万，耕地48万亩，仅有五佛乡近1万亩河滩地为水浇地。新中国成立后，在县委和县政府领导下，曾开展过打井掏泉的工作。20世纪60年代花费巨资打井，仅有一眼井能灌溉1300亩地，其余均为干井，掏泉仅能灌溉6000亩地，所以大部分耕地均为闸田和砂田。其余大面积属荒滩。一般年景，亩产多则百斤，少则几十斤，遇到大旱，颗粒无收，或靠救济艰难度日，或流落他乡。1965年全县农业人口9.6万人，返销粮达818万公斤。

1969年决定兴建景泰川电力提灌一期工程，1974年建成。设计提水流量为10.56m³/s，灌溉面积30.42万亩，工程效益显著，使景泰川发生了翻天覆地的变化。

景电二期工程于1984年开工建设，1994年基本建成。工程设计提水流量18m³/s，加大流量21m³/s，总扬程713m，设计年提水量2.66亿m³（不含民调工程水量），设计灌溉面积52.05万亩。建成总干渠、干渠泵站18座，支渠泵站12座，共安装机组204台（套），总装机容量19.25万kW（民调工程改造后），安装压力管道43km。建成总干渠及干渠3条，总长113.24km，支渠43条，总长337.95km，干渠以上渠道建筑物375座，支渠渠道建筑物2112座，量水堰782座。

景电二期延伸向民勤调水工程，是一项利用已建成的景电二期工程的灌溉间隙和空闲容量向民勤调水，以缓解民勤水资源日趋减少、土地沙化、生态环境恶化的应急工程。工程设计新建沙漠输水渠道99.46km，将黄河水从景电二期总干渠末端开始，通过新建的输水渠道，输入红崖山水库。设计流量6m³/s，加大流量6.3m³/s，年调水量6100万m³，恢复灌溉面积 15.2 万亩。该工程于 1995 年 11 月开工建设，2000 年 9 月基本建成，2001 年 3 月 5 日向民勤输水。

二、景泰川电力提灌工程发展过程中存在的问题

（一）规划设计阶段存在的问题

1958—1968 年，甘肃省有关单位通过实地勘查、论证，申报了景泰川电力提灌工程，初步规划设计的理念和方法是依据工作人员的工程经验，依据景电指挥部当时提出的"边设计、边施工、边受益"的思路，建设开工。同时，由于当时的科技水平相对落后，导致对市场经济发展的预估不精确，因此，工程规划和设计阶段缺乏科学技术的支持，设计缺乏前瞻性。

20 世纪 60 年代，景泰川电力提灌工程的规划设计施工，由于缺乏先进的机械设备，加之技术人员的业务水平相对较低，大都采用人工方法进行测量和勘测，使规划设计工作存在很多弊端，而这种工作方式一直延伸到景泰川电力提灌二期工程。部分规划设计院在进行设计工作时，由于缺乏先进设备和技术，缺少依据科技创新的理念，仍采用传统的设计方式；设计计算时，对后期运营负荷的考虑不够精确，对经济发展预估不够准确，同时施工过程中未采用较先进的施工工艺，导致工程后期运营过程中工程提水效率较低，不能满足地区使用要求，影响经济发展。

（二）工程规划设计建设中应注意的事项

1. 因地制宜，兼具科学性及针对性

在大型水利电力提灌工程规划和设计过程中，总规划设计师要明确工程建设的核心工程、灌区农田规划、工程服务范围及田间配套工程建设。一是在初步规划设计前，设计人员要对施工现场进行勘察，并向周围的居民和地方政府了解一些相关资料，结合当地的经济发展水平，充分考虑当地的地形、地质等情况；二是把握工程设计的重要内容，充分考虑新设备、新材料、新技术的应用，同时须会同有关部门及建设单位，深入研究工程服务对象、期限及后期管理和运营目标，制订兼具科学性及针对性的初步规划设计方案，确保工程建成投运后灌区运营的可持续发展。

2. 统筹兼顾，促进绿色可持续性发展

技术设计人员在工程规划设计中，要着重考虑科技兴农、统筹兼顾，充分考虑当地的

经济、人口、土地、环境、资源、灌区用水等因素，在初步设计阶段有效控制提灌工程的绿色可持续性发展。

（三）解决措施

1. 依靠科技创新理念，明确工程目的

在进行大型水利提灌工程规划和设计前，技术设计人员需要全面了解该工程的目的，掌握相关国家政策，依靠先进科技，融入创新理念，并将这些内容与工程规划设计和施工过程相结合。同时，应考虑经济发展需求，使用先进的施工工艺及设备，实现绿色可持续性发展，促进工程规划和设计的科学性。

2. 重视勘查设计，强化施工过程管理

西北地区地处黄土高原，土质较差，因此需要进行精确的勘查测绘，针对地下水、污染度以及地质等情况进行详细分析和研究，为工程规划与设计提供有效的理论支持。提灌工程施工中隐蔽分项工程较多，因此在施工过程中须重视过程质量管理，严格按照设计图纸施工，确保工程有效使用年限，服务地区居民生活，加快经济发展。

3. 引进先进设备

为了保证工程的施工质量，在工程规划和设计过程中，技术设计人员要引进先进的技术和理念，并且在具体勘察过程中，引进先进的仪器和设备，从而提高勘察数据的精确度，为工程方案的编制提供可靠的科学数据，保证工程规划设计的科学性和合理性。

4. 遵循的设计原则

（1）以人为本的原则

设计时应以人为中心，以灌区工程安全为基础，考虑灌区及周边生态环境，重视生态效益和社会效益，做到人与自然和谐统一。

（2）整体规划，统筹兼顾原则

进行大型水利提灌工程设计时，应从整体考虑，统筹兼顾。既要依靠科技创新设计理念，引进先进机械设备和技术，还要重点考虑节水灌溉、工程维护管理，做到经济效益、生态效益、社会效益的可持续性发展。

（3）充分利用地形条件的原则

高扬程、多阶梯泵站应当充分考虑在高处布置灌溉渠道工程，在低处布置与之相对应的排水沟道，尽可能做到水利工程系统中自流灌溉、自流排水，以最低的成本发挥巨大的经济效益，提高工程设计的合理性。

第二节　景泰川电力提水灌区水资源利用现状分析

一、甘肃景泰川电力提水灌区水资源及其利用

（一）灌区水资源分析

景电工程自黄河提水，总干一泵站位于景泰县五佛盐寺。黄河设计水位 1 303.29 m，$Q_p = 293$ m³/s，黄河设计水位 1 303.80 m，$Q_p = 525$ m³/s，黄河设计常年水位 1 304.80 m，$Q_p = 1 042$ m³/s，黄河设计洪水位 1 310.80 m，$Q_p = 6 770$ m³/s，校核洪水位 1 310.40 m，$Q_p = 8 480$ m/s，设计保证率 95%，设计流量 28.6 m³/s，最大提水高度 612.88 m。

2005 年，黄河取水量 412 亿m³，井灌补充 1 320 万m³；2006 年，黄河取水量 42 亿m³，井灌补充 1 320 万m³，2007 年，黄河取水量 4.36 亿m³，井灌补充 1 340 万m³；2008 年黄河取水量 465 亿m³，井灌补充 1 370 万m³。

随着黄河径流的减少，渠首泵站取水困难，导致不能满足灌区的取水需要，而且随着经济的发展，灌区生活、生产用水量将是逐年增加的，而来水量的增量则是很有限的，因此，节约用水迫在眉睫，针对景电工程采取适当的节水措施势在必行。

（二）灌区内水资源利用状况

灌区内水资源的使用对象主要有：农业灌溉用水、农村人畜用水、乡镇企业和乡镇生活用水以及城市生活用水。

1. 农业灌溉用水

景泰川电力提水灌区有耕地 100 万亩，灌区内农业种植结构：夏作以小麦、大麦为代表，分别占耕地的 35% 和 15%；秋作以玉米为代表，占耕地面积的 35%；全灌区复播指数为 5%。

灌溉制度是指作物播种前及其生育期内的灌水次数、时间及灌水定额。主要决定于灌溉水源、作物需水规律、降雨时空分布及地下水利用等因素。通过分析灌区运行近 30 年来的试验资料和科研成果，根据水文平均年作物需水、降雨、地下水及产量指标等制定以下灌溉制度，见表 3-1。

表 3-1　景电灌区主要作物灌溉制度表（P＝30%）

作物	种植比例（%）	灌溉定额（m³/亩）	灌水次数	灌水次序	灌水时间	灌水天数（天）	生育阶段	灌水定额（m³/亩）
小麦	35	285	3	1	4.21～5.10	21	拔节	95
				2	5.11～6.08	29	抽穗	100
				3	6.09～7.10	31	灌浆	90
大麦	15	230	3	1	4.25～5.14	21	拔节	75
				2	5.15～6.12	29	抽穗	80
				3	6.13～7.10	27	灌浆	75
玉米	35	295	3	1	6.02～7.18	20	拔节	95
				2	7.19～8.08	21	抽穗	100
				3	8.09～8.31	22	灌浆	100

2.生活用水

景泰川电力提水灌区还担负着红水漫水滩、大海子滩等 21 个城乡镇供水任务。城镇生活用水包括城镇居民生活用水、公共用水以及城镇河湖环境补水等。城镇生活需水量要着重分析人口的增长、生活水平的提高和城镇化的发展对用水增长的影响，以及水价变化和节水措施的推广等对用水量减少的影响。

生活用水的预测方法有定额分析法、趋势分析法和分类分析权重法，现在一般选用定额分析法。所谓定额分析法就是根据人口的数量和人均用水量（定额）来确定用水量的方法。裴家营位于灌区西北部，其水源不完全靠本灌区供给，目前每年的供水量为0.73 亿m³根据裴家营镇的城乡镇发展规划，其供水量按年增长率1%计算，到 2015 年的城市供水量将达 0.734 万m³，为尽量保证城市的发展其供水量按100%供给。

3．其他用水

为了维持灌区内生态系统稳定和环境保持良性动态平衡，须考虑部分生态用水，本灌区可按每年 0.95 m³亿计算。

二、灌区水资源利用存在问题分析

通过对灌区水资源现状以及利用情况的分析可以看出灌区水资源在实际利用中存在一些问题。

（一）基础设施失修，机电设备老化

灌区大部分工程为 20 世纪 70 年代末建成，已运行 40 多年，由于缺乏补偿投入机制，

改造更新速度慢，工程设施和机电设备老化失修严重，田间工程衬砌配套率低，渠系水利用率低。以上这些现状造成了输水过程中的水量浪费和管理上的困难，加大了工程节水的难度。据调查测算，全灌区渠系水利用率为 65%，如果加快渠道改建衬砌和田间工程配套，把现有的渠系水利用率再提高 0.3%，全灌区每年可节水 2500 万 m^3，按 0.525 万 m^3/hm^2 的灌溉定额可增加灌溉面积 0.48 万 hm^2。

（二）节水意识淡薄，节水技术偏低

灌区节水是一项具有广泛社会性和区域性的工作，做好节水工作需要全社会的理解和支持，灌区的节水须灌区各个管理部门及社会成员的共同努力才可能见成效，而在灌区实际节水当中存在意识薄弱的现象。此外，由于灌区节水灌溉发展较慢，从事节水灌溉技术的专业人员少，技术水平低，灌区群众认识滞后，使部分节水设备的应用和节水措施的实施受到了一定局限，影响了节水措施作用的正常发挥。

（三）水价偏低，水管理体制不健全

水的用量随着经济以及人们生活水平的提高逐步增加，但是引黄水价增加较缓慢，水的价格缺乏需求调节的杠杆，没有根据不同用水类型、供水对象、用水方式类别等制定不同的水价，水价的偏低直接造成水资源的大量浪费。水管理体制不健全是造成水资源浪费的另一个重要原因。一般情况下，农业部门主要抓灌区种植、栽培，水利管理单位主要管工程供水，各个职能部门之间配合协调不够。

三、景泰川高扬程灌区节水型农业发展的现状及解决方法

（一）节水型农业发展现状分析

1. 景泰川电力提水灌区的水资源发展现状

农业发展中最为重要的影响因素就是水资源的有效利用，但是景电灌区的水资源相对不足。例如，在灌区的西部位置有大靖河流过，在保证率为 75% 的年份年径流量达到了 775 万 m^3；地面水在灌区范围之外的古浪西边存在着古浪河，属于流量最大的水资源，在保证率为 75% 的年份年径流量达到了 5 500 万 m^3；在灌区的东南位置景泰和靖远县之间有黄河流过，距离灌区的边缘位置为 20~120 km。但是，该区域存在地高水低的问题，灌区地面高程超出黄河河面 310~610 m，若是不通过有效的高扬程设施就无法引水灌溉。

2. 景泰川电力高扬程灌区发展节水型农业的可行性分析

节水型农业主要是在相对有限的水资源条件下通过现代化先进农业技术来提升水资源的有效利用率，是有效处理水资源不足比较实际的方法，同时也是有效降低景电高扬程灌区农业成本的重要方式。另外，经过近些年发展，景电灌区已经初步探索出了节水型农业发展的全新道路，例如滴灌、喷灌、旱地集雨补灌、衬膜造田等，这些技术在节水和增产方面都发挥了重要的作用。所以，需要不断完善这些技术的综合性应用，推动灌区农业向着节水方向深入发展，具有较大的可行性。

3. 景泰川电力高扬程灌区节水型农业发展问题分析

第一，缺少较强的节水意识。对于灌区的相关人员来说，虽然经过了多年发展但是还存在大水漫灌、串灌等较为粗放的灌溉思维，土地整理以及畦田建设方位缺失，这就造成了水资源浪费较为严重。

第二，缺少灌溉工程的大量投入。灌区的农业发展区域较为广阔，灌区的支、斗、渠系工程建设以及田间配套工程量非常大，需要较大资金进行支持。这就非常容易受到资金方面的限制，再加上投资机制不够完善，造成很多的节水工程无法顺利实施。

第三，节水灌溉工程缺少良好的示范效应。虽然经过近些年的快速发展已经建设了某些节水灌溉示范点，但是宣传推广力度相对较弱，无法有效地发挥示范作用。尤其是在管灌、喷灌、滴灌等现代化节水技术方面的一次性投入相对较大，以及土地流转机制不够完善，这就造成了群众的接受能力和积极性都较低，在很大程度上影响了高新节水技术的推广。

第四，没有制定出完善的水价调节机制。高扬程灌区的水价长期处于倒挂状态，此种问题容易造成渠系配套建设以及供水设施维修改造资金严重不足，无法推动水管机构的进一步发展。同时，容易造成用水客户缺少商品经济意识，增加了节水技术的推广难度。

（二）景泰川电力高扬程灌区节水型农业发展的解决方法

1. 加大宣传力度，提升全民节水意识

要充分利用现代化的各种渠道（例如电视、网络、自媒体、各种论坛等）来加强节水型农业的宣传，大力推广全民节水意识，不断普及人们的科学节水知识。主要从以下几个方面来进行：

第一，要从节水的必要性以及紧迫性方面进行宣传，宣传没有水就没有灌区农业经济发展，宣传水资源短缺对于农户造成的经济损失，从人们的根本性利益出发加大宣传力度，提升全面节水意识。

第二，通过不同的现场会以及学习班等方式来宣传水资源管理的典型以及节水增产灌溉的经验，充分发挥典型带动作用。

第三，加强农田灌溉节水观念的宣传，以此为突破口来宣传高扬程灌区节水农业的发展，使得广大灌区农民明确节水农业发展的重要性，这对于水资源匮乏的高扬程灌区具有非常现实的意义。

2. 加强老旧机电设备的维护和改造

景电高扬程灌区的机电设备经过了几十年的使用已经出现了较为严重的老化，存在能耗高以及输水损失大等问题，跑、冒、渗、漏等问题较为严重，同时农业用水计量设施相对滞后，在很大程度上影响了节水型农业的发展。所以，高扬程灌区需要加大力度对老旧机电设备进行维护以及改造，要积极响应国家实施的大型灌区续建配套和节水改造项目的机遇，通过多种渠道筹集资金，增强渠道防渗衬砌以及机电设备维护和改造力度，确保相关设备的正常运行，提升输水效率。

3. 加强节水高新技术的推广

节水型农业发展需要依靠现代高新技术作为基础，所以要加强管灌、滴灌、喷灌、渗灌等节水技术的推广，使得灌区农业形成节水、节电、省地以及增产的特点。需要注意的是，在节水高新技术建设和推广过程中，一定要实事求是、因地制宜，要做好统筹规划，避免一哄而上的问题。在进行高新技术推广过程中，一定要注重产出比，因为高新技术推广对象是广大的农民，一定要让农民了解通过高新技术能够获得的直接收益和间接收益，否则农民就会对高新技术的前期投入存在抗拒心理，不利于节水高新技术的推广。另外，在高新节水技术推广过程中要将重点放在高产出、高效益的经济作物灌溉当中，同时对于现阶段以地面灌溉为主的具体情况来说，更要积极推广改善地面灌溉方法的节水技术。对于那些经济落后的高扬程灌区来说，先要将节水技术应用在效益较低的大田粮食作物种植方面，以此为突破口向周边发展。

4. 通过多元化的投资机制增强节水灌溉方面的投入

节水型农业的发展需要前期大量资金投入作为保障，尤其是节水高新技术的投入更是需要大量资金。随着市场经济的深入发展，高扬程灌区的节水灌溉并不能完全依靠国家财政方面的支持，需要遵循市场经济发展要求，遵照"谁受益、谁投资"的基本原则采取多种方式（例如社会资金投资、贴息贷款、自筹等）来进行资金的筹集，从而形成多元化、多层次以及多渠道的节水灌溉投资机制。对于不同的节水技术可以采取不同的资金筹集方式，例如对于喷灌以及滴灌等高效节水建设来说，可以通过"自筹+地方补贴+国家补助"的方式来增加节水投入，对于常规性节水以及管道输水灌溉等可以通过"群众投工投劳+自筹资金"的方式来增加节水投入。

5. 积极进行水价的变革，利用水价的杠杆作用来推动节水农业发展

从高扬程灌区农业灌溉中的水资源浪费情况来看，不管是水用户缺乏节水意识还是机电设备老化失修，或者是灌溉中所出现的大水漫灌问题，主要原因都在于现有农业发展中供水价格相对较低。所以，需要积极进行水价的变革，利用水价的杠杆作用来推动节水农业发展。

第一，积极推动水费的改革优化，要形成按照供水成本收费的模式；

第二，在进行灌区用水收费时，可以遵照"以亩定量、按方收费计量、超定额累进加价"的方式进行；

第三，可以采取浮动性水价的方式，要根据季节性（枯水季、旺水季）不同适当地上调或降低水价。

6. 计划性用水，改革灌溉制度以及灌水方法

要根据农业的实际发展情况制订出科学合理的配水计划，保证按照计划进行供水。对于丰枯年度的灌溉制度进行优化完善能够有效降低灌水定额，能够减小灌溉的频次，例如在枯水年份，需要根据灌溉单方水效益最高的灌溉制度来制订出针对性的配水计划。要不断优化灌水方法，积极推广沟畦灌、小块灌溉等先进的灌水方法，避免出现大块灌的情况，从而有效降低灌水定额。从相应参考资料及实践中可知，采取小块灌溉和沟畦灌的方式能够有效降低用水 10%～45%，能够增产 4%～5%。另外，小块地较容易进行平整，灌溉水不会出现深层的渗漏，可以有效避免水肥流失以及土壤盐碱化问题。

四、农业节水灌溉技术在景泰川电力提水灌区的运用

（一）农业节水灌溉技术对景泰川电力提水灌区的意义

景泰川电力提水灌区在实际的灌溉过程中，采用景电工程的泵站从黄河提水进行灌溉，整体的供水成本较大，在国家的调控下水价一直保持在相对稳定的状态，但是随着灌区经济的不断发展，人口数量的不断增加，调水任务的压力也在逐渐增大。同时，景电灌区灌溉面积逐渐扩大，这就要求必须加强对水资源的管理，从而对水资源利用和水资源保护进行有效结合。所以，在景泰川电力提水灌区持续发展过程中，采用农业节水灌溉技术

对实现水资源的高效利用有着重要作用。对景泰川电力提水灌区的水资源运用现状进行研究，可以发现，景电灌区的供水能力很难得到有效提升，特别是在提水量受限以及供水能力严重不足的情况下。因此，景泰川电力提水灌区必须应用农业节水灌溉技术，采用有效的节水措施以保证水资源能实现高效利用，从而建立节水型社会，保证景电灌区和谐健康发展。在景电灌区应用农业节水灌溉技术，发展节水农业，这对景电灌区的农业可持续发展有着重要意义，并且能为我国社会的持续稳定发展奠定良好基础。

（二）农业节水灌溉技术的优缺点分析

1. 地面灌溉法

地面灌溉法主要通过田间渠道或者管道将水资源输入田间，在灌溉过程中水流呈连续薄水层或者小水流进行灌溉。这种灌溉方式主要借助重力作用以及土壤毛细血管作用对土壤进行浸润，通常这种方式也被称为重力灌溉法。这种灌溉方式主要可以细分为以下几种：

（1）畦灌法。这种方式是在实际应用过程中通过修筑的土埂将灌溉土块分成一系列的长方形田块，在进行灌溉时，灌溉水进入田间后会在田间形成一个很薄的水层，然后随着重力作用在田间均匀流动，借助重力作用以及土壤毛细血管作用，以垂直的方式对土壤进行浸润，从而达到灌溉的目的。这种方式主要适用于灌溉窄行距密植作物或撒播作物。

（2）沟灌法。这种方式是先在作物的种植行间挖掘灌水沟，灌溉用水从输水沟进入灌水沟后，在重力作用下流动，同时借助土壤毛细血管作用从沟底和沟壁向周围渗透，从而达到湿润土壤以及灌溉的目的。灌溉过程中，在沟底也有重力作用对土壤进行浸润。所以，将其和畦灌法进行比较就会发现，这种方式的节水效果要优于畦灌法。

（3）涌流灌溉法。这种方式是在实际应用过程中断续性地按照一定周期向灌水沟、畦内供水，在达到一定水量后停止供水，过一段时间后再继续供水，通过反复向灌水沟、畦内供水，达到节约用水的目的。

（4）地膜覆盖节水灌溉。膜畦灌：这种方法在实际应用过程中先将塑料薄膜平铺在畦面上，然后将作物种植在塑料薄膜的畦面以下，这样灌溉用水在引入畦田后，就可以直接在薄膜上流动，水通过放苗孔或者人工打的补水口渗入土中，达到灌溉的目的。膜沟灌：这种方法指实际应用过程中在沟底和沟坡甚至一部分沟背上铺塑料薄膜，在沟坡或沟背上种植作物，水流通过沟内地膜上专门打的孔渗入土壤，完成浇灌过程。膜下滴灌：这种方法指实际应用过程中先在土壤表面覆膜，然后在地膜下设置滴灌带进行灌溉，这种方式比较适用于干旱缺水地区，其在我国西北地区得到了广泛应用。将膜畦灌、膜沟灌、膜下滴灌这三种方法与传统的畦灌法及沟灌法进行比较就会发现，前者蒸发量小、深层渗漏少，同时在灌溉过程中不会冲刷沟、畦，不会造成土壤板结。在应用过程中，还能做到保温、保墒，保证田间的灌水均匀等，能实现对水资源的高效利用。

2. 喷灌法

喷灌法是运用专门的设备将灌溉水加压或者利用地形落差形成自压，然后通过管道系统运输进行灌溉的一种技术。这项技术在实际应用过程中通过压力将水运送至喷头，以喷射形式在空气中形成分散的细小水滴，水滴像天然降雨一样降落到地面，并在土壤毛细血管作用下渗透到土壤内部进行灌溉。喷灌法具有省水、增产、省工、省地以及适合机械化灌溉等优点。喷灌法也有一些缺点，例如在应用中需要一定量的压力管道以及动力机械装备，在应用中会消耗较多的能源，前期投资较大，需要较高的维护保养费用以及很强的管理技术，而且在实际应用过程中易受到风力影响，假如风速大于三级时不宜使用喷灌法。

3. 微灌法

微灌法是通过一套专门的设备对水资源加压或者利用地形落差进行灌溉的一种技术，这项技术在实际应用过程中能够使水或者溶于水的化肥以较小的流量均匀、缓慢地对作物根系周围的土壤进行浸润。微灌法在实际应用过程中主要借助土壤的毛细血管作用，对作物周围的土壤进行浸润，所以这项技术也被称为局部灌溉法。根据细小水流由灌水器流出方式的不同，微灌法又可以分为微喷灌法和涌泉灌法等。微灌法具有节能、省水等优点，对于环境适应性较强，可以有效增加作物的产量。但是微灌法也存在一些缺点，例如这项技术投资成本较高，在应用过程中对水质的要求较高，可能会影响到根系发育，在应用过程中存在盐碱化威胁。

4. 渗灌法

渗灌法是利用建筑在地下的专门设施将灌溉用水引入田间耕作层，借助土壤毛细血管作用自下而上地对土壤进行浸润，从而达到灌溉的目的。渗灌法在实际应用过程中，利用地下管道将灌溉用水输入田间，埋于地下一定深度的渗水管道，然后通过渗透作用进行灌溉，这项技术在应用中能保证土壤依然保持疏松状态，不会对土壤结构造成破坏，不会造成土壤表面板结，能为作物提供良好的土壤以及水分条件。由于地表土壤湿度低，所以可以有效减少地面的水分蒸发，输水管道埋于地下，可以有效减少灌溉所占面积，保证田间作业以及交通能变得更加方便，保证在灌溉的同时能进行农事活动。灌水效率较高，可以有效节约用水量，还能有效减少杂草的生长以及病虫害的发生，在实际灌溉过程中由于压力较低，可以有效减少能耗，对能源节约也有着重要作用。

这项技术也存在一些缺点，例如由于表层土壤湿度较差，会不利于作物种子的发芽以及幼苗的生长，同时不利于浅根系作物的生长。该技术投资成本较高，具体施工过程比较复杂，同时在管理和维修中也存在很大困难。在应用过程中一旦出现管道堵塞或破坏的情况，检查和修理工作的难度很大，而且应用过程中容易发生深层渗漏问题，特别是在透水性较强的轻质土壤中应用时很容易产生渗漏损失。

（三）景泰川电力提水灌区农业节水灌溉技术的应用分析

景电灌区的气温变化较大，日常降雨量稀少，蒸发量较大，每日日照时间较长，无霜期较短，同时还存在风沙天气，在春季特别明显，属于典型的大陆性气候。因此，理论上选择渗灌法以及微灌法的节水效果更好，但是在实际应用过程中，由于这两种方法整体的投资成本较高，会导致受益单位难以接受，从而影响到景电灌区整体发展。喷灌法在实际使用过程中由于受到自然因素的影响严重，特别是容易受到大风天气影响，故很难在景电灌区进行有效应用，使用喷灌法难以保证景电灌区作物的正常生长。所以，经过研究，在景电灌区的节水灌溉技术的选择过程中，笔者认为地面灌溉技术是最合适的选择。在实际应用畦灌法及沟灌法等灌溉技术的过程中，为了有效节约水资源，需要利用平地仪器整平土地，在应用中可以改长畦为短畦，同时有效缩短畦宽及其大小，从而有效减少水分在田间的蒸发量以及深层渗漏量。通过采用这种节水灌溉方法，保证受益单位能够更好地接受以及理解，达到应用节水灌溉技术以保证水资源高效利用的目的。

地膜覆盖节水灌溉技术是在畦灌法及沟灌法的基础上进行研究得出的灌溉技术，在实际应用中通过覆盖地膜可以有效减少田间水分蒸发量及深层渗漏量，而且具有对土壤结构破坏小以及保墒、保温等优点，同时灌溉需水量得到有效降低，充分提高了水资源的利用效率。覆膜节水灌溉技术又分为膜上滴灌以及膜下滴灌，在景电灌区有效应用膜上滴灌技术，能够极大程度地节约水资源。与膜下滴灌技术相比，膜上滴灌技术在实际应用过程维修更加方便，从而更能被受益单位接受，所以这项技术推广起来更加容易方便。

无论采用哪种节水灌溉方式，都必须要以节约水资源、提高经济效益为根本目标，这样才能保证采用合理的灌溉方式，逐渐提高水资源的利用效率，有效保证景电灌区能实现水资源的供需平衡，为灌区的持续发展奠定良好基础。

第三节　景泰川电力提灌泵站机电设备的运行与管理

一、景泰川电力提灌区泵站运行管理工作的重要性

泵站的稳定运行是保证景电灌区作业行为标准化实施的关键。泵站运行出现异常或潜在问题，也可被认为地方政府没有做好对此项工程的管理。为了优化泵站的运行与终端管理，以下从三个方面阐述泵站运行管理工作在实施中的重要性：

其一，景电灌区作业时，泵站在其中承担着十分重要的作用。如果泵站自身的运行管理体系出现漏洞，便意味着前端灌区作业将出现异常。因此，泵站的主要作用是保证景电灌区工作的秩序性，尤其是在灌区作业环境出现突发性变化时，泵站可以通过对水流的调节解决由于外界因素对灌区造成的负面影响，及时调整工程的运行状态，保证灌区具有较强的外部抵御能力。

其二，泵站在景电灌区作业的不同环节中所发挥的作用是不同的，当灌区出现干旱问题时，泵站可以根据前端需求量进行水资源的调节与调度；当灌区出现洪涝现象时，泵站可以发挥其排泄功能。以此种方式，使灌区内的水资源保有量处于一种相对平衡的状态。

其三，泵站在景电灌区内大多处于长期、可持续运行状态，但在长期高压力的状态下运行，难免会导致泵站运行存在一些安全隐患。例如，部分泵站内的建筑结构较为简单，经过数年的施工后，泵站内电气设备运行环境较差，部分设备出现老化趋势。当泵站内设备接头由于绝缘外壳老化直接暴露在环境中时，极易发生运行中的漏电。加之后期技术人员与维护人员没有做好对泵站内电气设备的安全管理，导致泵站内一些配套设施不全，整体运行缺少保护。此外，景电灌区泵站的部分主电源存在接线截面过小的问题，当接头截面面积满足其运行需求时，需要采用增加电气接头数量的方式，保证景电灌区泵站的稳定运行，而泵站会在每年的6—9月高频率使用，而这四个月又正是四季中环境温度最高的季节。当景电灌区泵站运行环境没有做好降温工作时，便容易出现由于高温导致的火灾事故，甚至会由于配电设备运行散热出现景电灌区泵站损坏的问题。一些小型泵站在景电灌区内也属于间歇性运行，在其非必要运行时间段内，景电灌区泵站内大部分电气设备处于空载运行状态，此种运行方式不仅增加了泵站运行的能耗，同时也在一定程度上加速其老化，缩短其有效使用年限。而定期对泵站的运行进行管理，可以及时发现泵站机组在运行中存在的一些实际问题，以此种方式，避免对泵站整体运行造成影响，降低由于泵站机组

异常出现的经济损失。

二、景泰川电力提灌区泵站运行管理现状

（一）泵站机组日常运行管理制度存在缺失

大部分泵站运行所处的环境复杂，泵站长期持续作业会加速机组中设备绝缘端的老化。当绝缘层被破坏后，泵站将出现漏电的危险。针对现有的问题，管理方没有及时出台针对泵站机组日常运行的管理与维护制度，导致现场检修与基层管理人员没有重视或意识到此项工作的重要性。即便一些建设与开发单位已制定并在灌区出台了相关的运行管理规则，但由于内容过于浅显与形式化，导致制度在投入使用后的执行力较差，无法对现场管理人员的工作起到良好的约束作用。甚至在一些管理部门中，现场管理与运维人员尚不明确其自身在管理工作中的职责，导致景电灌区泵站的运行管理工作十分混乱。同时，在进行景电灌区泵站的进一步管理研究时发现，部分泵站仍在沿用传统的人工管理模式，整体管理工作自动化水平低下，甚至针对一些机电设备或电气设备的操作，仍需要技术人员与管理人员手动操作控制，此种管理模式不仅存在效率低的问题，还会增加景电灌区泵站终端管理部门出现经济上的额外损失。

（二）现代化管理技术的执行力不足

目前，我国针对景电灌区泵站运行管理的自动化与智能化水平仍相对较低，甚至一部分地区仍在采用人工操作的方式进行泵站运行调试与管理。在此种管理条件下，大部分工作人员需要依靠自身工作经验完成工作，而一旦管理人员在工作中出现主观层面的偏差，便会对泵站运行的经济效益造成影响，甚至会对景电灌区的运行造成损失。

（三）机电设备操作员素质不高

近年来，为了培养技术新人，在许多提灌泵站都安排了没有实际经验或者技术掌握不熟练的操作者进行操作，他们在工作中循规蹈矩，照本宣科，不够灵活，容易出现操作失误和损坏设备的情况，而且无法正确判断机电设备出现的故障，对发生的安全事故不能及时排除，导致设备无法正常地运转。

（四）机电设备存在安全隐患

机电设备是提灌站的重要机械灌溉设备，质量好的设备有助于农田灌溉作业正常进

行，而且能够提高灌溉的效率，节约运行成本和减少设备的磨损，而长期使用老旧设备或者质量不过关的设备必然在灌溉高峰期加大机电工作强度，导致出现各种故障。再加上日常的检修程序缺失，必然会使部分机电设备或者机电设备的零部件损害而发生无法正常运转的情况，各种机械故障、安全隐患和经济损失随之而来。

（五）机电设备功能性的缺乏

由于部分泵站的电机设备使用时间过长，超负荷运转，使机电设备的功能受损而降低，例如泵站的水泵长期使用，超过了既定的使用年限，它的叶轮因在水中长期浸泡和受水源的冲击而腐蚀，受严重腐蚀的叶轮会对水量形成影响。经过水泵水的流速变慢，提灌管道中的水量减少，水泵的运行效率和质量降低，同时叶轮的维修处理难度较大。如果进行拆卸维修，则很难修复到原有的工作性能，因此需要其他管理手段进行补救。

（六）辅助设施运行可靠性差

水泵是泵站机电重要的辅助机械设备，因此，水泵质量的好坏也直接影响到机电的正常工作。水泵的进水侧检测不及时，安装在止水侧通过的阀门是手动闸阀，这些闸阀制造工艺相对落后，结构原理比较简单，止水的效果较差，多次使用就会操作不灵，出现闸板卡死或者铜套损坏的现象，对日常的安全运行非常不利。此外，泵的其他一些设备出现严重老化的现象，操作不灵，其附件出现严重的气蚀现象。

三、景泰川电力提灌泵站机电设备的运行与管理策略

（一）规范景电灌区泵站运行管理模式

为了提高景电灌区泵站运行的稳定性、可持续性与安全性，解决上文提出的管理问题，应将泵站运行管理的规范化及标准化作为重点。例如，细化现有的管理准则与管理条例，将"制度约束"与管理单位进行对接，落实"制度管人"，而不是"人管人"，确保基层管理工作人员的每项作业行为有法可依、有据可查。

第一，在制定管理条例或约束政策时，需要根据泵站的规模及前端景电灌区的实际需求，对政策进行行政划分，保证提出的政策切实可行、易于操作。第二，在细化制度时，应确保其内容覆盖具有全面性优势，例如，在约束基层人员泵站运行管理行为后，建立泵站基础运行操作制度、泵站检查与维修制度、岗位职责分配制度、工作票制度、权责制度、奖罚制度、绩效考勤评估制度等，从不同方面进行管理制度的优化。第三，强化对泵

站机组运行中不同管理行为的约束力，例如，强制性要求每月执行一次泵站大型安全检修、每间隔 3 个月进行 1~2 次泵站机组设备的养护，对于检修过程中发现的运行异常设备，或存在老化趋势、磨损严重的泵站机组设备，需要书写电子版报告，详细说明情况与泵站支持设备的型号，将其上交到上级管理部门或地方政府，申请进行设备的更新与改造。第四，制定规范的泵站运行维护资金下拨制度，在每年固定下拨管理费用的基础上，增设管理费用、管理人员奖励费用等专项费用，对于及时发现泵站运行存在安全隐患，并采取措施进行隐患排查与处理的管理人员，管理单位应给予人员资金方面的奖励，通过此种方式，调动各部门管理人员参与管理工作的主动性与积极性。根据管理部门现有流动资金情况，购买技术较为成熟、性价比较高、性能优良的机组设备代替老旧设备，保证泵站运行的安全性。总之，要将管理工作在日常工作中融入，只有将管理理念深入人心，才能保证景电灌区泵站运行的可持续性。

（二）引进智能化管理技术

针对现有部分管理单位仍在延续人工执行管理工作的问题，应采用引进智能化技术辅助景电灌区泵站运行管理的方式解决。随着泵站建设工作的全面优化，越来越多的机组设备在运行中呈自动化趋势。为了顺应产业发展需求，提高运行管理工作的效率与综合水平，可采用建立终端智能化监控系统的方式，对泵站的运行进行实时监控。在落实此项工作时，应优选大数据技术、云端智能决策算法、专家知识库等符合现代化社会发展的技术，将其与智能管理终端进行对接。在监控终端设定一个泵站安全运行阈值范围，确保多个终端在监控中保持良好通信后，启动程序，对泵站中机组运行监测。监测数据将以 1.0 min/次的方式进行反馈，对于监测时输出的泵站正常运行数据，数据将在格式处理后自动被存储在终端数据库。而一旦监测中发现泵站运行出现异常，或机组中某个电气设备参数存在突变现象，将自动触发终端的预警，监测数据将以 1.0 s/次的方式进行反馈，反馈的数据自动汇入决策端，由大数据技术根据此泵站在运行中的历史数据，进行异常决策。决策行为包括异常点定位、异常现象展示、调用紧急预令等。当监测端发出预警后，现场管理人员将在第一时间进行故障与异常的处理、隐患的排查，通过此种方式，即可实现景电灌区泵站运行管理的智能化与现代化。同时，当现场技术人员或管理人员完成对异常现象的处理后，监测终端自动取消报警，继续进行泵站运行数据的监测，而此前报警的反馈数据将自动生成一次报告存储在监测终端，以便后续出现预警或泵站运行异常的辅助决策。除上述提出的内容外，还可在泵站运行管理中引进智能算法，对泵站的运行进行预测，以此实现对泵站管理模式的优化与管理手段的创新。

（三）制订景电灌区泵站机组运行专项管理方案

景电灌区泵站对于地区经济发展带来的正向影响是市场内其他行业无法代替的，因此，根据景电灌区泵站内机组设备的运行情况，结合机组不同电气设备的异常行为，制订泵站机组专项管理方案，保证机组的稳定、可持续运行是一项十分有必要的工作。下文将从景电灌区泵站电气机组、机械机组、水泵机组与水利水工四个方面，制订运行管理专项方案。

在进行景电灌区泵站电气机组的运行管理时应明确，电机设备是保障泵站稳定运行的关键，但电机在运行中，经常会由于内部磁力不平衡出现水泵控制失调的问题，甚至还会引起泵站在运行中的不规则振动与异常声响。下文将结合泵站中电气机组在运行中的常见状态，提出对应的管理措施。

在此基础上，基于水利水工层面，提出景电灌区泵站专项方案。例如，当泵站浅水池水位过低时，泵站进入水位形态将发生改变，可以采用在泵站增设导流、设置隔离板的应急措施，减少由于水利水工造成的噪声。在进行景电灌区泵站的全面检查时，应做好对厂房沉陷异常的检查，根据智能监测端反馈的数据，将其与常态化运行状态下的数据进行比对，以此种方式，实现对景电灌区泵站机组轴线水平的标准化调整。同时，定期进行泵站轴承机组润滑程度的检测，掌握主要衔接位置是否存在异常松动与锈蚀现象，当检查中出现异常现象时，需要结合实际情况，对泵站机组设备进行专项维修与养护处理，以此种方式保证景电灌区泵站的稳定运行。在全面检查工作的基础上，应注意对景电灌区泵站中替换零件的拆卸与安装行为是否满足规范化要求，在拆卸构件时，应注意尽量少拆，并且不能出现盲目拆卸的行为，严格遵循先外部后内部、先上部后下部的原则，保证相关管理工作的规范性。

第四章 大型电力提灌区经济分析

第一节 甘肃省中部干旱地区电灌工程经济分析

甘肃省以定西县为代表的中部干旱地区共 16 个县，是全省最困难的地区，由于所处的自然环境和社会经济的特定条件，发展水利十分重要。这里提水灌溉是从 1951 年开始的，初期以锅驼机、柴油机为动力，后来随着刘家峡、盐锅峡、八盘峡电站的相继建成，提水灌溉广泛地以电为动力，这一地区特别是黄河沿岸的永靖、东乡、兰州、皋兰、榆中、靖远、会宁、景泰等县市的电力提灌工程，相继蓬勃发展起来。

据初步统计，目前全省提灌工程总装机 90.7 万 kW，实灌面积 138 万亩，年用电量约 6 亿 kW·h。在中部干旱地区已建成千亩以上的电力提灌工程 118 处，装机容量 34 万 kW，设计灌溉面积 155.3 万亩，其中万亩以上的大中型高扬程电力提灌工程 19 处，设计灌溉面积 130.8 万亩，实灌 64.2 万亩，年用电量 3.34 亿度。

这些电灌工程建成后，对于解决甘肃黄土高原干旱地区的农田灌溉和山区人畜用水问题起到了显著的作用，使这个地区的自然面貌和经济状况发生了根本性的变化。实践证明，高扬程多级提水的电灌工程在技术上是可行的，效益是显著的，发展前途是广阔的，在特定的条件下，也是经济合理的。

本节就这一地区高扬程电灌工程的经济效益问题提出如下一些看法：

一、甘肃省中部干旱地区兴建电灌工程的必要性

甘肃省中部地处黄土丘陵沟壑区，根据自然地理区划，属干旱地区，它是整个青藏高原外围的相对少雨地带，这里日照长（2 100~2 800 小时），年平均温度 4.9~10.3℃，无霜期 125~185 天，年降水量 180.3~575.9mm，由南向北迅速减少。此地依气候特征可大体划分为三个区：兰州以北的永登、皋兰、景泰、靖远 4 个县，占中部面积的 39.7%，年降水量在 300mm 以下，而蒸发量为降水量的 6.5~18.6 倍。据靖远县兴堡川五合公社气象哨

近年观测，1979 年 10 月至 1980 年 10 月只降水 38.91mm，1980 年 11 月至 1981 年 6 月也只降水 22mm，旱情特别严重，故称此区为严重干旱区。没有灌溉就没有农业，植树种草也难以成活。榆中、定西、会宁、通渭、陇西、永靖、古浪 7 个县，占中部面积的42.7%，年降水量 300~500mm，年内分布不均，农作物生长期 4—6 月的降水量仅占28.5%，同期蒸发量为它的 5.3 倍，此区称干旱区，没有灌溉则农业产量低而不稳，干旱年份甚而绝收。秦安、庄浪，静宁、东乡、临洮 5 个县，占中部面积的 17.6%，年降水量 500~600mm，农作物生长期 4—6 月的降水量仅占27.8%，同期蒸发量为它的 3.7 倍，故此区也须灌溉。就整个中部地区而言，植被稀少，降水量小，蒸发量大，干旱出现的频率高且影响大，故干旱是本区的主要自然灾害。

据甘肃省气象部门对 1950—1974 年灾害性气候资料的综合分析，中部地区 25 年中共发生旱灾 23 次，其中大旱 11 次，平均 2.3 年一次。群众谚语"三年一大旱，两年一小旱""十年九旱"是长期以来对本地气候特征的概括，深刻地描述了干旱的严重性。另据史料记载，公元979—1979 年的 1 000 年内，前 500 年发生旱灾 57 次，平均每 8.8 年一次，而后 500 年发生旱灾 265 次，平均每 1.8 年一次。特别是清朝以后，会宁、榆中、临洮一带的山林被砍伐殆尽，严重地破坏了植被覆盖，更加剧了旱灾。近代 1849—1949 年的 100 年中，发生旱灾 70 多次，其破坏作用尤为严重。从历史资料看，甘肃中部地区十分贫穷。清朝左宗棠说过："陇中苦甲天下。"许多地方至今仍是"三缺三靠"（缺饲料、缺肥料、缺燃料，吃粮靠返销，生产靠贷款，生活靠救济）。据粮食部门统计，1975—1980 年省内外给这个地区调粮 34.3 亿斤，发放救济款 8 121.8 万元，社队贷款 1.75 亿元。1978 年这里人均占有粮食仅 496 斤，比全省人均值少 140 斤，比全国水平低得更多。景泰川电灌站未上水前，每年 4—7 月青黄不接时，景泰县平均每天有 4 000 多人轮流外出背粮求食。

中部各县原有 140 万人及 90 万头大牲畜的用水极为困难，会宁县山区长期缺水，1970 年冬至 1971 年秋严重干旱，政府用 50 辆汽车长途运水；1980 年冬至 1981 年 5 月又遇大旱，政府又出动 65 辆汽车、22 台拖拉机、137 辆手扶拖拉机，并组织了大批架子车、畜力、劳力长途运水。中部地区不仅天然降水少，地面径流稀少，且地下水资源贫乏，大部分地方是苦水。矿化度一般在 5~6g/L，有的水源含氟量超过国家标准几倍到几十倍，不适于人畜饮用，故一般均存在人畜饮水困难的问题。

综上所述，这个地区干旱少雨，水源贫乏，农林牧副业生产水平低，人民生活困苦，没有灌溉工程的地区，绝大部分靠吃供应粮、花救济款过生活，早已成为甘肃省经济上、政治上一个沉重的负担。因此，积极发展提水工程，创造基本的生产条件，帮助群众生产自救，改变贫困面貌，早已成为最迫切的任务。

二、甘肃省中部干旱地区兴建电灌工程的有利条件

（一）水土资源丰富

黄河干流经永靖、东乡、兰州、皋兰、榆中、靖远、会宁、景泰 8 个县市，黄河及其主要支流的地面水（不包括过境水量）共 106 亿 m³，扣除工农业城镇等用水量外，尚有约 88 亿 m³ 可供利用。但因水低地高，自流引灌难以实现，谷沟地带的地下水也还有约 5.3 亿 m³ 可开采挖潜。中部地区共有耕地 1 921 万亩，占总面积的 23.6%，其中黄河及其主要支流的川、台、塬地约 516 万亩，这里土质肥沃，气候温和，适宜农作物生长，人口集中，是中部的精华所在。黄河两岸的塬台地除已发展成水地的 200 余万亩外，还有约 200 万亩旱地可发展提灌。

（二）电源充足

甘肃电网总装机为 253 万 kW·h，1980 年发电量 119.1 亿 kW·h，目前，全省排灌用电量约 8 亿 kW·h（主要是提灌用电，占 6 亿 kW·h），加上其他农村用电，全省农业用电量共 10 亿 kW·h 左右，仅占年发电量的 9%。目前中部地区大中型电灌工程年耗电量 3.34 亿 kW·h，仅占年发电量的 2.8%，运行容量 21 万 kW，占电网总容量的 8.3%，比重也不大。

（三）电费低廉

甘肃电网的水电装机为 197.2 万 kW，占总装机的 76%，火电装机 55.8 万 kW，占总装机的 24%。据省电力部门核算，兰州电网的火电成本每度 3 分，水电成本每度 3.1 厘，水火电加权平均成本为每度 1.18 分，计入管理费、税金等，则每度售电成本在 2 分上下。国家对这个地区的提灌用电实行补贴性的优待电价，扬程 50m 以内，每度 6 分，51～100m 每度 4 分，101～200m 每度 3 分，201～300m 每度 2 分，300m 以上每度 1 分。

（四）水力资源蕴藏量大

据水利区划资料，甘肃省黄河段可能开发利用的水力蕴藏量约 526.2 万 kW，现已开发 176.8 万 kW。目前已建成的青海龙羊峡水电站、甘肃大峡、黑山峡水电站等，都为发展电力提灌提供较为充足的廉价能源。充分利用以上有利条件，在中部干旱地区兴建了一些大中型电灌工程。

三、甘肃省中部干旱地区电灌工程的效益

截至 1979 年底的统计，中部干旱地区已建成千亩以电灌站 118 处，装机容量 34 万 kW，设计灌溉面积 155.3 万亩，其中万亩以上的大中型电灌工程 19 处。这些万亩以上的大中型高扬程电灌工程（扬程超过 100m），总装机容量 28.5 万 kW，1979 年实灌面积 64.18 万亩，年耗电量 3.34 亿 kW·h，亩均电耗 521kW·h，共用国家基建投资 2.36 亿元，亩均投资 180.4 元，若再计入续建、配套及田间工程等，则亩均投资 360 元左右，每千瓦装机投资 827 元。实际统计资料表明，扬程愈高，耗电愈多，灌溉成本也愈高。

中部干旱地区兴建的大批电灌工程，主要有以下几个方面的效益：

（一）为发展农业生产和多种经营创造了基本条件

电灌站上水后促进了农业生产的迅速发展，复种、套种面积增加，单产提高，一般水地比旱地每亩增产粮食 300 斤以上。据统计，万亩以上电灌工程在 1975—1980 年的累计增灌面积为 388.86 万亩次，增产粮食 12.2 亿斤，油料、甜菜、瓜果、蔬菜等均有相应的发展。景泰川电灌站上水以来，为国家生产粮食 7.7 亿斤，与上水前相比，粮食增长 9.2 倍，农业产值增长 12.5 倍。

中部 19 处电灌工程共植树 2 080 万株，许多灌区已形成完整的护田林带，绿树成荫。景泰川灌区已植树 1 200 万株，营造护田林带 1 400km。

皋兰县西岔电灌上水以来，家庭和集体畜禽养殖业发展很快，1980 年比 1970 年生猪增长 66%，羊增长 13%，鸡增长 160%，牧业产值增长 2 倍。

（二）减少了国家的救济款和粮食倒挂款

据初步估算，平均每年减少国家救济款 813 万元及粮食倒挂款 1 853 万元，平均每年节省劳力 264 万个。

（三）增加了群众收入和社会财富

过去这个地区每年平均回销粮食 5.7 亿斤，社队贷款 0.29 亿元，上水后粮食大幅度增产，基本上解决了群众的温饱问题，有的灌区还为国家提供了一些商品粮。景泰川灌区上水以来，地方财政收入增加 1 142 万元，商业利润增加 443 万元，林业固定资产积累 2 120 万元，社员新建房屋固定资产积累 1050 万元，这说明水利灌溉的经济效益实际上已作为社会福利事业费补贴给了全社会。景泰县由于粮食增产，多种经营发展，1980 年人均收入

100 多元，比上水前提高了 3 倍，达到甘肃省农村的上等水平。

（四）为解决人畜用水问题创造了基本条件

据不完全统计，中部 19 处电灌共解决 62 万人、9.6 万头牲畜、46 万只羊和 21 万头猪的用水，初步估计每年可以节省运水补贴费 391 万元。

（五）改善生态平衡，美化了环境

景泰川灌区位于腾格里沙漠南端，干旱少雨，风沙甚多，现在灌区内生态环境已有明显改善，据灌区气象站实测资料，上水前后对比，年平均风速降低 12.6%，蒸发量减少 26.20%，相对湿度增加 7.70%。靖会灌区上水前后对比，蒸发量减少 22.2%，相对湿度增加 15.4%。

四、甘肃省中部干旱地区电灌工程经济分析

为了阐明在中部干旱地区发展电灌工程的经济合理性，我们曾对区内几个较大的电灌工程做过一些经济分析。这些分析采用静态的或动态的方法，从国家、农民和全社会的角度分别考察电灌工程的经济效果，大都具有良好的经济指标。这里仅对景泰川电灌做一些经济分析，由此可以看出全区电灌工程的大致情况。

（一）经济分析方法

灌溉工程的经济分析涉及水利和农业经济的许多问题，至今尚缺乏一套成熟的分析方法，本文主要参考原水利部规划设计管理局主编的《水利工程水利计算规范》（以下简称《规范》）的基本内容，并结合甘肃省电灌工程的实际情况，做了如下的考虑：

1. 经济分析途径

水利在干旱地区具有特殊的重要性。大量的实践证明，没有水利就没有农业、林业、牧业，甚至就没有人类的活动。而一旦有了水利就会带来生机，使得农、林、牧、副以及公交、文教等各项事业得到巨大发展，从而根本上改变一个地区的社会经济状况和自然面貌。国家在这种地区投入大量的资金发展水利，是为了整个社会发展的需要，而不仅是为某个部门的需要。因此，电灌工程的经济分析，首先应从整个社会着眼，统一计算电灌工程取得的各项经济效益和所花去的各种费用，统一进行总的评价，然后才是投资部门的财务分析。而这种总体分析不需要将农、林、牧业的增产效益在各部门间进行分摊。在总体分析中，我们主要计算了农、林、牧三个方面可以用货币表示的效益及其相应的费用，有关工

副业以及不能用货币表示的社会环境效益等则作为间接效益提出，供领导部门决策考虑。

2. 价格

一切经济分析都离不开价格这一重要因素。由于现行价格受政策因素影响很大，特别是农产品收购价严重地偏离了它的价值，因此，在经济分析中究竟采用哪种价格存在不少争论。我们按照《规程》意见，口粮部分按国家调运到本区的成本确定，超过口粮的部分则按国家超购价计算。关于电价，根据兰州电网发供电成本和税金调查，考虑到电灌工程一半以上的用电量系黄河季节性电能这个实际情况，故采用有关规定的电价，即扬程 300m 以上 2 分/kW·h。

3. 利率

经济分析应当考虑时间因素，即计入利息。本区属困难地区，利率不宜过高，特别困难的地区也可不计利息。本文按《规程》规定的年利率为 7% 计算。

（二）景泰川电灌工程经济分析

景泰川电灌工程位于景泰县城周围，上水前绝大部分是荒滩。1969 年 10 月动工，1972 年开始上水灌地，1974 年建成验收。设计灌溉面积 30 万亩，最大提水流量 12 m³/s，平均净扬程 343m，总装机容量 6.4 万 kW。上水后，由干旱山区迁来大批社员，同时兴办了国营农场和厂矿、机关农场，1980 年实灌面积 29 万亩，1982 年达 29.3 万亩，现在整个灌区已经成为农、林、牧、副业全面发展，人民生活富裕的社会主义新农村。

1. 投资

从黄河提水到田间，总投资 9 560 万元，其中国家投资 7 190 万元，大队投资 2 370 万元。由于不同工程设施的计算使用期不同，计算中均以钢筋混凝土泵房的使用期 50 年为基准，对使用期限较短的灌溉渠道、金属结构、机电设备等补加了更新投资，每年投资按年初投入，以复利折算到基准（1972 年），折算结果为 11 295.5 万元。

2. 效益

（1）农业效益

从 1972 年开始灌地，至 1982 年达到规划水平，农田灌溉面积达到 28.8 万亩，农产品全按超购价计算，年总产值为 4 176 万元。

扣除灌区原有耕地平均每年产量 498 万斤，总产值 153 万元，增加的农业效益为 4 023.1 万元。

（2）林业效益

灌区从 1973 年开始大规模植树造休，1977 年起有经济收益，至 1982 年达到规划水平。现有片林 1.2 万亩 480 万株，路旁植树 700 万株，每年林木产值 472 万元。

（3）家庭养殖业效益

据调查，电灌区每 5 亩地可养 1 头猪、2 只羊、5 只鸡，全灌区该项年产值 629.4 万元。

（4）减少了口粮补贴费用

本区长期吃进口粮，运至灌区的进口粮成本为 0.307 元/斤，高出超购价 0.099 元/斤，从 1975 年开始，每年可少进口 7.5 万人的用粮 3 375 万斤，节省补贴费用 334.1 万元。

（5）其他效益

从 1975 年起，每年减少人畜饮水等补助费 28.2 万元。

3. 生产费用

包括进行生产所需的电灌站年运行费和其他农、林、牧业的生产费用。

（1）电灌站年运行费电费

按下式计算：

$$D_{电} = \frac{\gamma H_{净}}{102 \times 3600} \times \frac{M e}{\eta_{渠}\, \eta_{装}} \ （元/亩） \tag{4-1}$$

式中：$H_{净}$ ——灌区加权平均净扬程，$H_{净} = 343$ 米；

$\eta_{渠}$ ——渠系利用系数，$\eta_{渠} = 0.69$，

$\eta_{装}$ ——泵站装置效率，$\eta_{装} = 0.69$；

M ——灌溉定额，$M = 340\ m^3/$ 亩；

E ——电价，$e = 0.02$ 元/kW·h；

γ ——水的容重，$\gamma = 1000 kg/m^3$；

计算得出 $D_{电} = 13.3$ 元/亩。

工程维修费：包括大修和岁修等，根据不同工程设施的投资，参照《规程》推荐的费率计算，平均每亩 4.25 元。

工程管理费：根据实际调查分析，每亩 2.84 元。

以上三项合计，电灌站年运行费每亩平均 20.39 元。农田灌溉面积 28.8 万亩，则年运行费总计为 587.2 万元。

（2）农业生产费用

据大量调查资料分析，每亩种子 105 元，肥料 9 元，农药 1 元，机耕 3 元，畜力及饲料 7 元，人工费 45 元，其他 2 元，共计 77.5 元。1981 年以后农田面积达到 28.8 万亩，每

年农业生产费用不包括水电费为 2 232 万元。扣除上水前农业生产费用 96 万元，则上水后增加的农业生产费用为 2 136 万元

（3）林业生产费用

据调查，包括水电费在内的林业生产费用为林业产值的 40%，1975 年以后每年林业费用为 172.8 万元。

（4）家庭养殖业生产费用

该项规划水平年的年费用为 385.9 万元。

4．经济效益评价

（1）效益费用比

将计算期（1972—2022 年）内逐年的效益和生产费用按年利率 7% 折算到 1972 年，得效益现值 60 186.2 万元，生产费用现值 39 140.9 万元，效益现值与生产费用现值加投资现值之比即效益费用比为 1.19。

（2）投资回收年限

到 1983 年累计效益现值为 30 826.9 万元，累计生产费用现值与投资现值之和为 31 380.7 万元，效益费用差为 -553.8 万元，到 1984 年为 33 433.1 万元及 32 939.5 万元，效益费用差为 +493.6 万元。进一步计算得出回收年限为 13.5 年，说明在工程进入设计水平年不久就可收回建设投资，经济效益是好的。

（3）内部回收率

经过详细计算，内部回收率为 11.4%，这不仅比一般农业贷款利率高出许多，且比工业贷款利率 8%~10% 也高。

上述衡量经济效益的三个指标均是良好的，由此可以得出结论，从全社会增加财富考虑，修建景泰川电灌工程是经济合理的。限于篇幅，这里不再分别对国家和农民做出财务分析。显然，只要从全社会看是合理的，至于经济收益在国家和农民之间的分摊，只是经济政策的问题。

甘肃中部干旱地区其他电灌工程的情况也大体和景泰川电灌工程类似。有的工程扬程较低，多种经营搞得好，人民生活富裕，电灌站有积累，经济效益就更好。如兰州市彭家坪电灌工程等。有的工程扬程高，但配套工程没跟上去，土地湿陷平整工作量大，期内达不到设计效益，效果就差些，如武川、白草振灌区。但就一般情况而言，在中部干旱地区修建扬程 400~500m 以内的电灌工程是经济可行的，已建的绝大多数电灌工程都在这个扬程范围之内。

五、对提高经济效益的几点意见

甘肃中部地区已建成一大批高扬程电灌工程，取得了显著的经济效果，但也存在一些问题，为了进一步提高经济效益，现提出以下几点意见：

（一）千方百计降低电耗

电灌工程电耗较多，究其原因除扬程高这一基本因素外，其他方面也有许多可以改进之处。例如，规划上高抽低灌，级间流量配合欠佳，常有弃水；输水管道设计不合理，水头损失大；对泥沙问题处理不够好，水泵气蚀磨损严重，降低了系站装置效率，管理水平低，土地不平整，造成渠道水量损失严重，灌溉定额过大等。如果其他灌区都能达到泰川电灌的渠系利用系数和装置效率，那么，中部电工程的耗电量就可下降 20% 左右，同时也可减轻农民的负担。

（二）抓紧建配套工程

据统计，中部干旱地区 19 处万亩以上的高扬程提灌工程，设计灌溉面积 130 万亩，1979 年实灌面积仅 64 万亩，只达到设计效益的一半，一个很重要的原因是工程不配套，不少老工程的支渠至今没有衬砌完，田间工程质量普遍都很差。总结景泰川电灌工程发挥效益比较快的一条重要经验就是早配套。因此，当前首先应集中力量搞好配套，把现有电灌工程的潜力挖掘出来，其次对新建工程一定要把主体工程和配套工程统一进行安排。

（三）搞好多种经营

高扬程电灌区农业生产成本高，只宜生产必要的口粮和农牧业用粮，达到自给水平后就应大力发展多种经营，种植经济作物，增加农民收入。条件适宜的灌区甚至可以经济作物为主。目前，有些灌区作物种植比例不合理，经济作物不到 10%，夏粮面积过大，秋粮面积太少，造成用水紧张，地力下降，影响了经济效益。应当推广一些先进灌区的经验，如彭家坪电灌区种植蔬菜、瓜果，三角城电灌工程种植烟叶，靖会电灌区在小麦地套种油料，在玉米地套种黄豆等都取得了良好的经济效益，产值比单一粮食生产高出 50% ~ 300%。此外，合理安排农、林、牧结构，也可以不断提高灌区生产水平，增加更多的物质财富。

第二节 景泰川电力提水灌区经济效益

一、经济效益分析方法

（一）效益分析方法

水利工程效益分析，有动态和静态两种方法。在计算中，凡灌溉面积在 6667 m² 以下或还本年限不超过 5 年的均采用静态法，以还本年限或投资效益表示。静态法所采用的经济指标概念清楚，计算简便。在投资和效益分析中，不考虑货币的时间价值。还本年限反映井灌设施开始投入运行后，通过效益得到全部收回投资的年限。井灌区建成后效益愈好，则还本年限愈短。静态法计算公式：

$$T = K/(B_o + d) = k[(B - C) + d] \qquad (4-2)$$

式中：T——投资还本年限（a）；

K——井灌设施总投资（元）；

B——多年平均收益，或称毛效益，（元/a）；

C——多年平均管理运行费（元/a）；

B_o——多年平均净效益（元/a）；

d——年折旧费（元/a）。

$$e = 1/T = (B_o + d)/K \qquad (4-3)$$

式中：e——投资效益系数；其他符号意义同上式。

（二）灌区主要经济指标与计算方法

1. 投资

包括机电井的井体井口设施、井房、输变电工程提水机具、固定渠系及配套建筑物等各项材料设备费、施工安装。

2. 年费用

包括年管理运行费和折旧费两项。年管理运行费，是指井灌设施在正常运行中能源消耗、维修和管理费用；折旧费是指井灌设施在经济寿命期内每年应摊还的费用。

（1）年管理运行费的计算

①能源消耗费：工程运行的油、电费；通过调查取多年平均值。在缺乏资料时，可采用丰水年、平水年、偏旱年、干旱年四个典型年的分析资料加以平均确定运行时间，计算能源消耗费用。

②维修费：是指机井及其配套工程设备输变电设施的易损件更新和每年维护，以及定期大修费用。年维修费可按机井建设总投资的2%计算。

③管理费：是指管理人员工资，行政管理费等。按实际情况确定。

（2）年折旧费计算

折旧费是固定资产的实际损耗量。折旧费也起还本作用，管理水平愈高，折旧费愈低。折旧费计算公式：

$$d = K/n \qquad\qquad (4-4)$$

式中：d——年折旧费（元）；

K——井灌区（或井点）总投资（元）；

n——有效使用年限（a）。

（三）在进行灌区经济效益分析论证时要注意的问题

一是注意掌握第一手资料。

二是投资项目既不能遗漏，又要按照多渠道、多层次集资兴办农田水利工程的原则，凡是应当由地方和群众办的就不在井灌设施总投资中计划，如土方和田间工程应由群众出工修筑，还有勘测设计费因大部分是重复设计，应根据实际情形进行酌减收费，井房也可由群众自筹资金解决这种多方集资的计算方法，能够较好地反映实际情况。

三是经济效益必须合理分摊。由于灌溉施肥和田间管理等综合措施所取得的农业增产效益，是水利和农业措施相辅相成的结果。因此，不论是常年灌溉还是坐水种所产生的增产效益，不能都算在水利或农业账上，而要按照两者的经济关系进行合理分摊。分摊比例主要依据两者所发挥的作用，同时也要考虑气象因素，如降水及其时空分布积温蒸发等，把自然因素和人为因素结合起来统筹分析，才能做到分摊合理。

四是不能忽略对社会效益和生态效益的分析。

二、景泰川电力提水灌区经济效益

景泰川电力提灌工程是一项高扬程、大流量、多梯级电力提水灌溉工程。它位于甘肃省中部，河西走廊东端，距离省城兰州西北180km处，灌区东临黄河，北与腾格里沙漠接壤，是一个跨黄河、石羊河流域的大型电力提灌水利工程。1969 年开始兴建景泰川电力提灌一期工程，1994 年建成二期工程，主要用于向民勤调水。该工程灌区总面积 1 000 平方千米，控制灌溉面积 120 万亩，年提水量近 5 亿 m³，用电量 10 亿 kW·h 时左右。

（一）经济效益

自景泰川电力提灌首期工程投入运行 30 多年来，共完成提水 62.72 亿 m³，生产粮食 40.88 亿 kg，经济作物 16.63 亿 kg 产值达 40.14 亿元；而最近 10 年来（1995—2005 年）共完成提水量 3463 亿 m³，生产粮食 24.03 亿 kg，经济作物 925 亿 kG，产值达 31.6 亿元（如表 4-1），分别占灌区累计提水量的 55.21%，累计生产粮食的 58.78%，经济作物的 55.62%，累计产值的 78.72%。

表 4-1　工程经济效益对比

时间	提水（亿立方米）	粮食（亿公斤）	经济作物（亿公斤）	产值（亿元）
工程建成至今	62.72	40.88	16.63	40.14
最近 10 年累计	34.63	24.03	9.25	31.6

（二）社会效益

景电灌区安置甘肃、内蒙两省 8 个县（旗）移民近 40 万人，基本解决了灌区人民的饮水和温饱问题。随着灌区的建成，社会公益事业有了很大的发展，灌区内新建成 10 个乡镇，178 所学校和 123 个乡村卫生院（所）；如今，迁到灌区的景泰县城商业网点密集，贸易活跃，已经成为颇具规模的县政治、经济、文化中心。

当年灌区建成后，从周边地区迁移过来的农民大多数挣扎在饥寒交迫之中，迁到库区来时都是两手空空；但在今天灌区，农民收成稳定，基本解决了温饱问题。不少农户家里都买了电视机、冰箱、洗衣机，大多数农户家里都有电话或者手机，机动车辆（拖拉机、三轮机车、摩托、货运汽车）拥有率达到了每户 2.5 辆。今天的灌区，农业欣欣向荣、百姓安居乐业，当地老百姓称该提灌工程为救命工程、富民工程。

（三）生态效益

景电灌区位于腾格里沙漠南缘，灌区原有土地均为沙漠或戈壁滩，景电灌区的建成，在腾格里沙漠南缘形成了绿色屏障，有效地阻止了腾格里沙漠往南蔓延，保护了生态环境，使兰州市、包兰铁路等免于沙漠的侵扰。另外，灌区的形成，还使灌区小气候得到了明显改善：据灌区上水前后 42 年的气象统计对比，年平均降水量增加了 16.6mm，相对湿度由 46% 增加到 48%，平均风速由每秒 3.5m 降低到 2.4m，8 级以上大风日数由 29 天减少为 14 天，年蒸发量由 3 390 mm 降低到 2 433mm。

景电工程还承担着向民勤县调水的功能。民勤县三面被巴丹吉林沙漠和腾格里沙漠包围，近年来石羊河水量锐减，地下水位逐年下降，水质恶化，灌溉面积减少，沙生植物枯萎，土地沙化，生态环境日益恶化。景电二期延伸向民勤调水工程的建成和输水，设计年调水 6 100 万 m³，可以部分缓解民勤县水资源危机。为保住民勤这块沙漠中的绿洲，从根本上解决民勤人民的生存与发展，阻止巴丹吉林沙漠和腾格里沙漠共同吞噬民勤，景泰川提灌工程正在做出自己的贡献。

（四）问题的提出

景泰川电力提灌工程是我国大型电力提灌的代表工程之一。该工程兴建泵站 43 座，总装机 306 台套、容量达 26 万 kW，工程最大提水级数为 19 级，最大提水高度为 612.88m；灌区发展灌溉面积 98 万亩，年上水量约 4 亿 m³。自工程上水以来，陆续安置移民近 40 万人，使昔日戈壁变绿洲，沙漠变良田，灌区老百姓安居乐业，生态环境大为改观。

尽管工程的社会效益、经济效益以及生态效益巨大，但工程用电量连续两年（2004、2005 年）逾 7 亿 kW·h，这无论是对景电管理局还是对电力系统来讲都是一个不小的压力。

长期以来，国家对大型提灌工程在政策与资金等各个方面都给予了大力的支持，景泰川电力提灌工程也不例外。比如，投入大量的资金及人力物力进行工程建设及工程改造，在电力提灌方面长期以来以每度 0.04 元远低于成本价的电价保证提灌工程的用电，正是这一系列的扶助与支持，使得我国诸多大型提灌工程自建成以来，产生了巨大的综合效益，为当地老百姓带来了巨大的实惠，对自然环境的改善做出了巨大的贡献。

但目前，在市场经济环境下，随着灌溉面积的扩大，农业种植规模的增长，提灌用电电费、水费远低于成本的矛盾日益凸显出来。目前，提灌用电供需矛盾日益加剧，已经严重制约了工程最大效益的发挥。如何有效地降低能源消耗，对于解决这些矛盾具有非常积极而深远的意义。这关系到灌区农民的利益，关系到腾格里沙漠南缘生态环境的改善，也关系到水管单位的生存与发展，对于我国和谐社会的构建具有深远的意义。

目前国内的电力提灌工程，大多关注工程建成后所带来的社会效益、经济效益以及生态效益，而对工程的运行成本代价和有效的管护考虑不足。长期以来，或基于资金方面的因素，或由于观念方面的原因，或由于技术等方面的问题，国内提灌工程对泵站的提水效率均没有进行有效监测。此外，电力消耗只有一个笼统的数据，对每个灌溉片区的供水电力成本无法进行核算；干渠水量损耗也只有一个笼统的数据，对每个灌溉片区的供水在干渠上的损耗也无法进行估算，形成了整个灌区生产用电上的"大锅饭"。

党的十六大及十六届三中、四中全会提出，要全面贯彻落实科学发展观，努力打造节约型社会，"十一五"发展规划更是明确提出"十一五"时期经济社会发展的主要目标："在优化结构、提高效率和降低消耗的基础上，实现 2010 年人均国内生产总值比 2000 年翻一番；资源利用效率显著提高，单位国内生产总值能源消耗比'十五'期末降低 20% 左右……"

为了响应中央降低能耗、节约成本的号召，走可持续发展的道路，开展对电力提灌工程泵站提水效率的评估研究，在现有条件下对各泵站的提水效率进行评估并跟踪，将会为各泵站更新改造以及加强管理提供有力的帮助，最终为提高工程运行效率打下坚实的基础，在开展电力提灌工程泵站提水效率的评估基础上，对灌区内各灌溉片区供水的电力成本进行核算，将会使提灌管理单位对各灌溉片区的供水成本做到心中有数，从而做到更有效地安排灌溉指标，合理扩展灌溉面积，也为将来水价的市场化打下基础。

对每个灌区供水在干渠上的损失情况做一个全面的评估，也有利于对各灌溉片区供水代价的掌握，为提灌管理单位的经营决策提供支撑。

三、提高景泰川电力提灌灌区灌溉效益的管理模式

灌溉效益是景电灌区发展的核心问题。灌溉效益低、提灌成本高都不符合景电科学发展的要求，减少灌溉成本，提高灌溉综合效益是景电灌区发展的关键。提高景电灌区灌溉效益和加大管理力度是实现景电灌区又快又好发展的关键。我们通过长期的调研和掌握的资料，对如何提高景电灌区灌溉效益和加大管理创新模式进行了探索研究，结果表明，调整测水量水权力由科技处负责，调度中心应主要负责灌区渠系利用率监测和测算工作，赋予泵站管理站分水的权力以及构建调度中心新型权力实体与决策团体，可有效提高景电灌区灌溉效益的管理创新模式。研究成果可为今后景电灌区管理以及提高灌溉效益等方面提供科学依据。

（一）加大管理措施创新，提高景电灌区灌溉效益

1. 水量水权力的调整

景电灌区总干一泵站及其他工程需要水量测量的工作应该由科技处负责完成，其优点：①可以有效防止单方测水来认定能源单耗中的不真值现象发生；②赋予科技处测水量水权力，可以有效地规避利益分配不公问题，这是由于科技处在测水量水的行为中只是行

使技术权力，而非占有利益分配，这样有利于保证监测水量数值的真实；③赋予科技处测水量水的权力可以迫使相关利益方（如机电处、灌溉处、工程处、泵站、水管所）对科技处的权力时刻进行监督，这更有利于真值的产生；④通过科技处测水量水，如果能够实现泵站出水口水量的测量，就可以达到上一级泵站给下一级泵站交水及对每个泵站的能源单耗进行准确考核，并为泵站负责分水提供依据；⑤在测水量水中，只须采用一种（如采用标准断面测水、便携式测水仪）测水方式测水作为认定值的考核标准具有权威性。

2. 调度中心应对渠系利用率完成负总责

在景电旧的管理模式中，灌溉处负责支渠利用率完成，工程处负责干渠利用率完成，机电处不仅负责上水还负责总干一泵站测水工作，在这种管理模式下，各部门都以自己部门的利益为中心，可以不顾管理局的整体利益、全局利益、长远利益以及灌溉用户的个体利益，因此，各自为政，权力、利益矛盾冲突，制约了景电灌区的发展。基于以上原因，必须调整调度中心的权力，关键在于赋予调度中心对渠系利用率完成负总责的权力与责任，其优点是：可以使调度中心成为利益的集合体，哪条渠道水量的多少都会影响到调度中心最敏感的职业神经和利益神经，尤其是让调度中心直接掌控泵站分水人员的分水行为、权力及其职责有效构成了水量运行过程中的关键环节，能够有效减少干渠水位由正常变化和不正常变化带来的损耗影响，同时可以及时发现、及时报告和及时处理，做到根据支口水量的随时变化进行随时报告和及时分析，可有效提高渠系利用率。

3. 赋予泵站管分水的新权力

据调查研究表明，泵站的主要职责是管好机组上好水，专注本职工作即传统科层制管理模式下的典型思维。在景电传统管理制度中，泵站的权力在于上水，而不能越权去管水；水管所的权力在于管水，而不是在于泵站上水中遇到的一些影响上水效果的问题（如前池水位过低等）。最终，泵站与水管所都丧失了在不同职位之间进行联合管理的能力。让泵站管理泵站所管辖的干渠段（本泵站与下一级泵站间）支口分水任务及独斗分水并配水任务并赋予监督上一级泵站上水情况，不仅有利于解决水量交接中的扯皮问题，而且也有利于提高渠系利用率和灌溉效益。其原因在于赋予泵站管分水和监督下一级泵站上水情况的权力，有利于上水、分水、配水之间形成互动的监督机制，使得上水部门及其工作人员、分水部门及其工作人员、配水部门及其工作人员不仅在利益上形成共享体，而且在组织上也可以形成一个有效的、具有统一决策权的团队。例如，某泵站管了支口分水，分水人员属泵站人员编制，这个人由泵站来管，但这个人要在所管区间分配多少水却由调度中心掌控，这就决定了他在利益上与调度中心、泵站结成了共享关系。调度中心将分配的水量通知给泵管站，这样有利于泵站掌握所管辖区段水量情况，而泵站管分水的这个人在给支口放水的时候，就会及时地把放水量通知水管所，以减少大水冲毁渠道现象和及时把水配给用水户。这样水管所就必须监督泵站的分水量，保障了用水效益的最大化，增强了水管所的责任意识。同时，泵站的分水人员基于利益与职责所在，会及时把分水情况反馈给调度中心与泵站，从而有利于调度中心与泵站之间的协调与联合监督。泵站管分水也有利于泵站与泵站之间监督水量的损失情况，有效预防了干渠偷水、垮渠跑水等水量损失情况的发生和因水位变化对能源单耗的影响，提高了部门与职工的责任心，可以做到支口水量随时变化随时报告并进行分析。另外，也可以有效防止水管所在因单独的、缺乏监督的管支渠分水又管给农户配水的工作中不正之风的滋生。

4. 构建调度中心新型权力实体与决策团体

渠系利用率的扯皮现象不仅是工程技术问题，也是一个管理技术问题，所以解决渠系利用率的扯皮现象必须紧紧依靠管理制度的创新。当前景电灌区的渠系利用率的扯皮现象是一个深切关系到不同利益群体和个体的一个难题，要彻底解决这个难题，实现灌溉用水的效益最大化，必须构建新型权力实体与决策团体。

这个权力实体必须包含科技处、机电处、灌溉处和工程处四个主要涉及影响渠系利用率和能源单耗问题的要害部门。这四个部门虽然在组织形式上属于同一个水管单位实体，但在职责、权力，特别是在利益上是处在分割状态的。每一个部门都希望通过自己部门的职能权力实现部门个体与群体利益的最大化，这种诉求往往就导致权力对灌区公共利益的侵犯与忽视。要有效解决渠系利用率的扯皮和降低能耗问题，就要从这四个部门的权力重组与分配中下功夫。根据目前景电灌区的实际，要充分发挥调度中心的作用，就要加大调度中心的权力和调度权威性，根据多年景电工作经验和体会，以及长期各个方面和部门的调研工作，我们认为最有效的办法是选任一名熟悉灌溉管理工作、了解机电运行业务的公平公正的、能以全局利益为最高利益的、有多年景电基层工作经验的局长助理来主要负责调度中心工作，其本质就是提高调度权威性，站在全局利益高度，达到全局生产平衡协调作用，以提高渠系利用率和降低能源单耗，实现效益最大化。在科技处、机电处、灌溉处和工程处四部门选任一名公平公正的能以全局利益为最高利益的业务技术过硬的副职协助该局长助理负责调度中心工作，组成调度中心新型权力实体与决策团体，调度中心科级建制不变，起到上传下达作用，达到"联合作战"的效果，使得灌溉、机电、工程成为统一体，不扯皮不互相推卸责任，提高渠系利用率，降低能源单耗，达到统一调度和统一管理目标。因为科技处是属于无利益方又负责测水量水，科技处兼职是合情合理的，灌溉处参与负责调度中心工作可以及时掌握每天上的总水量和流量，及时进行每天损失水量分析，达到原来由灌溉处承担的计划用水调度与调度中心职能相协调统一。因此，灌溉处兼职是合理的，机电处兼职有利于对机电运行中机组调配是否合理进行统一考核，不会出现考核脱节。调度中心还是一个节能降耗的直接实施部门，也牵扯机电机组运行和降耗问题，因此机电处也应兼职，工程处是负责总干渠过水量，因此工程处兼职也是合理的。这样才能达到统一，提高调度中心权力和调度权威性，有利于各个部门在新型权力实体的领导下更好地发挥合力作用。如果只是让一名副局长分管这四个部门和调度中心工作，要达到以上效果是不可能实现的，这是由于：①每个部门始终跳不出实现本部门个体利益；②科技处、机电处、灌溉处和工程处四部门只是业务处，单就对各自业务负责，不可能顾及其他因素，也就是不能渗透其中实现"联合作战"；③分管副局长不可能渗透到具体工作中掌握"细节"，而往往"细节"决定成败，而由局长助理主管实行"联合作战"就能做到"渗透工作"和掌握"细节"；④副局长和局长助理在工作范围上、宏观与微观上、心理上和意识上是有区别的，就好比一个副局长兼职某一个处长就不会有专职处长的效果是一个道理。

该做法既可以激发单位负责人的责任心与进取心，也可以有效防止在权力重新配置中诸多矛盾的激化。在这种新型的权力格局下，定期审议共同事务，监督负责人行使权力情况，反馈各个分部门之间的矛盾与摩擦，理顺各个部门之间的利益冲突。这个新型权力实体的第一负责人不仅管理泵站的提水，也要管理调度中心的信息反馈和水管所最终配水至受益人的全部过程。全程记录提水、分水中的反馈信息，提供给新型权力实体，以便其进行监督与调整。这样做的好处有：防止在提水、管水中的不合理现象发生，有效防止监督泵站与水管所之间的摩擦产生，及时进行每天损失水量分析，达到原来由灌溉处承担的计划用水调度与调度中心职能相协调统一时对机电运行中机组调配是否合理进行统一考核，不会出现考核脱节现象，体现调度中心是一个节能降耗的直接实施部门，便于对新型权力实体的全面监督和管理，充分发挥调度中心作用。

（二）提高景电灌溉效益，加大管理创新的措施

一是调整测水量水权力由科技处负责，提高测水量水的真实性，规避利益分配不公问题，利于各方对科技处的监督，为泵站负责分水提供依据。

二是调度中心应对渠系利用率完成承担主要责任，即必须调整调度中心的权力，关键在于赋予调度中心对渠系利用率完成负总责的权力与责任。

三是赋予泵站管分水的新权力，调度中心将分配的水量通知给泵站，这样有利于泵站掌握所管辖区段水量情况，而泵站管分水的这个人在给支口放水的时候，就会及时地把放

水量通知水管所，以减少大水冲毁渠道现象和及时把水配给用水户。

四是构建调度中心新型权力实体与决策团体，该做法既可以激发单位负责人的责任心与进取心，也可以有效防止在权力重新配置中诸多矛盾的激化。

四、灌区财务管理

灌区为了进一步适应市场经济发展的需要，应当在搞好工程管理和用水管理的前提下，充分利用自身的优势，广开门路，积极开展综合经营。经营管理是灌区管理的支柱。

（一）财务管理的原则

1. 灌区财务管理的意义

灌区财务管理就是根据资金运用的规律，按照国家的计划及财务制度，对灌区的资金占有和来源、资金的消耗和补偿、销售收入进行管理。灌区是独立的经济核算单位，因此，灌区财务管理在灌区的各项管理工作中占有十分重要的地位。加强灌区财务管理，就是要以最少的钱和物，发挥出灌区的最大效益。只有抓好灌区财务管理工作，才能保证灌区生产活动的正常进行，以最小的劳动耗费取得最大的经济效果。

2. 财务管理的原则

财务管理原则是企业财务管理工作必须遵循的准则。它抽象于企业理财实践，并在实践中被证明是理财的行为规范。财务管理的原则一般包括以下五项原则：

（1）系统原则

财务管理是一个由筹资、投资、资金耗费、资金分配等互相联系互相作用的部分组成的整体，具有系统的性质。这就要求财务管理工作必须从财务管理系统的内部和外部联系出发，从各组成部分的协调和统一出发，开展工作。在财务实践中，分级分口管理、目标利润管理和投资项目的可行性分析等都是根据这一原则进行的。

（2）平衡原则

平衡原则就是要力求使资金的收支在数量上和时间上达到动态的协调平衡。财务管理中所追求的不仅是资产等于负债加所有者权益这种会计等式的静态平衡，而且是追求资金的收支在数量上和时间上保持动态的协调平衡。资金收支动态的平衡公式为：

目前现金余额+预计现金收入−预计现金支出＝预计现金余额

根据动态平衡公式，当预计现金余额远远低于理想现金余额时，企业应该积极筹措资金以弥补现金的不足；如果预计现金余额远远大于理想现金余额时，企业应该积极组织还款或进行投资，以保证资金收支的动态平衡，实现收支相抵，略有节余。财务管理实践中，现金的收支计划、企业证券投资决策和企业筹资数量决策等都需要在这一原则的指导下进行。

（3）弹性原则

以上的平衡原则中所指的资金收支在动态平衡的基础上应略有节余，即要留有弹性，企业必须在追求准确和节约的同时，留有合理的余地。实践中，现金、存货等都应留有一定的储备。确定合理弹性必须考虑如下几个问题：

①企业适应财务环境的能力。企业适应财务环境的能力越强，留有的弹性就越小；反之，留有的弹性就越大。

②不利事件出现的可能性大小。不利事件出现的可能性越大，留有的弹性就越大；反之，留有的弹性就越小。

③企业愿意承担风险的情况。企业决策者愿意承担的风险越大，留有弹性就越小；反之，留有的弹性就越大。

（4）比例原则

比例原则要求决策者除了对绝对量进行规划和控制外，还必须通过各因素之间的比例关系来发现管理中存在的问题，采取相应的措施，使有关比例趋于合理。

（5）优化原则

财务管理过程是一个不断进行分析、比较和选择，以实现最优的过程。财务管理的过程本身就是优化的过程，如果不进行优化，管理就失去了意义。实践中，优化原则主要包括三个方面内容：一是多方案的最优选择问题；二是最优总量的确定问题；三是最优比例关系的确定问题。

（二）财务的计划管理

1. 财务计划的作用

财务计划是在一定计划期内，以货币形式反映生产经营活动所需要的资金及其来源、财务收入和支出、财务成果及其分配的计划。财务计划是以财务决策确立的方案和财务预测提供的信息为基础来编制的，是财务预测和财务决策的具体化，是控制财务活动的依据。其作用表现在以下几点：

（1）有利于贯彻党的路线方针、政策，促使灌区管理单位坚持社会主义方向，按客观经济规律办事。

（2）借助财务计划，合理地组织和使用资金，加强预见性，克服盲目性，不断提高计划管理水平。

（3）有利于贯彻勤俭办事的方针，厉行节约增加生产，不断提高盈余水平。

（4）有利于广泛开展群众理财活动，调动广大职工的积极性，增强搞好财务管理的主人翁责任感。

2．财务计划的编制

（1）编制财务计划的原则

①灌区财务计划编制应以国家的方针、政策为指导，以上级下达的生产计划事业任务和各种技术经济指标为依据，参照上年各项计划的实际完成情况，充分考虑计划年度各种增产节约因素，本着增加收入，节省开支，量入为出和不增加国家财政负担的原则，认真编制。

②广泛发动群众讨论，注意留有余地。

③切实搞好平衡。要积极利用一切有利因素，充分挖掘内部潜力，开源节流，合理分配和使用资金。

④兼顾国家、单位和个人三者的利益。单位利益是连接国家、个人利益的中间纽带在编制财务计划时，既要切实安排好各项上交任务和单位发展生产的资金，又要在发展的基础上考虑职工的积极性。

（2）财务计划的内容

财务计划必须全面反映计划期内各项资金的来源和使用，生产经营活动的消耗和成果，盈余的形成和分配，以及灌区管理单位与上级的缴拨款等方面的情况。

灌区管理单位的财务计划包括如下内容：

①财务收支计划

综合反映灌区管理单位计划年度的收入、支出和财务成果状况；是灌区管理单位组织调度资金和上级主管部门、财政部门核实财务包干指标的依据。

②主要产品成本计划

成本计划反映灌区管理单位年度各种主要产品的单位成本和总成本。

③财余分配计划

反映灌区管理单位计划年度财务包干结余的分配情况，是上级主管部门和财政部门核定定额上交、定额补贴和灌区提取各种基金的依据。

④专用基金计划

反映灌区管理单位计划年度各种专用基金的来源、使用和结余情况；是上级主管部门、财政部门审核灌区各项专用基金的来源是否正确，使用是否合理的依据。

3. 财务计划的执行、检查和分析

编制财务计划，仅仅是财务计划工作的开始，更重要的是如何组织计划的实现。所以，财务计划经上级批准后，就应积极组织计划的执行，并对计划执行情况进行检查分析，以确保计划指标的完成。

（1）财务计划的执行

为了正确组织财务计划的执行，一般应做好以下两个方面的工作：

①建立健全财务指标管理责任制。实行统一领导分级管理，把各项财务计划指标分解落实到各部门、班组或个人。按照分级管理的权责要求，从组织上和制度上保证各项计划指标的实现。

②编好季度财务收支计划，做到长计划短安排。各灌区管理单位应在年度财务收支计划的基础上，根据具体情况编制季度财务收支计划，据以组织财务活动，做到以季保年。

（2）财务计划执行情况的检查分析

为了促使财务计划指标的实现，灌区管理单位应根据上级要求和各单位的具体情况，对财务计划的执行情况进行全面检查。检查可以定期进行，也可以不定期进行。通过检查，随时掌握工作进度和各项财务计划指标的完成情况，分析完成、未完成计划指标的原因，总结经验，不断提高经营管理水平，促使各项财务计划指标的完成。

（三）固定资产的管理

灌区应根据固定资金的周转方式进行组织管理工作，正确计划固定资产在生产过程中损耗的价值和可以提取折旧的基金，提高固定资产的利用效果，充分发挥固定资产的效能。固定资产的具体管理方法有下列几点：

1. 固定资产的账、卡的建立和管理

建立和健全固定资产账册和卡片，是固定资产管理的重要环节。灌区接收的或自己购置的固定资产，应按凭证分门别类地登记固定资产账目，注明资产使用部门、地点、用途和编号等，并按资产的名称、规格型号、技术特征、原始价值、折旧等，登记固定资产明细账，据以控制和掌握固定资产增减变化情况。此项账目由灌区财务部门管理。对无法确定原价的固定资产，可按当前重建或购置的市价，重新估价后入账，这种估价叫重置完全价值。

财产使用部门，也要按照上述内容，设立"固定资产卡片"，以全面掌握各部门固定资产增减结存情况。财务部门与使用部门应经常检查，定期盘点，做到账、卡、物、资金四对口。

2. 固定资产修理费用管理

固定资产在使用过程中，由于损耗要进行大、中、小修理，才能保证正常使用。为此国家规定每年按固定资产原值，提取一定比例的大修理基金，排入当年的产品销售，作为固定资产修理费用。对中、小修理，由于耗费少，对销售影响不大，一般由灌区或使用单位根据使用情况进行修理，其费用列入当年的流动资金。

大修理基金提取的公式如下：

$$r = \frac{D}{N \times G} \tag{4-5}$$

式中：r ——年度大修理基金提取率（%）；

D ——预计大修理总额（万元）；

N ——固定资产使用年限（年）；

G ——固定资产原价（万元）。

$$r = G \cdot r \tag{4-6}$$

式中：G ——年度大修理基金提取额（万元）。

其余符号意义同前。

3. 核实固定资产的需要量

灌区应根据正常生产任务和部分必要的替换维修数量，核实固定资产的需要量，把多余的固定资产申报上级主管部门调剂处理，或经有关部门批准后自行拨价处理。固定资产的变价收入应给灌区，作为新购固定资产的资金。

4. 加强对固定资产的管理工作

灌区除水利工程设施以外，还有其他类型的固定资产，如各种工、器具，设备、职工住房及灌区土地等，对于这些固定资产的管理，可采取如下具体措施：

（1）健全管理机构，严格部门责任制和岗位责任制；

（2）实行统一目标，统一编号，统一调度，统一核算，分级管理；

（3）建立账卡，设备调转时必须及时登账、记账并移交取转卡片；

（4）实行定人定岗位设备把人和设备的关系定下来；

（5）凡是修理改造自制和大修理，都要实行统一的计划管理，使原有资产得以有计划地恢复并提高其使用价值；

（6）建立清查制度，做到账、卡、物资金四对口出调入有手续，盈亏废情况明了。

（四）流动资金的管理

流动资金是指垫支于劳动对象、职工工资等方面的资金。流动资金按其在生产过程各阶段中所处的形态与作用不同，可分为储备资金、生产资金、成品资金、货币和结算资金四种类型。

1. 储备资金

灌区为应付突发事故和生产营运，储备原材料、燃料、备品配件和低值易耗品等，储备资金占用很大。灌区应根据规定的储备定额进行物资储备，尽量减少储备资金占用；在设备、材料储备和供应过程中，应按规定保证账、卡、实物、资金相符；要健全物资管理制度，必须严格履行验收、保管、领退手续，并定期进行清仓查库，认真核对项目，盘盈盘亏，所损坏物资应查明原因，按规定的办法处理。

2. 生产资金

指生产运行过程中所占用的资金，包括在产品、自制半产品和待摊费用等占用的资金。灌区应根据流动资金计划，实行定额管理，合理库存存储，分月和分季组织采购和供应，以减少资金占用。

3. 成品资金

成品资金是指验收入库待售的成品（包括准备出售的半成品）所占用的资金。是指企业同其他单位之间，因产品购、销以及提供劳务等应收的处于结算过程中而占用的资金。

4. 货币和结算资金

货币资金是指企业的银行存款和库存现金。

灌区应认真抓好结算工作，及时结算，收入及时入库，尽量避免呆账产生。严格执行银行结算和管理制度，严禁出租出借银行账户、白条抵库等违纪行为；一切营业外收入一律上交财务，不设小金库，不得私自挪用货币资金。

财会人员必经严格遵守财会纪律，各级领导应给予鼓励和支持，不应以领导身份越权违纪。

（五）收入和成本管理

1. 收入管理

（1）销售收入管理

为搞好灌区销售收入的管理，应做好以下几项工作：

①同用水管理部门配合抓好水费的计算和催交。

②对于综合经营产品，要认真编制销售计划，组织签订经济合同。

③做好生产销售平衡，快产快销，防止库存和积压。

④组织好产品的运输，及时发运，及时结算，及时回收货物。

（2）灌区积累的形成

在水资源条件好、经营管理水平较高的灌区，扣除一切生产支出和一定专项基金后，会有部分盈余。该盈余即为灌区的积累，除上交国家外，这部分积累应作为灌区生产发展基金、福利基金和奖励基金。

（3）增加灌区积累的途径

①努力发展生产。发展生产是扩大积累的基础，而扩大积累的主要目的之一，又是为了进一步促进生产发展，这是社会主义积累和生产的辩证关系。②降低成本。加强成本管理，充分调动广大职工积极性，增产节约，深入挖掘灌区内部潜力，控制活劳动和物化劳动的消耗，不断降低灌溉水及综合经营产品的成本，这是增加灌区积累的重要途径。③做好销售工作。扩大产品销售数量，增加销售收入，加强市场调查，实行"以销定产"，发挥销售对生产的促进作用，及时办理货物结算，保证销售收入的实现。④提高产品质量。这是增加灌区积累的重要手段，它意味着减少废品损失，降低原材料消耗，降低产品成本；同时，某些产品提高了等级品率，也将增加销售收入，从而增加了积累。⑤严格控制营业外支出。

2. 成本管理

灌区成本管理的主要内容包括：根据有关规定，及时编制成本计划；实行计划管理，对实际成本与计划成本进行对比分析；采取措施降低成本以及实行成本分级管理措施等。

（六）灌区财务管理制度

总结各地多年特别是改革开放以来水利管理体制改革实践经验，2002 年 9 月国务院颁布了《国家水利工程管理体制改革实施意见》，提出了水利工程管理体制改革的指导思想、原则、方法及措施，成为指导新时期灌区管理体制改革的纲领性文件。其中，对于完善灌区管理制度做出了如下原则性规定：

1. 建立和完善灌区资产产权管理制度

这是目前国有灌区管理体制中最薄弱的环节之一。在做好清产核资基础上，界定国家与农村集体、经营性与非经营性资产的具体组成，以确定国有资产到底由哪一级政府的哪个部门负责监督管理，由谁负责使用经营，形成严密的国有资产占有、使用、经营、统计报告和监督管理制度，提高国有资产使用效能，确保国有资产安全，防止国有资产有形或无形流失。经营性资产要实行有偿使用原则，其经营收入应全部或部分纳入灌区财务统一管理，使国有资产保值增值。农村集体组织的国有资产，要有具体的"业主"单位—农民用水合作组织真正对其负责。其中，由财政补助形成的资产，应当明确归全体用水户所有。在明确产权归农民用水合作组织所有的前提下，引入竞争和利益机制，通过竞价承包（所谓的"拍卖"）等多种形式，把经营管理责任落实到个人或小组。

2. 完善成本核算制度

灌溉供水和灌溉服务具有商品属性，灌溉水费属生产经营性收费。改善灌区经济效益和经济实力，必须严格成本核算，控制生产经营成本，减轻用水户不合理负担，提高投资效益。成本核算也可以为政府制定有关价格政策、投资政策、财政补助政策提供依据。在成本核算中，要划分清楚哪些是应该由政府补偿的公益性损耗和政策性亏损，哪些是应该由用水户承担的生产经营损耗。发电、生活供水及综合经营费用不应摊入灌溉供水成本。冗员过多增加的工资，不应计入灌溉成本由用水户承担，在核算生产经营成本的同时，还要加强社会调查，分析研究农业经营成本，分析水费在其中所占比重、灌溉的增产增收效益，总结出农民对水费改革的实际承受能力。

3. 严格收入支出管理制度

改进水费计收方法，提高水费收取率，避免水费收取中的截留挪用，是改进灌区财务管理的重要内容。水费计收与工程设施配套完善程度、计量手段、作物种类、基层灌溉管理体制等有密切关系，应当执行按合同计划供水，先购水后供水、计量供水、供水到户、按方收费基本水费与计量水费相结合、定额供水与定额用水累进加价，季节浮动，昼夜差价等多样的方式收取水费。政府下拨的抗旱补助费、水毁工程修复、节水改造专项补助资金等，更要严格执行国家有关制度规定。

作为生产经营性收入的灌溉水费，灌区有支配使用自主权，但它毕竟有公共资金性质，使用要公开透明，接受政府和用水户的监督，确保有限的水费收入用在灌区公共事业上，发挥最佳效益。

4. 建立健全灌区监督管理制度

在赋予灌区必要的经营管理自主权的同时，必须建立健全完善的监督制约机制。监督制约，一方面要靠灌区自我约束，另一方面要更多地发挥外部力量的监督作用。一是根据政府和用水户提出的要求，明确应当完成的任务目标责任，建立严格的目标责任考核制度，引入目标责任约束机制与激励机制，促使其提高工作效率，监督其完成规定的任务；二是建立灌区财务审计制度；三是建立灌区评估制度，通过政府有关主管部门或委托社会中介组织运用科学方法和指标，对灌区发展、目标任务完成、效益发挥、改革进展与效果等情况进行评估，对现状与过去进行对比，在灌区之间进行比较，找出存在问题和差距，明确今后努力方向和目标。

（七）灌区财务分析

灌区改造工程财务分析从财务角度，采用财务价格，根据国家的现行财税制度和价格体系，分析计算灌区改造后的财务收入和支出，考察项目盈亏情况，分析灌区改造工程的财务可行性。与灌区改造工程国民经济分析不同的是，财务分析是以改造后的灌区为财务核算单位，对改造后的灌区整体进行财务分析，确定合理的水价，分析其财务可行性。

1. 工程投资

灌区改造工程的固定资产投资包括两个部分：一为原有灌区固定资产投资，经资产评估部门评估后形成的固定资产净值；二为灌区改造工程固定资产投资，灌区改造工程投资分为骨干工程投资和田间工程投资。

2. 总成本费用

（1）基本折旧

灌区改造后所形成的固定资产，根据不同的灌区类型，考虑其使用过程中的损耗情况及其可使用年限，拟定灌区的折旧年限，并据此提取固定资产的基本折旧费。

（2）年运行费

年运行费的计算要考虑不同灌溉水源的灌区维持正常运行的费用，包括工资及福利费、水费、材料费、燃料费、动力费、维护费及其他费用。

①工资及福利费：

$$工资及福利费 = 人员工资数 \times （1 + 福利费） \tag{4-7}$$

人员工资一般参照当地实际情况，考虑福利 14%、住房公积金 10%、医疗保险 8%、养老统筹基金 17% 等项。

②工程维护费。工程维持正常运行维护及维修费用，一般按工程投资的比率计算，或参照类似工程分析确定。

③水费。灌区改造后，灌区引水量×当地供水水价为水费。

④动力费。灌区改造后，灌区用电量×当地工程电费为动力费。

⑤管理及其他费用。一般包括办公费、差旅费、科研教育费等，参照类似灌区的运行情况确定。

以上各项合计为工程的年运行费。

（3）流动资金

流动资金是工程改造后维持灌区正常运行周转所需的周转资金，可参照类似工程分析确定。一般可按工程投资、年收入的比例或经营成本的一定比例而定。

3. 收入

灌区工程改造后的财务收入，目前仍是灌区每年供水的水费收入。长期以来灌区供水水费低，增收困难，且由于现行的灌区管理体制和运行机制，导致灌区的不良运行方式，制约了灌区经济发展。为使灌区改造后，充分发挥效益，保证灌区可持续运行及水资源可持续利用，必须改革灌区现行管理体制和建立激励机制，确定合理的水价。

要为灌区良性运行创造必要的条件，应探索灌区可持续发展、水资源可持续利用的新途径。应改革现行水价，使供水价格在合理开发利用水资源和促进节约用水等方面起到经济杠杆的作用。

经营成本水价＝经营成本/灌区供水量，成本水价＝（折旧+经营成本）/灌区供水量

灌区合理的水价应在综合考虑供水成本、费用、投资盈余的原则下，要在经营成本水价的基础上，再考虑一定的投资盈余（即利润）盈余水价＝成本水价+投资×投资利润率/供水量，制定分类、分部水价，以此确定灌区收入。

4. 财务盈利能力分析

以财务净值、财务内部收益、静态投资回收期三项指标反映该项目的财务盈利能力及财务可行性。

财务内部收益率可根据现金流量表中的净现金流量，用试差法计算。当财务内部收益率大于或等于行业财务基准收益率（i_e）或设定的折现率（i）时，则在财务上是可行的。其公式为财务内部收益率：

$$\sum_{i=1}^{n} (CI - CO)_i (1 + FIRR)^{-i} = 0 \tag{4-8}$$

财务净现值是用 i 或将计算期内各年净现金流量折算到计算期初的现值之和表示。当财务净现值大于或等于零时，该项目在财务上是可行的。财务净现值其公式为：

$$FNPV = \sum_{i=1}^{n} (CI - CO)_i (1 + i_e)^{-i} \tag{4-9}$$

投资回收期（P_t）以净现流量累计等于零时所需的时间表示，一般在 10~15 年内回

收投资。其公式为：

$$\sum_{i=1}^{P_t} (CI - CO)_i = 0 \tag{4-10}$$

式中：$FIRR$——财务内部收益率；

$FNPV$——财务净现值；

CI——现金流量；

CO——现金流出量；

$(CI - CO)_i$——第 i 的净现金流入量；

P_t——投资回收期（年）；

第五章 大型电力提水灌区运行管理优化

第一节 大型电力提水灌区管理体制改革

一、灌区管理体制改革

近年来，我国的水利事业发展迅速，灌区面积不断扩大。自流灌区的迅速发展提高了粮食、棉花等作物的产量，人民群众的生活质量明显提升。随着水管体制改革的深入推进，公益类型的水管单位与准公益类型的水管单位全体职工的经费正式纳入财政开支，缓解了灌区管理单位收入不抵支出的问题，同时随着水管单位职工收入的增加，职工团队的稳定性大幅度提升，为我国水利事业的良好发展奠定了坚实基础。现阶段虽然水管体制改革事业实现了良好的突破，但部分大中型灌区的管理体制和运行机制还存在一些问题。

（一）灌区改革的基本原则

1. 产权政策

不论采取的改革形式是转让还是拍卖，现有的工程性质都不能变，仍然是国有水利资产，所有权不能改变，工程权属也仍然是水利工程所定的部门或者单位。改制之后由县（市、区）人民政府依照法规发放使用证，经营者仅拥有管理权、使用权和经营权。在行政管理部门的统一指导、规划下，工程的修建、管理、灌溉、维护、供水、收费等灌区相关事务都由经营者全权负责，不会受到行政等方面的干预。同时，还可以充分利用两岸闲置的土地从事养殖、种植和加工业。承包经营期限不要太短，但是最长也不能超过第二轮承包土地的期限。所有的承包经营活动要服从灌区改造、更新、续建、配套等建设，如果有上述工程立即解除承包合同。

2. 工程界线

渠道工程已经办理相关确权划界手续的，应该无可争议地把管理范围之内的土地转交给经营者。没有办理相关确权划界手续的土地，要按照排灌渠道的相关管理规定，有堤防的就从外堤脚开始量起，没有堤防的则从渠道上口的边缘处量起，干渠为 2~5 m、支渠为 1~2 m、斗渠为 0.5~1 m；如果是有交通要求的渠道，管理范围可以适当放宽，在做好群众工作的前提下，收回灌区的使用权，转给渠道的经营者。

3．投资权属

要鼓励大力发展民营水利，凡是符合水利投资要求、有利于节水工作开展的措施，水利部门都要优先考虑在资金方面给予扶持。为了提高工程效益，投资者可以按照工程具体标准恢复渠道以及续建桥梁、涵管、闸门等配套建筑物，也可以扩大工程规模，新建的工程遵照"谁建设、谁受益、谁管理"的原则，由投资者进行自主经营管理。

4．财税补偿

农业灌溉是带有公益性质的，由于我国现行的农业水价远远低于成本价，属于亏本运营，而且河渠工程又是一个容易遭受洪涝灾害而且风险比较大的基础设施，因此，税费等部门应该按照国务院 1993 年发布的国务院 136 号令，免去农业灌溉供水单位的税赋。如遇特大型自然灾害，工程损坏比较严重时，相关部门还要按照国有或集体工程的标准给予补助。

（二）明确大型灌区的基本特点及运行规律是促进灌区体制改革的重要条件

我国大型灌区管理体制一直以来都存在较多的缺陷和不足，如国家投资和农民集资共同形成的灌区固定资产，虽然名义上属于国家所有，但运行过程中却缺少专人管理，灌区相关设施老化损坏严重，运行效益降低，进而影响到农民群众的生产生活。另外，现阶段灌溉水费没有达到成本标准，实际收益不高。灌区管理单位虽然属于事业单位，但没有正式的事业编制，职工享受不到正式职工的待遇和福利，久而久之，工作积极性降低，职工团队的稳定性受到影响。随着改革的深入推进，大型灌区进行了多次的实践和改革，如采用经营承包方式、制定目标管理责任制度、成立供水企业等，在一定程度上提升了灌区的灌溉服务质量。

大型灌区与农民承办的小型农田水利工程存在较大的差异，推进灌区体制改革须明确大型灌区的特点，明确符合灌区实际情况的发展思路。灌区农业基础设施建设不以盈利为目的，是一项公益类型的建设工程。大型灌区的规模较大，需要耗费大量的建设投资，地方政府缺乏充足的资金兴建和承办。灌区服务的主要对象是农业，生产的主要商品是粮食，提高粮食产量和农民收入，有利于保障社会稳定，促进国民经济稳定发展。《水利产业政策》明确规定，骨干灌溉工程由政府直接拨款建设。灌区供水是确保农业生产稳定运行的重要保障，大旱时节若缺乏灌溉用水，农作物产量会大幅度降低，甚至绝收。政府投资兴建的灌区能为周围区域的农民创造良好的灌溉条件，确保农民群众的正常收入。

灌区的正常运行须适应社会主义市场经济环境，灌区供水是由运行管理人员劳动加工提供的，商品属性较为明显，与天然降雨具有一定的差别。灌溉服务的供需双方存在交易买卖关系，农民群众可使用灌溉水提高农作物产量，进而优化产品质量，提升经济效益。灌区在生产加工和农田灌溉过程中所产生的消耗，可通过用水户得到一定补偿。要想更好地维护和管理灌区工程，确保灌区工程稳定运行，须根据成本计算水费。为了提高用水户的成本费用承受能力，须高度重视粮食产量，保证粮食安全，以市场需求为基本导向，优化农业结构，提高经济效益，增加高附加值农作物的比重，灌区要共同经营工程设施与供水服务，全面把控成本，降低消耗及用水户的经济负担。用水户在开展灌溉服务时还要及时缴纳水费，受天灾影响的农户，正常收入得不到保障时，须及时调整灌区政策，并给予受灾农户一定的补贴。

灌溉供水与城市供水及工业供水具有明显差别，灌溉供水具有季节性和随机性特点，农作物生长过程中耗水较多的时间较集中，一旦错过了这段时间，后续的灌溉对农作物的作用不大。同时灌区供水易受气候因素的影响，气候条件和温度适宜的季节，用户无须过多的灌溉用水。极其干旱时需要的灌溉水量会显著增加，但现阶段灌溉用水无法很好地满足用户需求，给灌区稳定运行和发展造成了不利影响。

大型灌区现阶段不适合走入市场，无法为投资者创造更高的经济效益。灌区的核心在于为公众服务，且属于公共基础设施的范畴，相关部门要在适应社会经济发展的条件下，掌握灌区的特点及发展规律，推动灌溉事业良好发展。

（三）大型灌区管理体制改革的措施

一是灌区管理体制改革须基于灌区实际情况，从发展经济的角度，高度重视农业与农村经济的发展目标，充分掌握大中型灌区的地理条件、功能优势和工作性质等，突破部门、行业等的限制，对传统的灌区管理方法进行深入研究，挖掘优势，同时要积极吸纳国外先进的灌区管理经验。引导用水户积极参与，开展自主管理模式，推动管理体制改革。

二是政府投资兴建的大型灌区具有稳定的经济收入和自主经营权，要按成本计收水费，打造自我管理体系。大型灌区特殊的性质及法律地位须在相关法律政策中明确，现阶段关于灌区管理的法律政策还不够完善。

三是政府要及时承担相应职责，监督和管理灌区为农民群众提供服务的情况。但机构改革后，政府的管理职能降低，无法深入管理灌区的具体事务。因此，要引导与灌区发展紧密相关的用水户积极参与灌区管理工作，待条件成熟后分配给用水户自主管理，从而促进利益和责任的一致性，改善灌区设施老化、无人管理的状况，确保正常灌溉。明确灌区产权，设置专人管理，避免灌区设施被损坏，引导用水户明确大中型灌区体制改革的主要目标。目前限制灌区管理体制改革的原因有：工程配套设施不够全面，破损现象严重，仅靠用水户单一的力量无法实现良好管理；灌区管理人员大多是从国家干部转到用水户协会的，要想彻底转变思想观念须经历一定的过程；用水户主要指的是农民，大部分农民的综合素质比较低，缺乏丰富的管理经验，需要经过长期的实践和锻炼才能真正明确职责，承担职责。要及时完善配套设施，及时处理用水户自主管理存在的问题。此外，灌区管理体制改革须和政府机构改革同步进行。

四是以一些规模比较小的灌区为自主管理改革试点，引导用水户开展自主管理。开展灌区管理体制改革工作时要坚持先易后难的原则，循序渐进。选择一部分支渠，组建支渠用水户协会，对工程设施进行资产评估，按照相关政策将管理责任委托给相应的用水户协会开展专业化管理。用水户协会要依法注册、登记，合理管控灌溉设施，承担法律责任。协会还要向灌区管理部门缴纳充足的水费，灌区水费收取标准由用水户自主确定，防止水费滥用，缓解农民的水费压力。

五是灌区主要由用水户自主管理，但水务局不能对灌区管理工作完全放任不管。农业生产易受外界气候条件的影响，农作物生产过程中一旦遭受到自然灾害，产量就会大幅度降低，影响农民的正常收入，因此，政府要结合实际情况给予受灾农户相应的资金和物资帮扶。另外，政府要在灌区运行过程中为其提供信息和器械等服务，并给予相关工作人员专业性的指导。

六是流域水资源具有整体性，灌溉是水资源众多用途之一。灌区管理过程中要根据相关要求，综合利用水资源，承担起为城市供水、供电的责任，提高水资源利用率和灌区运行的便捷性。国外大部分大型灌区，政府都会为其颁布相应的经营优惠政策，并对经济效益进行综合考量，为灌区自主经营提供保障。对于灌区防洪和防涝等公益性活动，政府要及时为其拨款，缓解灌区压力，促使民生事业良好发展。

二、甘肃大型电力提水灌区管理体制改革实践

为把灌区管理工作纳入科学化、规范化的运行轨道，提高灌区管理水平，增加灌区经济效益，促进工程良性运行和可持续发展，建立适应社会主义市场经济条件下的灌区管理新模式。近几年来，兴电灌区在实施续建配套与节水改造项目的同时，在灌区进行了用水

管理体制改革。积极推行"用水户参与式灌溉管理"改革，按照"骨干工程管理企业化、支渠及以下田间工程管理社会化"的改革思路，在经过反复研究论证的基础上，结合用水管理实际，确定了"工程+协会+用水户"的群众参与式灌溉管理体制改革思路。在全灌区积极推广实施用水户自主管理体系，以支渠为单元成立了 65 个农民用水者协会，以斗渠为单元成立了 327 个农民用水小组，建立、完善各项管理制度和章程，将末级渠系的用水管理、田间工程管理和水费收缴交给农民用水者协会自主管理，彻底改变了以往灌区用水管理长期依附于基层行政管理体系的传统管理模式，减轻了工程管理单位的负担，杜绝行政搭车收费、截留挪用水费及加价收费等弊端此举不但减轻了群众负担，而且大大提高了群众自觉参与和维护本渠段工程的积极性。同时，水的利用率也得到提高，由原来的 93%提高到现在的 96.79%，仅此一项全灌区每年可节水 500 万 m³。据统计，自实施用水户参与式改革以来，全灌区每年可向农民减负达 500 多万元，每亩减负可达 35 元。同时，促进了灌区作物种植结构的调整，改变了以往种植品种单一、经济效益低下的局面。枸杞、四季豆、土豆等特色高效农业在灌区已形成规模，农业种植效益得到较大提高。仅土豆一项，灌区一年就创收 3 500 多万元。

一是建立健全各项管理制度，以制度创新促进用水管理步入良性运行轨道。近两年来，为切实推动用水管理步入良性运行轨道，密切工程管理处和灌区群众的关系。工程管理处根据灌区用水管理工作的需要，建立并完善了《用水管理制度》《工程管理制度》《水费收缴制度》《用水者协会章程》《用水户协会管理制度》《供用水监督措施操作办法》《稳配水操作管理办法》《供水收费公示办法》等一系列运作协调、适应灌区用水管理要求的管理制度，真正做到了有章可循、照章办事。这些制度的建立和实施，进一步提高了灌区用水管理工作透明度，真正使群众交上了明白钱，用上了公平水，灌区用水秩序井然，用水矛盾逐年减少，水费回收率每年都保持在 100%；同时，也进一步密切了干群关系，用水管理工作受到了灌区群众的肯定和赞扬。

二是加强员工的学习和考核工作。为进一步提高责任意识和组织纪律观念，建设一支优良的管理队伍，推动各项管理工作不断向前发展。近两年来，工程管理处采取各种行之有效的措施，坚持不懈地进行员工队伍建设。首先是抓员工的学习培训，每年不定期组织职工进行技能培训和学习，为保证培训不走过场，每期培训结束后都进行考试和测评，考试不合格的再进行培训，从而提高了职工的操作技能水平。其次是加大考核工作力度，工程管理处各单位根据工作职能及岗位特点都制定了科学合理的考核办法和措施，从"德、能、勤、绩"四个方面对职工进行考核，考核采取平时考核和年终综合考核的办法进行，考核优秀的进行奖励和晋升，不合格的进行调岗和处罚，从而真正达到了鼓励先进鞭策后进、激励工作的作用，为职工队伍建设工作建立了一种长效机制。同时，也为贯彻执行各项管理制度提供了保证。科技创新带动了管理水平的提高，管理创新推动了灌区各项事业的全面发展。兴电灌区的管理水平已步入甘肃省大型灌区管理的先进行列，安全保证率每年都保持在100%，工程完好率98%，设备完好率98%以上，能源单耗一直控制在4.3 kW·h/kt·m以下，渠系水利用系数保持在68%以上，水费回收率每年都保持在100%。

三、甘肃兴电灌区"用水户参与式灌溉管理"改革

（一）改革的思路和模式

工程自1984年建成通水以来，由于受计划经济体制的束缚，一是在管理上没有得到彻底转变，认为水利工程是国家投资修建的，是为整个社会和灌区群众服务的，强调的只是服务，而缺乏经营意识和水是商品的认识，喝"大锅水"思想严重。二是缺乏必要的补偿机制，水费收入不能及时到位，维修改造资金短缺，工程老化严重，水利用率不高。三是灌区群众管理组织有名无实，支渠及以下田间工程管护责任得不到落实，侵占毁坏时有发生，跑、冒、渗、漏损失严重，用水效率较低，严重影响了工程充分发挥。四是灌区水费搭车现象严重，不但加重了农民负担，而且影响了水管单位和地方政府的关系。针对上述问题，兴电工程紧紧围绕大型灌区"两改一提高"的指导思想，借鉴其他灌区改革的成功经验，确定了"工程+协会+用水户"的群众参与式灌溉管理体制改革思路。

改革的目的定位在三点：一是彻底打破把灌区用水管理依附于基层管理政权的传统模式，实行用水管理与基层行政管理彻底脱钩，建立用水户自主管理的管理体系，杜绝搭车收费等各种弊端的发生；二是建立真正的水商品买卖关系，群众交明白钱，灌明白水，水管单位计量收费，保证水费全额回收，以减少中间环节，杜绝截留挪用水费；三是把支渠及以下田间工程交给群众自己管理维修，减轻水管单位经费负担，同时群众在加强维修管护中减少水量损失，提高利用率，减少水费支出。

（二）改革的具体做法

1. 宣传动员，调查摸底，进行规划

一是广泛利用广播、电视、报纸、散发传单和张贴标语等多种形式，向灌区广大群众进行深入的宣传；同时，组织工作人员深入灌区，宣传改革的方针、政策、目的和意义，解释"参与式灌溉管理"的好处和作用。通过深入细致的宣传，提高灌区群众参与用水管理的积极性，形成改革的共识。二是组织人员对灌区基本情况进行全面普查，摸清工程底

子，绘制了以 65 条支渠和 327 条斗渠为单元的管理体系示意图，对支、斗渠工程状况、所辖土地面积、用水户数、人口、农户经济状况等全面统计造册，弄清了管理工作中存在的问题和矛盾，摸清了工程"家底"，为改革工作提供了一套系统完整、内容翔实的基本资料和科学依据。

2. 推选用水户代表，制定协会章程制度

组织召开群众座谈会，征求群众意见，推荐用水户代表，召开斗渠用水户代表会议选举各斗渠用水组组长。同时，与用水户代表和用水组长共同酝酿讨论并起草了《用水者协会章程》《用水者协会管理制度》《会员守则和权利》《用水者协会会长职责》《用水组组长职责》等章程制度草案，为保证协会和用水组科学规范运行，真正发挥其职能作用打下了基础。

3. 召开用水户代表大会

选举协会会长、执委，表决通过协会章程制度，组织召开用水户代表大会，从选举的用水组长中选举产生协会执委会，从协会执委中无记名投票选举产生协会会长。讨论修改并表决通过协会章程及各项管理制度，由此组建了协会管理机构，建立了工作机制。同时，新组建的协会全部投入实际运行。

4. 确定协会办公地点、完善办事程序，规范协会运作

一是同各协会会长、执委会成员召开座谈会，确定协会办公场所，经民主协商，部分会长在家中挪出空房，作为专门办公点，部分办公地点设在村委会；二是对协会办公场所进行了统一布置，协会的章程制度、情况简介、管辖区域平面示意图上墙，办公资料如会议记录、水费收据、用水户配水记录、用水户配水通知单、购水水票等资料全部收集协会管理，供群众查询，并给部分协会配备了办公家具；三是在确定协会办公地点的同时，指导协会照章办事，每次协会召开会议必须有会议记录，每次灌水结束后必须对用水户的供水收费情况进行公示，进一步规范协会的运作；四是落实好"四监督""一会""一公开"制度（将协会运作纳入执委会、用水户、地方行政组织和水管单位的共同监督范围、公开协会日常工作、督促协会定期召开执委会议）；五是对个别工作不到位、积极性不高、群众意见大的用水组组长进行改选，强化协会和用水组的组织领导，对章程制度在运行过程中暴露出的弊端及时进行修改完善，保证协会和用水组规范运行。

5. 建立监督机构

针对协会不受地方行政组织和水管单位的干预，在实际运行管理中缺乏一个有效监督机制和社会监督的责任主体这一问题，成立了由水管单位、乡镇驻村领导、村委会负责人

和用水户代表组成的一个有广泛代表性的监督组织——农民用水者协会监事会，每个监事会组成人员7~9人。在65个协会成立了64个监事会，会长由各乡镇主管农业的领导担任，组成人员中乡镇领导35人，驻村干部13人，村级负责人41人，水管人员23人，群众代表175人。监事会的成立，既发挥了地方行政组织的服务、协调能力，又充分发挥了水管单位的专业管理职能，同时又充分调动了广大用水户自主参与用水管理的积极性。其职责是：广泛听取和反映用水户的意见、建议，对协会日常工作进行规范指导和监督，及时督促协会、用水组向用水户公布水费账目和对斗渠工程进行维修管护，调解水事纠纷和处理群众投诉，督促协会按章程制度办事。

6. 实施田间工程用水户自主管理

针对农村税费改革后劳动义务工、积累工，田间工程的清淤、维修、筹措资金、投工投劳出现困难这些问题的实行须经村民会议一事一议制度。将支渠维修管护任务划分到用水组，斗农渠的管理和维修技用水户受益面积大小划分到户。将斗农渠的管理和维护责任明确到用水户，设立明确标志，明确管理责任和措施办法。完成了83条斗渠的丈量和划户管理，涉及斗渠长度9.8 km、农户3 835户、灌溉面积0.36万m^2。

（三）改革后用水者协会的运作方式

1. 用水管理

每年春灌前由各用水组组长负责统计作物种植面积、种植结构，制订出本组各轮次及年度用水计划，经群众代表会议讨论通过后，向协会申报，协会综合各用水组的用水计划，制订出本协会年度及各灌季用水计划，经协会代表会议过论通过后报水管单位。供水过程中，由用水组长按政策规定水价向农户收取水费后到水管单位购水，水管单位根据各用水组所购水量和协会申请流量，配水到用水组，由用水组长配水到农户。供水结束后用水户与组长在用水户配水记录本上算账签字。用水过程中发生的水事纠纷由协会配合监事会协调处理。在每一个灌水轮次结束后三日内，由用水组长公示各用水户用水量、水费长欠，使用水户做到心中有数。

2. 工程管理

每年春季，协会、用水组组织召开协会代表大会和群众会议，讨论和制订本年度支斗渠维修计划。在支渠管理维修上，大的工程改造维修由水管单位负责，日常维护和岁修，由水管单位派技术人员和资助材料（如水泥、预制构件等），由协会组织维修。在斗渠管理上，由用水组根据各用水户灌溉面积的大小划到户，由用水户负责管理和维护。每个灌季开灌前，由协会、监事会共同组织检查和验收，验收不合格的不予放水。

（四）改革后用水户参与管理的具体方式

一是给用水户以知情权。流量、水量、水价、水费要及时进行公示，要为用水户提供了解渠道，水管单位可通过水管所支斗口流量公示牌、支斗口流量水尺公示单，让用水户明白自己灌水的流量、时间及水量，用水组在每一个灌水轮次结束后要及时在公示栏公示各户本轮次的购水量、灌水量、水价及水费余欠；各用水户每次灌水结束后与斗渠用水组长结算水账，在"用水户配水记录本"上签字，结算水费。通过这三个环节，让用水户了解协会及水管单位的供水过程，做到明白用水、公平缴费。

二是给用水户以发言权。各斗渠用水组要经常召开群众会、用水户代表会议，各支渠用水者协会要定期召开代表大会。让用水户自己选举的代表在会议上提出对用水、收费、田间工程管理的意见和建议，反映存在的问题，闭会期间可以直接向监事会、水管单位反映意见，要求处理有关水事纠纷。

三是给用水户以监督权。协会监事会要通过与协会召开座谈会，检查协会、用水组的水账、公示情况、田间工程管理维修情况及各项费用支出情况，监督协会、用水组按量程规范运作。对存在的矛盾，根据会员权利直接向监事会、水管单位反映，要求进行调查处理。

四是给用水户以决策权。制订协会年度及轮次用水计划、作物种植结构调整方案、田间工程维修改造计划、投资投劳方式、费用收缴结算都要通过协会会员代表会议讨论和表决通过，用水户通过自己选举的代表充分行使自己的决策权。而定期选举更换本组的用水户代表、代表会议选举斗渠用水组长、协会执委会委员及会长，用水户完全按照自己的意愿把能为用水户服务的人选举到岗位上以充分体现民主权利。

（五）改革取得的成效

改革从根本上理顺了灌溉管理体制，有效减轻了农民负担，水资源得到了有效合理的利用，保证了良好的用水秩序，调动了灌区广大农民用水户投资工程建设维护，发展节水高效农业的积极性，使以灌溉农业为主的灌区经济出现良好的发展势头。

1. 减轻了农民负担

解决了水费收缴中由村社代收代扣农业税、"三提五统"等搭车收费问题，协会水管人员的报酬由工程管理处按 0.005 元/m^3 支付，明确用水户除政策规定的水价，即 0.24 元/m^3 向农民收取水费，再不缴纳其他费用。如 2003 年，斗口供水 6 680 万 m^3，水费收入 162 万元，返还协会、用水组 33.4 万元作为协会、用水组管理人员工资和护渠费用，取消了中间环节，加价收费、截留挪用的问题得以彻底解决。农民不再承担支渠以下渠系水管人员报酬，通过节水，减少浪费，亩均年节水 28 m³，每亩年可节约水费开支 25 元，人均减负可达 35.7 元，全灌区每年减负可达 500 万元。

2. 促进节约用水，扩大了灌溉面积

协会成立后，管理制度规范有序，协会能够协调解决用水户之间的矛盾，在灌水高峰期有计划、按次序轮灌，作物适时灌溉，缩短了灌水周期，狠水深灌、大水漫灌等浪费水现象减少，平整土地、大块改小块、地膜覆盖等节水措施的实施，降低了灌水定额，减少了水量损失，提高了水利用率。据统计，自实施参与式改革以来，全灌区平均灌水定额由每亩 110 m³ 降到现在的 103 m³ 以下，平均亩次节水达 6~8 m³，年可节水 400 万 m³，为扩大灌溉面积创造了条件。改革四年来，灌区群众通过沿渠扩灌、恢复改善灌溉面积等措施，发展有效灌溉面积 7.76 万亩，使全灌区有效灌溉面积由改革前的 17.85 万亩增加到 2005 年的 29 万亩。

3. 促进了作物种植结构调整，提高了种植农业效益

以前，用水机制不活，轮次无保证，作物种植结构调整不到位，农业效益增长缓慢，粮食作物种植面积大、高投资、低收入。用水者协会成立后，围绕"水"字做文章，引导农民发展高效经济节水农业，实行区域化种植，形成规模农业。早洋芋成为主导产业，种植面积每年都稳定在总种植面积的 30% 以上，每年都保持在 6 万亩以上，仅此一项农民人均每年增收可达 300 多元，全灌区每年可增收 3 500 多万元。五合三支协会向银行贷款 125 万元，建成了高效日光温室 300 座，蓄水井 600 眼，棚内蓄水池 300 个，配有滴灌设备 300 套，每座温棚年收入可达 7 000 元，有效提高了种植效益，促进了可持续发展。因为灌溉轮次缩短，供水及时，灌区群众大力发展日光温棚蔬菜、枸杞、四季豆、中药材、玉米制种等高效经济作物，有力地促进了灌区经济增长，增加了农民收入。

4. 密切了工程同用水户之间的关系

协会成立后，工程与协会成了买卖水商品关系，工程送水到斗口，指导用水和监督水价，协会负责放水、管水、护渠、收费和缴费"水量、水价、水费"实行三公开，增加了用水透明度，用水户交明白钱、灌公平水。水管单位计量收费，减少了中间环节，杜绝截留挪用，保证了水费足额回收，水费回收率每年都保持在 100%。发生水事纠纷、违反水价政策的人和事，监事会和水管单位配合协会共同处理，消除了以前群众对工程的片面看法，增加了相互之间的理解和信任。

5. 田间工程的管理责任落到实处，提高了水的利用率

协会成立后，支渠以下田间工程移交用水户管理，农民逐步认识到自己是工程的主人，增强了工程管护责任心和自觉性，原来认为工程管护维修是水管单位的事，对破坏水利工程行为视而不见，现在是人人维护，个个关心，斗、农、毛渠畅通，为下游输水提供了保证，减少了跑、冒、漏损失，提高了水的利用率，渠系水利用率由原来的65%提高到现在的68%。仅此一项全灌区年可节约用水200万m³。

（六）存在的问题

协会实行自主管理，客观上存在困难，一是斗渠、农渠经过近20年的运行，投资主体不明确，管护责任不清，老化失修问题普遍存在，虽然进行划户管理，但部分用水户经济负担承受不了，目前划到户的都是完好率较高的，单靠水管单位的资助也是杯水车薪，存在着部分用水户无力接收和拒收的现象；二是协会运作经费问题，协会执委会人员的报酬，不应由水管单位承担，应由用水户承担，但目前仍未得到解决，给水管单位造成了一定的负担；三是包括地方政府在内的各个方面对灌区改革工作的思想认识还需要进一步提高；四是政策问题需要进一步研究解决，由于灌区用水体制改革牵扯到各方面的利益，付诸实施离不开政府的支持，只有在各级政府的积极支持下，灌区改革工作才能顺利实施。这些问题都值得引起重视，认真研究和探讨。

第二节　信息背景下大型电力提水灌区运行管理优化

一、灌区运行管理中信息化建设现状及需求分析

灌区本身是一个非常重要的生态系统，具有社会性、开放性的特点，是依靠自然环境、自然资源所提供的条件和人为建设和管理的工程系统所构建的。对于现代农业生产来说，灌区本身是非常重要的农业生产保障。在当前信息化技术快速发展的形势下，灌区运行管理工作的开展也应该从更加科学的角度对信息化技术进行运用，更加广泛地对灌区运行管理工作进行优化，做好信息的采集和加工传输，为具体运行管理工作的开展提供可靠、准确、有效的依据，保障灌区运行管理水平和效率。灌区的实际环境条件较为复杂，并且区域范围较为广泛，很多灌区都位于一些较为偏远的地区，时间和空间上的跨度较大，这对于整体信息的交流会产生一定的影响。如果实际运行管理过程中存在信息不对称

的情况，那么很容易导致运行管理活动的开展受到一定的影响。针对这方面的问题，应该从更加科学的角度，对于信息化管理模式进行落实，让信息化管理手段得到更好的运用，发挥出信息化技术应用所带来的价值。

灌区运行管理信息化建设的需求。在灌区运行管理中，信息化建设工作的开展应围绕测控、信息传输以及软件系统几个不同的方面来进行。测控系统是对灌区运行管理中相关信息收集的一个重要的环节和手段，通过对信息进行收集和转化，利用数据化的手段对信息进行上传，为相关控制决策的制定提供信息方面的支持。信息传输系统则是负责对各类信息数据和指令的传输，是整个信息化网络的重要信息基础和结构组成。而软件系统是负责对所收集的数据进行分析，并且制定相应的决策和分析，从而达到整个灌区运行管理工作的开展目标，制订科学的运行管理计划。

（一）信息化测控系统建设需求分析

一般来说，灌区内部信息化控制需要对泵站和闸门进行控制。在泵站的控制上，可以依据和采取工业化自动控制技术的方式，并配合机电设备改造、节能改造等需求，完成相应的工作目标。通过信息化手段，对于不同泵站之间进行更加合理与高效的调度。对于闸门的控制上，则通过有开度调节和无开度调节两种来对分水、节制和泄洪闸进行控制。目前技术主要是针对传统螺杆、卷扬、液压启闭机的控制系统增加自动控制功能，除实现远控、遥控、集中控制之外，还能根据上下游水位实现过流量、闸位开高等闭环控制。具体来说，前者就是信息中心（一般为管理局）、信息分中心（一般为管理站）或闸控点（一般为管理所），无须到闸门所在现场就能直接进行启或闭的操作；后者则是指给出一段时间内指定的流量或闸位开高的目标值，由闸门控制系统现场自动调节。

1. 信息网络建设的分析

在信息网络的建设上，其实现了对灌区内部一体化建设工作的重要承载式，整体数据传输的必要途径和基础。在现阶段网络建设的过程当中，主要采取自建网络和利用公网的方式来实现通信。无线网络和有线技术进行充分的搭配来完成相应的信息传输系统的构建。在当前技术的应用上，有线技术主要通过利用电缆、光纤等方式进行传输。无线技术则利用 GPRS、超短波、微波、4G/5G 等技术。一般来说，灌区的地形相对复杂，位置较为偏僻，通信条件十分有限，如果采取单一的技术，很难对实际信息通信方面的问题进行全方位的满足。在灌区运行管理中心，信息化建设工作的开展，也逐渐采取混合网络的方式。随着当前公网技术的快速发展，很多灌区本身在网络组建的过程当中，为了进一步提升整体网络的安全性、稳定性和降低后续维护成本，现阶段已经逐步增加公网技术的应用比例，并获得了良好的实践成效。

2. 软件系统建设的分析

灌区信息化运行管理，软件系统本身是非常重要的核心组成部分。做好相关软件系统的建设工作，可以进一步提升整体信息化管理的水平，并且借助计算机软件系统来实现对数据的高效分析，提升了决策的精准性。在实际信息化建设的过程当中，我们也应该从更加科学的角度来关注当前关于运行管理的一些侧重点，在软件系统建设的过程当中，应突出特色，确保足够的适应效果。在软件系统的建设上，应该考虑到灌区本身由于存在较大的差异性，在具体软件系统建设过程中，要加大投入，从更加科学的角度来落实相关工作。

（二）灌区运行管理中信息化建设现状分析

灌区运行信息化建设工作，相关的资金投入十分有限，并且有关的系统本身建筑上也缺乏足够的配套设施，对于当前根据本身的具体运行管理上，难以给予有效的支持和配合。部分灌区虽然对于水情信息进行了采集，并且设置了相应的阀门控制系统，但是由于相关资金落实不到位，很多采集数据在实际的应用上也没有得到有效的保障，整体灌区的信息化管理水平有待进一步的提升和发展。与此同时，部分灌区本身信息化建设工作的开展上，相关的认识也不够深入，很多信息化建设工作的推进，也没有得到有效的执行。从整体上来说，灌区运行管理信息化建设工作的开展，对于人才的专业素质水平也有很高的要求。而在具体工作的落实中，由于技术方面的制约和限制，也会导致相关信息化系统的建设上难以对当前灌区的具体业务流程进行适应，整体缺乏足够的适用性。

（三）灌区运行管理中信息化建设工作的推进思路

1. 实现专项管理

对灌区管理信息化建设工作来说，为了保障相关工作的顺利开展，就必须从思想认识上重视相关工作的落实，并且成立专项管理队伍，负责相应的工作。结合信息化建设的具体需求，提前做好科学的规划，并且将"分步实施、逐步完善、急用先办、边建设边受益"作为重要的工作原则，切实有效并及时地对信息化建设的优势和效益进行发挥。在具体工作中，也应该做好全方位的监督和保障，为后期工作的开展提供有力的支持。

2. 做好网络化系统的构建

灌区的运行管理，网络体系的构建也是非常重要的。一般来说，灌区本身的地理位置相对分散，不同区域本身的通信条件存在一定的差异性。在具体网络系统构建的过程当中，应该基于当前的因特网来进行架设，配合远程互联、局域内网、云技术等，打造一套更加全方位的信息化管理体系，对于不同灌区进行有效的联系，实现网络化管理，提升沟通交流效率，降低和减少管理工作开展中存在的阻碍和限制。在网络系统构建上，也应该考虑现阶段灌区运行管理工作开展中相关数据传输、资源共享、适时交流、协作办公、信息反馈等实际需求，提升信息共享效率。网络系统的有效构建，是当前信息化建设工作的重要物质基础，同时也是保障信息化工作有效落实的必要前提。

3. 水情监测系统的应用

管理过程中，做好水情监测是非常必要的措施，这也是当前信息化建设管理工作的一项重点内容。在整体水情监测系统构建上，应该对当前灌区的实际水情进行全方位的反映，并且通过利用水情自动测报系统实时采集灌区内部水情的实际信息和数据，及时进行信息的上传，为相关管理决策工作的开展提供相应的知识。在水情监测系统应用过程中，也应该引入自动化管理方式，提升水资源调配的自动化水平，减少人为影响和干预，提升整体工作效率。

二、信息化背景下景电灌区泵站运行管理分析

在信息化时代背景下，我国许多水利泵站已经基本实现了信息化、智能化的建设，并且其中有部分的水利工程也将泵站作为十分重要的枢纽环节和中转点来实现水运的调配。但在这个过程中，需要注重进一步提升其运行的质量及效率，节约成本。不论是农田的浇灌或是城市的内涝排洪调配系统等，都要实现一种自动化运营状态。考虑到仍然有许多地区的水利工程泵站运行系统的建设，其信息化建设水平仍然较为落后，因此更是需要从信息技术的手段入手。

（一）泵站信息化建设概述及内容

1. 泵站信息化建设概述

泵站在水利工程中占据十分重要的地位，对于水资源的合理配置以及持续性供水、实现抗涝等方面均有积极的促进作用。但考虑到目前我国水资源分配不够均匀以及不少地区都在积极地进行泵站的建设，致力于解决局部的干旱以及水资源短缺等问题。与此同时，泵站也可以充分地利用农田周围的水源进行农业的灌溉。在保障城市用水以及与其他水利工程相比，泵站无须再次配置挡水或是引流的设施，但是这种建设成本较低，不会引发其

他方面的环境污染。其也有着极高的综合效益，但考虑到泵站工作量本身巨大，导致后期维护和保养的成本较高，因此仍然需要技术人员再结合当地水资源分布的实际情况展开运营管理，这样能够发挥出泵站更大的优势和作用。而针对当前的地级市而言，考虑到许多地区的泵站现场会有多台共同控制的单元、测量或是监控泵站主机以及配件店和辅机设备等。到了控制单元中，也包括状态监测单元、微机保护装置和安全检测单元等。而上述各个单元所采用的网络技术都会连接及占空其内部的多个服务器和计算机。而在计算机的整个监控系统中，若是利用监控的主机，也能够十分清晰地展示出泵站的实际运行状态和相关的数据，特别是在异常的故障情况下，还能够及时发出警告。在实时统计以及泵站的运行数据以后，确保泵站工作人员能够实施集中控制以及监视泵站机组和其他的设备。需要能够及时展现出测量单元的相关数据分析采集，再加上不同子系统中都会包含上位机，也能够基于信息化的角度实时展示测量单元的数据分析整合的结果。基于管理而言，会包括管理信息系统和局域网。

2. 泵站信息化建设内容分析

第一是远程控制信息化泵站。

其一，控制箱：控制箱需要安装电源开关和电源指示灯，系统利用断电方式使系统复位。将故障指示灯、状态指示灯以及水源指示灯设置在系统中，确保泵站运行人员能够直观了解到泵站运行情况。

（1）电源接入与电源输出控制：控制箱电源为220V，控制箱提供电源输入，并且将该电源作为开关量传感器输入与中间继电器输出的驱动电源。

（2）获取泵站电参数。控制箱通过电参数模块能够获取泵站电参数，采用三相三线接入。

（3）输出/输入端子：输入端子包含多个开关量，输入电压控制在24 V。系统可以获取各开关量状态，0号码端子属于公共端子。输出包含多个继电器常开充电，触点电压可高达220 V，电流最大可达5 A。

其二，泵站预设参数与逻辑控制：泵站预设参数包含泵站IP号，泵站电流互感器比值、账户通信方式等。控制逻辑主要采用水参数控制逻辑实现，能够有效处理泵站异常情况。电参数控制逻辑标准为基准电流数。根据泵站实际运行情况能够明确泵站基准电流数。通过控制箱控制主板进制码设定泵站基准电流数，有效值为255 A以内。

第二是硬件配置。①系统登录。泵站远程控制子系统主要是采用iOS与安卓系统所定制的App，使用手机号能够登录系统。②系统监控。监控功能主要包含机组控制、告警控制、运行控制以及图片视频。采用硬件监控终端能够控制机组运行，获取运行温度和电流电压等参数。通过硬件监控终端控制告警机制，能够对机组离线、门禁以及运行告警等进行监控。利用手机 App 能够控制机组，远程启闭站房门禁系统。

（二）信息化背景下景电灌区泵站运行管理存在的问题

第一，管理人员认知不清，管理水平有限。随着水利工程的发展，随着对工程建设规模和资金使用要求的进一步提高，对于整个水利工程的管理和使用过程，以及关于在工程运营中的管理与建设，也常常成为这个过程的工程管理者和科研人员所关心的主要话题，但相应来讲，工程管理中受到重视的技术水平也随之降低。从现场管理工作的实际状况分析可知，在现场的管理中，具体的员工对自身的工作任务范围和工作任务不够了解和明确，使管理工作的实施出现形式化。此外，在泵站的工作中，科学管理的进行也要求职工对一些相关的运行控制与管理维修技能具有相当的掌握能力。实践中，由于其在主观认知上没有掌握并提高自己的主动性，同时在知识上对前沿的科学技术和其理论的掌握以及学习技巧方面又出现欠缺，致使其在这方面的实践水平和层次很低，也给其实际的专业发展带来了直接的困难。

第二，管理工作缺乏制度约束。虽然从形式上来说，水利工程建造与运营应当符合有关泵站运营管理的有关规定。但就规章制度本身的全面性和实用性方面来说，因为许多泵站对规章制度的建立工作缺乏充分的关注，以及对泵站实际运行中的几个重点方面没有进行了解和对其敏感性，使规章制度的建立在合理性和针对性方面存在不足，许多规章制度仅仅在形式上达到宏观管理和调控的效果，而没有对泵站的安全运转以及具体项目的实施带来帮助。而规章制度的建立，是对整个水利工程基本建设以及泵站工作宏观上的重要方面，必须得到充分的关注并加以建立和健全。

（三）信息化背景下景电灌区泵站运行管理优化策略及具体应用

1. 优化策略

第一，构建科学的泵站运行管理机制。为了切实有效地提高全国中小型泵站运营管理的实际效果，首先，需要建立健全运营管理机构。在实际的运营管理过程中，要明晰工作人员的职能和权利，进一步提升技术人员管理的政治思想重视程度，要从严把控行业的备案登记规范，建立权、责、利相对分明的机制，把主要责任分配在具体实施的工作人员上，如果发现重大问题也要进行问责。其次，要引进企业奖励制度，充分调动职工的主体能动性，积极地探讨更加科学、先进的运营管理方式，以进一步提高泵站的运营水平。最后，规范内部的规章，进一步推动人事管理体制改革创新。调整泵站建筑物内部管理架构，按照任人唯贤的用人选拔理念，让真正的优秀科技管理人员担任公司主要领导职务。

第二，进行科学完善的设备保养并完善泵站经营机制。由于泵站的工作管理质量直接关系到当地的水资源使用状况，所以工程技术人员必须充分注意小型泵站的设备管理情况，并按照工程的实际需求，适时进行检查小型泵站内各部分的设备零部件，并经常做好对机房的清理工作，以防止因为长时间没有管理而造成机械腐蚀等现象。另外，工程技术人员还要定期检查各种水电设施能否保持工作正常，并对零部件做好防水、防尘等措施。在排涝工作期间，还要对各种设备做好重点的保养，以及时消除工程的安全隐患，并根据工作状况做好记录，以保证工程后期管理的科学性和严谨性。各级地方财政必须加强对水利工程的基本建设投入力度，并定期开展对泵站技术的更新改造。同时，还要通过多渠道、全方位的融资途径，充分发挥地方企业、地区、社会团体和个人的资源力量，积极做好对泵站项目的投资建设，以便提升经营效率。

第三，注重排水泵站运行节能管理系统实际应用。泵操作指示系统是依据泵站的水井液位变动状况合理判断泵工作状态。并在此基础上，深入结合水泵特性曲线问题，使水泵速度的难题得到解答。与此同时，还应主要针对排水单耗信息、速度信息等方面进行了合理分析和计算，以明确各个自来水泵速度的节能目标位置。泵站的数据分析通信功能管理系统主要是根据 OPC 模式和 PLC 监控站的运行工作原理，进行对数据处理情况的互动管理，从而使泵站实际集水井中液位高度的情况能够合理确定。重点针对单元时段内出水流量、能源问题等相关信息数据分析，进行计算结果的运算过程，并根据计算结果以命令方式下发工作指令，从而使水泵调节的效率能够实现预期。

2. 具体应用

第一，计算机监控系统。在信息化背景下，泵站运行管理与信息化系统相结合，能够发挥出计算机系统中数据采集等作用，还可以整合归纳主机和辅机的数据，将数据衔接，以此能够实现调节和控制，以及数据的分析、诊断等，更能够优化泵站系统的应用，通过视频的形式实现数据信息的传输，这样的传输系统更加人性且便利，还能够提高实效性。特别是在数据的采集阶段，主要是通过采集功能的电压、电流数据，而并非汇总非电量的数据，例如集水井以及叶片角度等。其中，也包括模拟量的处理、开关量处理或是数据统计计算等。对于储存和处理的数据而言，可以根据电量的需求、时间需求等加以储存，或是操作泵站及执行的命令，也能够有效地查看并及时地排查故障系统的内容，更能够优化整个运行系统的状态。或是对于水闸以及泵叶片和励磁调节以后，针对监控系统及报警系统而言，这也是主要针对监控主机组以及配电运行组状态的监测和分析，从中了解运行的参数，再详细记录开机和停机等多方面的问题。在自行恢复上，这项功能也能够深入了解硬件及软件的状态。及时切换设备并发出报警，对于调节和优化功能，不仅能够很好地控制应用的顺序，更能够提高操作效果。

第二，状态监测系统。考虑到许多泵站配电站的主机机组很容易出现故障的问题，因此，引入先进的信息技术提升整体的监测状态至关重要。而状态监测系统中会包括电气故障以及非电气故障这两个部分，其中前者能更好地保障微机装置保护效果。后者是因为泵站计算机控制效果不佳，若是检修人员很难了解故障发生的原因，可能会耽误故障最佳排除的时间，以此来提高运行效率。因此在具体检测的过程中，要注重了解主机组故障的情况，这类故障可能是水泵叶轮外壳振动过大或是噪声过大以及温度异常所造成的。因此，在故障排除的过程中，需要先分析故障产生的原因，了解机组的相关参数，并排除故障。与此同时，对于主变压器的故障而言，考虑到这类故障中会包括主电机油温度异常以及绝缘损坏等。因此，检修人员需要进行故障的观察和表现，对此，要及时地更换损坏的装备。而针对控制系统或是辅机故障等问题，考虑到这种问题更多是因为冷却时中断以及油缸的油液不足所造成的，因此在进行检修维护时，需要检测具体的参数内容。如无法明确故障的问题，更是需要采取数据挖掘的方法来探究故障产生的原因，这样也能够避免更大的安全事故。

第三，泵站信息管理系统。通常情况下，泵站信息管理系统能够实时监控计算机系统运行数据，分析和处理各项运行数据，将处理结果提交至相关主管部门，确保主管部门利用数据连接方式明确系统运行状态，分析和研究潜在的安全隐患，并且提出高效的解决措施。另外，该信息管理系统还能够接收上级指令与数据，合理安排工作任务，以此促进系统安全稳定运行，还能够确保管理模式的信息化和自动化。泵站管理人员应当注重管理和维护泵站：其一，合理安排维护人员、票务人员和值班人员，在设置岗位时必须立足水利工程的实际需求，利用网络模式提升管理效果；其二，注重监管和优化网络，此种监管方式能够实现远程调控，实时监控泵站的运行状态，及时跟踪数据信息；其三，泵站人员应当注重存储和计算数据信息，为后期应用提供数据依据。

第四，视频监控系统，按照泵站运行情况，合理设计安防系统。将摄像头和红外探测器设置在防范区域内，当无关人员进入红外探测器防范区域内时，探测器会发出警报声。安防监控设备也会发出警报声，提示非法入侵，能够起到预防犯罪的功能。该系统具备图像侦测功能，视频监控范围内捕捉到异常现象时，会以短信方式提示管理人员通过视频显示器能够了解到现场实际情况。系统在发现异常问题时能够在短时内拨打预设电话号码通知管理人员，管理人员可以通过远程电话监听现场。

第三节　景泰川电力提水灌区泵站运行管理优化

一、电力提灌泵站的运行与管理

电力提灌是利用机电提水设备及其配套建筑物进行提水灌溉的工程设施，通常用于不能自流灌溉、排涝或采用自流方式进行排灌的不经济场合，它在运行中要消耗能源，花费较多的维修费用，因此其运行与管理工作尤为重要。

泵站管理包括组织管理、技术管理、经济管理等，主要内容和任务是：根据泵站技术规范和国家的有关规定，制定泵站的运行、维护、检修、安全等技术规程和规章制度；做好泵站的机电设备、工程设施、供水、排水等管理工作；完善管理机构，建立健全岗位责任制，提高泵站职工队伍的政治素养和业务素质；开展技术改造、技术革新和科学实验，在运行、维修、保养方面应用和推广新技术。

甘肃省景泰川电力提灌工程（简称景电工程）地跨景泰、古浪两县，是一项高扬程多级站的电力提灌工程，为景泰川干旱地区农田灌溉、人畜饮水创造了良好的用水条件，应管好用好泵站工程，充分发挥其经济效益，更好地为地区农业和经济发展服务，因此，加强泵站的安全运行与科学管理工作十分必要。景电工程运行 40 多年，总结和积累了丰富的运行管理经验。

（一）泵站机组的安全运行

1. 泵站上水前应满足的条件

一是认真清理拦污栅前杂物，对渠道内的杂草提前集中清理焚烧，以减少劳动量。二是检查前池水位观测装置闸阀和管路是否完好，观测管要清洗干净并注入清水。水源泵站要提前两天观测报告黄河水位，并适时监测黄河含沙量。三是对电动机及检修过的水泵进行详细检查，包括联轴器连接螺栓是否齐全、紧固；轴向间隙是否符合技术要求；填料压盖松紧是否适度；电机水泵轴承中的油质和油量是否符合标准；盘车时，转动要平滑，不应有卡阻现象和不正常摩擦声响。四是对高压柜以及泵站附属设备的完好性进行详细检查。五是认真检查进、出水阀关闭是否灵活，控制装置和液压装置是否完好。

2. 泵站机组开机前的准备工作

一是准备好各种运行记录，并将单机运行记录放在运行层指定位置。对机组及周围场地进行清理，不得有妨碍操作运行的物品，整理好工作器具并存放在指定位置。二是及时观察并向调度室汇报前池水位，保持低水位开机。春季若遇拦污栅前冰块较多时，必须保持前池水位较高且与渠道水位一致，方可开机。三是排好开机顺序，逐台启动，一般应先开功率较大、进水条件好的一类设备；对进水口淤泥淤积严重的机组，采取先倒后开的办法，且倒转速度不得超过机组额定转速的 1/10。

3. 电机运行中的监护与检查

（1）电流监视

当周围空气温度为 35℃ 时，电动机的工作电流不应超过铭牌规定的额定电流，其他温度下的电流变化范围可参照表 5-1 的规定；三相电流的平衡度不得超过 10%，且不得缺相运行。

表 5-1　温度变化对应的电流变化范围

空气温度（℃）	允许工作电流比额定电流（±%）
25	+10
30	+5
35	0
40	−5
45	−10

（2）电压监测

主电机应在额定电压的 −5% ~ 10% 内运行，且三相电压差不得超过 5%，否则应通知调度或供电部门进行调整。

（3）检查轴承温度

电机运行中，用测温仪测定时，滑动轴承不应超过 80 ℃，滚动轴承不应超过 95 ℃。

（4）监视异响

监视电动机有无剧烈振动，并注意声响。正常运行中的电动机声响均匀，无杂音和震声响，否则应查明原因，设法排除。

（5）其他

注意电动机是否出现异常气味、烟雾、火花等，必要时停机检查；检查电动机的通风装置；定时做好电动机运行时的电流、电压、振动等检测记录。

4. 水泵运行中的监视维护

一是检查水泵轴承温度和润滑油油位及油质变化。滑动轴承温度一般不超过 70 ℃，滚动轴承一般不超过 95 ℃。二是检查水泵填料的压紧程度，一般每分钟以滴水 30~60 滴为好；填料压盖温度不超过 50 ℃，以不烫手为宜。三是及时捞取拦污栅前及进水池的漂浮杂物，以免杂物进入泵内损坏或者堵塞叶片，不允许出现严重的气蚀和振动。四是做好真空表、压力表数值和前池水位等的记录工作，每隔两小时记录一次，作为检查水泵运行情况的基本资料。

5. 电机和水泵停机后的维护保养及检维修

（1）电机

检查轴承润滑油质、油量状况，进行补充校核，清除电机及部件上的水渍油污等；定期在热状态下测量绝缘电阻，以检查电气绝缘性能变化；检查电机接线及端子接头有无变化、绝缘脆化和脱焊等现象，衬料、槽楔等有无因热变化而出现松动等，发现问题应及时处理；进行电机系统的电气控制设备等维修保养。

（2）水泵

泵站每年（季）运行结束后，应对水泵进行一次全面检查，根据检查结果及相关技术要求，制订年（季）度检修计划，编制检修实施方案，落实检修负责人、技术负责人及检修人员，确定检修工期，明确检修现场安全员，并对检修人员进行责任分工。检修完成后应进行设备检修质量验收，需要试运行的，应按规定经初步验收合格后进行。检修计划、检修记录、实验报告、试运行报告和技术总结的资料，应整理归档。

（二）水机设备越冬管理

1. 设备越冬排水

一是制定停机顺序表，并交当值人员执行；二是主机组停运前必须将前池水位抽至最低水位以下，除留一条管道外，其余管道出口拍门关闭并将管道内存水放空；三是地下水溢出较严重的泵站在整个冬季仍应做好排水工作，不得将地下水积聚超出主厂房地面，以防结冻后损坏设备和地面；四是水源泵站停水后，先将进水阀门关闭至 80 左右，然后开启出水蝶阀，利用管道内存水压力，将进水阀门底部淤积物冲刷干净，便于冬春季设备检维修时进水阀门关闭。

2. 水泵、阀门越冬管理的技术措施

一是前池水排空后，要把水泵空腔内的异物清理干净，人工盘车若干次将叶轮内部存水排尽，然后用拖布将水泵各部件擦干净；二是打开冷却水管路的泄水阀门或拆除两侧水室之间的连接管，将水泵冷却室及其管路内的存水排放干净，并将所有阀门置于全开位置，同时确认水已排干净；三是冬季不再使用的排水泵及其管路、阀门内的积水要彻底排放干净，并用电炉烘烤 5~8 d。用于排地下水的离心泵及其阀门附件应设置保温电炉；四是列入检修计划的水泵及其转子应及早揭盖拆卸，以防冻坏更换的配件或部位，越冬期间要将所有水泵揭盖检查，地下水过多的泵站检查完毕后应立即恢复原样；五是泵站冬灌结束，开始排水前，机组进、出水管道上的主阀门应处于全开状态（水源泵站进水闸阀除外），液控蝶阀应关闭手动常开、常闭保压阀，不保压的阀门用方木支撑住重锤。所有阀应全部开启，并排除阀内积水，必要时拆下集中烘干，不得伤及阀内密封材料。所有蝶阀严禁用电炉烘干，以防橡胶密封老化变形。

（三）泵站经济运行

在安全可靠地完成提灌任务的前提下，通过对提灌区域内所辖工程设施的科学调度和联合运用，使泵站在最经济的工况下运行，称为泵站工程的经济运行。与此相对应的运行方式，称为经济运行方式或最优运行方式。泵站最优化准则有四种：以泵站效率最高为准则、以泵站耗能最少为准则、以泵站运行费用最低为准则、以泵站最大流量为准则。泵站经济运行涉及面广，影响因素也较复杂。景电工程优化调度和经济运行的主要内容包括水源泵站与各级泵站的提水能力，以及各泵站相应灌区供水计划间的科学调度；各级泵站间的开机顺序、台数的控制，以及站级间流量的合理调配；各级泵站间与其配套工程设施间的联合调度。

二、电力提灌站机电设备运行管理的重要性

（一）确保机电设备正常运行的基本功能

在当前的提水活动中，电力提灌工程中的各项设备所发挥出来的功效就是其最基本的功能，而这些基本功能也是让设备的使用价值得以体现的重要前提，如果在实际的运作过程中，基本功能受各种原因影响而不能被发挥出来，那么相应的设备也没有存在的价值。为此，要求相关人员能够利用专业的技术方法定期对其进行测试与维护，即定期对其中的电机功率和转速以及水泵的扬程与流量、变压器的变化等相关指标进行检测。当这些指标不能满足既定的标准或者已经呈现下降的状况，需要立即采取恰当的措施进行处理，如果遇到使用功能下降严重，并且相关的维修手段已经不能弥补的状况，可以通过更换设备的方式处理。

（二）对机电设备运作可靠性的提升

1. 对机械设备可靠性的提升

在整个电力提灌站机设备中，相关机械设备的可靠性有着重要的决定性作用，而该可靠性的程度则是以零部件的磨损程度、质量以及安装的精确程度和工作环境等为基础，如果其中的零部件表面存在少量杂质的状况，对于整个设备的运行也存在一定的影响。为此，在确保机械设备的可靠性运行过程中，要求能够从设备的实际运行状况出发，分析可能会影响到正常运行的因素，并以此制订相应的维修方案和维修方法，从而保证设备的正常运作。例如，上文中提到的电力提灌区中的水泵，由于运行的时间较长，使其轴瓦内的摩擦较为频繁，为保证设备能够在一定的使用时间内保持正常的运作，要求相关工作人员能够定期对其进行巡查，通常情况下以每小时一次巡查为最佳，方便随时观察到其中是否存在异响、紧固螺栓是否稳固等，通过这样的方式为机械设备的运行提供良好的条件，进而提升其可靠性。

2. 对机电设备可靠性的提升

①机电设备中的绝缘。在电力提灌站机电设备中，优质的绝缘是保证该机电设备能够有效运行的重要条件，同时也是避免发生触电事故的重要方式。通常情况下电气设备的正常运行是以额定电压为基础，但是因为设备过于老化或系统故障等因素，使其容易遭到破坏，进而影响到电气设备的绝缘性。此外，例如具有腐蚀性的气体和蒸汽、粉尘以及潮气等都会让电气设备的绝缘性下降，进而出现故障。

②机电设备中的导体。在正常运作情况下，由于机电设备中的主导点回路会受额定工作电流的长期影响，这就使得其中的导体受导体本身的电阻和连接处电阻的影响而出现发热的情况，而因为发热的热量会让导体绝缘出现老化，进而让设备的使用性能逐渐下降。

③机电设备中的短路情况。在电力系统的故障中，短路属于最为严重的故障之一，通常情况下可以将三相电力系统中的短路区分为三相短路和两相短路以及单相接地短路、单相短路等，其中以三相短路造成的破坏最为严重。为此，要求相关部门能够聘用专业的维修人员对其进行维护处理。对于其中的绝缘问题，需要根据相关标准认真进行预防性的测试，找出其中存在的薄弱环节，并及时进行消除；针对其中的发热问题，则要求能够利用扩大两者相接触的面积，提升其接触的精度和光洁度以及加大接触压力等措施使其接触的质量得以保证；对于短路的情况，要求能够首先通过相应的措施将短路电流进行限制，从而缩短其短路电流的时限，让短路现象的发生概率得以降低，其次通过相关计算将其相关

设备的额定电流计算出来，从而让机电设备的灵敏度得以保证，进而避免相关故障的扩大化。

三、动态规划法在泵站运行管理中的应用

随着我国基础建设速度的加快，灌区泵站的建设与管理也上升到了一个新的高度，加强泵站的运行管理，对于提升建筑建设质量，降低能耗有着非常重要的作用。从概念上来讲，泵站是指能够提供一定压力和流量的液压动力和气压动力的装置和工程。按照分类来讲，主要有污水泵站、雨水泵站和河水泵站，油箱、电机、泵及相关的房屋是泵站的基本组成。动态规划是指一个决策序列是在变化的状态中产生的，多阶段最优化解决问题的过程就是动态规划发挥作用的过程。本节将通过论述动态规划法用于泵站管理的内涵意义，指出动态规划法在泵站运行管理中的应用策略，希望对泵站管理提供借鉴。

动态规划法算法与分治法的原理相似，基本思想是将要求解的问题分解成若干个小问题，先对小问题进行求解，然后从整体上依靠子问题得到原问题的解。动态规划法从具体的问题出发，用管理者的实际经验建立数学模型，不管子问题以后是否会被运用到，都能将其结果填入相应的算法规则中，便于以后统计分析。动态规划法将静态问题动态化，可以让管理问题变得简化，减少工作量。动态规划法用于泵站运行管理中可以优化多级泵站调度管理，提升站内机组运行组合的效率，同时可以精确化地计算叶片安装角度，强化泵站实际运行质量。

四、动态规划法用于泵站运行管理中的方法

（一）建立机组优化运行的动态规划数学模型

灌区泵站采用的机泵型号通常不同，在同样的扬程要求下，如果机泵的组合不同，水泵的流量、功率及效率等也会不同，不管采用何种机泵运行组合，都必须以经济安全为前提。运用规划法对各种机泵进行组合管理，可以达到经济运行的目的。在具体的应用中，首先要建立动态规划模型，体现"最优化原理"，描述为：机泵组合的多阶段最优策略，需要体现出每个阶段的最佳参数组合，不管初次选定的组合参数如何，对于前面决策产生的状态来讲，各阶段的决策必须构成最优策略。因此在建立数学模型时，需要将水泵规模、流量、管道效率、水泵效率等进行综合考虑，观察单一变量对机泵组合的影响。

（二）泵站管理中各种变量的选择

泵站运行管理中涉及的变量主要有阶段变量、状态变量和决策变量三种。数学模型的

建立是基于三种变量的变化而不断得到优化的：①阶段变量组成整个泵站运行管理的各时段单元，在调度管理中，各时段内的事件依次发生，这个阶段产生的变量就是阶段性变量 n，泵站管理每个阶段都要做出相关的决策，这就是策略；动态规划对于阶段变量有时间和空间的影响，按照变量发生的时间段不同，划分为：$n=1$ 为初始阶段变量，$n=N$ 为终止阶段变量。泵站在运行管理中，要及时对不同时间发生的变量情况进行统计，制定出变量管理策略，帮助机泵运行的高效性。②泵站管理中的状态变量主要用于多阶段决策中各时段所处事件的演变，在泵站运行管理中，可以采用直接或间接的手段获得状态变量值，对于泵站的运行过程进行说明，用状态变量 Sn 来描述过程演变可能发生的状态以及情况。③决策变量是泵站运行管理的关键变量，在任一阶段 n 中，当给出运行管理的初始状态 $Sn-1$ 后，任何一个决策都会得到不同阶段的末状态，由于决策决定着泵站运行管理的演变，必须从最佳泵组合中采用最佳的决策。

（三）动态规划法用于机泵运行目标函数的确定

动态规划法用于泵站运行管理中，在确定完成机泵运行功率后，就需要对目标函数进行确定。在管理运行系统中，衡量优化效果的准则有很多，可以净效率或者灌溉面积最大为目标，也可以根据泵站节能降耗要求，以投资和运行费用最小为原则。很多泵站的机组叶片不能随便调节，导致流量之和与实际灌溉要求的流量不能吻合，泵站的弃水量和渠道的损失水量都反应在了泵站的抽水费用上，因此，动态规划法用于目标函数的确定上，可以选择抽取单位水量的耗能最小量为评价指标，涉及参数包括 e——抽取单位水量耗能、k——泵站实际开机台数、Hi——第 i 台水泵的工作扬程等。

（四）动态规划法用于机组运行数学模型的计算

泵站内管道分布往往具有空间特征，可以在运行管理中，将管道分为一系列阶段，设一定的干管数量，将阶段变量、状态变量以及决策变量用于泵站管理各阶段的模型计算中，从而规划出泵站管道系列化系统图，这对于优化泵站管道运行管理具有非常大的作用。动态规划法除了用于机组运行模型计算外，也可以利用泵站管理人员的实际经验，对影响机泵运行的各个约束项制定约束条件，比如边界约束、状态约束、决策约束以及流量约束等，让最终计算得到的机组模型总流量与实际灌溉总流量相吻合，达到节能节水的目的，满足灌区的要求。因此，动态规划法是一种采用数学模型，解决泵站长期运行管理中出现的机泵组合效率下降的方法，通过创设不同的子系统，最终实现泵站机组高效率运行。

五、电力提灌泵站机电设备运行管理优化措施

（一）加强制度的管理

泵站机电设备管理的好坏对效益产生直接的影响，所以要重视机电管理制度的落实，完善对制度，建立健全责任制，做到机电运行管理责任到人，主要包括值班人员岗位管理制度、值班长岗位管理制度和站长岗位管理制度，加强对运行过程的管理，像交接班、水位记录、机电运行状况等管理，保证设备操作过程的记录等，并对设备出现的事故及检修情况详细分析。

（二）加强设备维修管理

第一，做好机电设备实际运行情况的评估，确保清楚哪些设备需要维护，根据设备运行时间和过程中存在的问题对设备故障情况的反应做出评估；第二，科学合理地制订设备维护方案，根据设备当前情况及设备的资料对经常需要检修的部件进行检查，制订检修的方案，依据具体情况，通过人员专人制对维护工作进行组织实施；第三，对相关设备实施预防性的试验和检修，制定维护标准，如果设备出现了隐患，要及时派遣经验丰富的专业技术人员进行维护处理，保证设备正常运行，同时通过保养和维护提高设备运行的快速性和灵敏性；第四，定期对设备进行维护检查，保证设备部件的完好性，同时对辅助设备也要加强维护检查，确保辅助设备部件的完整性，使其保持正常运行，确保生产任务能够顺利完成。

（三）提高运行监管能力

机电设备安全运行是完成工作任务的基本条件，因此泵站管理操作人员要清楚自身的职责，要坚决履行各项工作章程，做好设备运行的交接工作和回检工作，对设备运行情况进行监视，特别做好夜间的巡视，如果出现设备异常的现象要及时进行处理，如果无法处理要及时上报上级部门以避免更大安全事故的发生。主管或者管理人员要对操作过程进行监督，规范设备启停的操作，需要水位观察和远程启停机的操作配合调度，确保对各种机组运行的及时掌握，完善事故的处理机制，及时对事故进行处理和总结，避免后期类似事故再发生。

（四）大数据技术进行管理

大数据技术远程监控系统主要面对管理层的控制与调度系统，该系统避免了人工操作

的失误，提高了控制与调度的精准性，且保证了数据采集层、泵站管理层的正常运行。信息技术系统在信号传输中主要使用光纤、微机保护装置及时采集相关数据信息，并且对数据信息进行反复的调研、分析，以便在电力系统和机电设备出现故障时能够进行准确的分析和判断，景泰川电力提灌在二期项目建设中已经基本使用大数据技术系统操作，在一定程度上实现了自动化操作，大大降低了人力成本，使机电设备运行过程更加精确。

（五）做好机电设备的维护管理

机电设备的维护管理是一项长期的工作，需要投入大量的精力，切实可行的管理方法，才能使设备正常运行，才能保证设备可靠性、提高设备利用率。设备在运行中由于摩擦、冲击、锈蚀、变形、潮湿、发热、老化等因素影响，都会使它的功能降低或丧失。加强设备的巡视检查和维护是提高设备运行可靠性和降低设备损坏概率的关键。所以，我们都会根据机电设备的运行情况，结合灌区供水任务，对不同的设备选择合理的维修时间、维修方式和维修层次。根据维修的内容、范围、工作量可把维修分为大修、中修、小修、项修和改造等几种层次。例如，我们就根据自身水泵的年运行时间、运行环境等制定了 4 年 1 次大修，每年 1 次中修，每 3 月 1 次小修的维修制度，从而有效保证了水泵运行的可靠性。

（六）提高管理人员的技术水平和安全意识

1. 提高人员技术水平

机电设备运行和维修人员技术水平的高低决定着设备使用寿命的长短。九龙滩灌区工程修建于 20 世纪 60 年代，最初的运行管理人员大多是参与工程建设者，他们具有丰富的实际工作经验，但是受当时历史条件的限制，普遍文化水平不高。随着灌区工程改造和新技术、新设备、新工艺、新材料的推广及应用，人员整体专业技术水平不高，技术手段落后的问题逐渐凸显，所以提高人员的技术水平势在必行。为提高人员的技术水平，保证机电设备运行的可靠性和使用寿命，必须对运行和维修人员进行专业培训。要使运行人员全面了解设备的性能结构，懂得排除故障的方法和应急处理方法，维修人员要做到"三好四会"（管好、用好、修好；会操作、会检查、会维护、会排除故障），了解设备运行状况，及时消除设备缺陷。技术培训工作应该做到：根据泵站的自身特点，结合实际问题，多层次、多渠道组织全体管理人员，尤其是一线操作人员进行基础知识讲座，开展业务知识培训；对培训结果进行考核；对设备运行中的故障情况进行梳理，培训中以实际案例与理论知识相结合，不断提高人员的工作技能。

2. 提高人员的安全意识

安全工作是一切工作的重中之重，对于我们机电行业的工作人员来说，更应该重视安全工作，提高安全意识，避免人为事故的发生。一是要建立健全规章制度，根据不同的机电设备，建立相应的操作规程；二是定期对人员进行安全培训，不断加强安全教育；三是定期进行安全检查，及时消除安全隐患；四是组织人员深入事故现场，分析事故发生的原因。

第六章 提高电力提灌工程效益途径的探索与实践

第一节 电力提灌工程问题与现状

一、大型电力提灌工程产生的背景

我国的电力提灌工程，大多建于 20 世纪六七十年代。工程大多是为了改变当地的生存条件、改变当地老百姓贫困落后的局面、改善生态环境而兴建的。景泰川电力提灌工程是我国最大的提灌工程，曾被列入"中华之最"。该工程始建于 1969 年，在工程建成以前，灌区是一片沙丘与戈壁滩。为了改变当地老百姓的生存状况，同时也是为了遏制腾格里沙漠向南继续蔓延，20 世纪 60 年代国家决定兴建景泰川电力提灌工程。

长期以来，国家对大型提灌工程在政策与资金等各方面都给予了大力的支持，景泰川电力提灌工程也不例外。比如，投入大量的资金及人力物力进行工程建设及工程改造，在电力提灌方面长期以来以 0.04 元/kW·h 远低于成本价的电价保证提灌工程的用电。正是这一系列的扶助与支持，提灌工程自建成以来，产生了巨大的综合效益，为当地老百姓带来了巨大的实惠，对自然环境的改善做出了巨大的贡献。

二、大型电力提灌工程所产生的效益

（一）经济效益

自景泰川电力提灌一期工程投入运行 30 多年来，共完成提水 62.72 亿，生产粮食 4 088 亿 kg，经济作物 1 663 亿 kg，产值达 40.14 亿元；而最近 10 年来（1995—2005 年）共完成提水量 34.63 亿 m³，生产粮食 24.03 亿 kg，经济作物 9.25 亿 kg，产值达 31.6 亿元，分别占灌区累计提水量的 55.21%，累计生产粮食的 58.78%，经济作物的 55.62%，累计产

值的 78.72%。

（二）社会效益

景电灌区安置甘肃、内蒙两省 7 个县（旗）移民 30 多万人，基本解决了灌区人民的饮水和温饱问题。随着灌区的建成，社会公益事业有了很大的发展，灌区内新建成 10 个乡镇，178 所学校和 123 个乡村卫生院（所）。如今，迁到灌区的景泰县城商业网点密集，贸易活跃，已经成为颇具规模的县政治、经济、文化中心。

（三）生态效益

景电灌区位于腾格里沙漠南缘，灌区原有土地均为沙漠或戈壁滩，灌区的建成，在腾格里沙漠南缘形成了绿色屏障，有效地阻止了沙漠往南蔓延，保护了生态环境，使兰州市、包兰铁路等免于沙漠的侵扰。另外，灌区的形成，还使灌区小气候得到了明显改善：据灌区上水前后 42 年的气象统计对比，年平均降水量增加了 16.6 mm，相对湿度由 46% 增加到 48%，平均风速由每秒 3.5 m/s 降低到 24 m/s，8 级以上大风日数由每年 29 d 减少为 14 d，年蒸发量由 3 390 mm 降低到 2 433 mm。

景电工程还承担着向民勤县调水的功能。民勤县三面被巴丹吉林沙漠和腾格里沙漠包围，近年来石羊河水量锐减，地下水位逐年下降，水质恶化，灌溉面积减少，沙生植物枯萎，土地沙化，生态环境日益恶化。景电二期延伸向民勤调水工程的建成和输水，可以部分缓解民勤县水资源危机，保住民勤这块沙漠中的绿洲。

三、目前大型电力提灌工程所面临的困境

一是电费远低于供电成本，电力部门难以承受，提灌用电无保障。由于中央对"三农"政策的调整，农民种植粮食的积极性空前高涨，不少弃耕地开始复耕，新的荒滩不断被开垦，灌溉面积逐年扩大，农业种植规模也随之增长，灌溉用水比前些年有了较大的增长，这使得提灌耗电量与前些年相比有了较大幅度的增长。景泰川提灌工程 2004 年灌区提灌耗电超过 7 亿 kW·h，截至 2005 年 10 月底提灌耗电量超过 6 亿 kW·h，巨额的电费差价令电力部门难以承受。尽管当地政府对电力提灌的电费差价给予一定的补贴，但由于补贴远满足不了巨额电费差价的亏空，因此，地方电力部门对提灌用电采取了总量限制，在迫切需要上水的季节也不能保证提灌工程全面开机，这使得工程的综合效益大打折扣，灌区人民受到了影响。

二是水费远低于供水成本，工程管理单位捉襟见肘。水费不能按成本收取，即便是在

电力补贴的情况下，水费的收费标准（0.23 元/m³）也只相当于成本价（0.39 元/m³）的 60%。由于水费无法按成本收取，使得工程折旧大修费无法按规定提取，工程只能勉强维持简单运行，严重影响了灌区的可持续发展。

三是农民收入有限，短期内还不能按成本支付水费。灌区农业种植结构比较单一，农民收入增长缓慢，无法按市场规律来支付水费。目前，景电灌区的农作物以玉米、大麦、小麦等低价值的农作物为主，每公顷平均年毛收入约为 1.05 万元，而要维系农作物的生长，每年大约需要灌溉用水 0.75~0.9 万 m³，按现在每 m³ 水 0.23 元的价格计，农民每年在水费上的支出就高达 1 725~2 070 元/公顷，再加上肥料农药、农业机械种子等方面的投入，农民每年的实际支出就会达到 0.6 万元以上。这样，不包括劳动力成本，农民每公顷实际收入约为 0.45 万元。如果完全按照市场规律来运作，支付 0.7 元/m³ 以上的水费，则农民几乎无收成。

四、大型电力提灌工程的出路

（一）短期内依靠国家的大力扶持

国家作为落后地区的主要支持者与保护者，在关系到落后地区国计民生的诸多问题上扮演着重要角色。而相比于发达地区，落后地区特别是自然生态环境尤其恶劣地区的发展更得依靠国家的重点支持与保护。在灌区老百姓的种植技术及种植水平还没有达到完全按市场规律来承担水费及其他支出前，提灌工程综合效益的发挥依赖国家进一步加大对提灌工程的政策性资助力度，其中包括对电费的补贴，对水费的补贴。

灌区人民在努力提高生活水平的同时，也在努力保卫着自己的家园。尽管目前是市场经济时代，企业的运作大体上讲是要按市场经济的原则进行，但作为这种关系到社会稳定自然生态环境保护、灌区人民安居乐业的重大问题，从国家到电力行业到提灌管理单位都必须从大局出发，努力保证提灌工程最大限度地发挥工程效益。

（二）努力提高单位水耗的产出

提灌管理单位应该继续与灌区政府一道摸索灌区种植结构的调整，推广适合灌区种植优质高效的农业品种，推广节水技术及种植技术，努力提高单位水耗的产出。通过提高农民单位水耗的产出，为将来逐步放开水价及电价打牢基础。

为了节约用水，景电管理局严格执行灌区用水制度，实行计划配水，按亩定量，凭票供水，限额供应，超量加价。在进行渠道衬砌的同时，推行小面积（333 m² 左右）灌溉，积极推广管灌、沟灌及膜上灌溉等先进节水技术，并引导农民调整种植结构，开展间作套种，使灌区的水资源得到了有效节约和利用。

据了解，2005 年灌区内收入最高的种植品种为土豆，由于采用地膜种植技术，土豆每公顷产量能达到 3.75 万 kg，每公顷纯利润约为 1.2 万元（不计劳动力成本）。但当地农民普遍担心的是，像土豆之类的农作物，由于国家在价格调控方面力度相对较弱，对来年的市场行情心中无数。因此，在灌区成立农产品经贸公司，推广订单农业对灌区农民来讲意义重大。

（三）努力提高水管单位自身造血功能

目前，景电管理局已经在这方面迈出了可喜的一步，比如，成立水利工程监理有限公司，既可以保障自身工程建设的质量，又可以对外承接项目；建成景泰县净水厂，使景泰县 4 万居民在工程上水期间告别了饮用苦涩咸水的历史，喝上了符合国家标准的自来水。这一系列多种经营的开展，既方便了当地人民，也分流了人员，为工程管理单位创造了一定的经济效益。

除以上已经开展的项目外，提灌管理单位还可以在面向灌区、面向当地老百姓的前提下，考虑成立自己的三产公司，在以下方面做一些尝试：①积极开展农产品贸易，替灌区老百姓找出路、跑市场、跑订单，为灌区推广经济作物种植、开展订单农业服务；②开发旅游项目，在夏秋之季组织生态游农家乐游；③结合灌区现有资源，开展农产品及其他矿产资源的深加工；④发挥水管单位的技术优势，研制开发并生产市场需要的工业产品。

五、农村电力提灌站建设存在的问题

（一）存在的问题

当前，农村电力提灌站建设备受关注，相关工作实践落实具体，取得不错的监管效益。就资金落实情况，主要资金由国家支农、扶持拨款、地方自筹、行业扶农等几个方面构成。总的来说，资金来源多数集中对口部门、县乡镇农机部门组织实施。而多数的自筹资金，则来源于组织者自行实施。但是，这其中存在的问题，除了水利建设部门之外，其他自筹部门多数不了解提灌建设的政策、法律、法规等，更不清楚当前提灌行业发展现状，缺乏必要的技术资料支持、技术标准建设、图纸绘制要求等，而在硬件勘测仪器、设备上等更是奇缺。除了上述问题，还有如下几个方面值得关注：

第一，非专业人员从事提灌站规划建设，前期准备工作不充分，关于地形、土壤、水利等基本情况的调查了解不充分；非专业人员从事提灌站规划建设，早期规划理念较差，基础设施建设数据准备不准确，有的偏差较大，甚至造成规划偏离较大；非专业人员从事提灌站规划建设，水源水位调查分析不到位，待到枯水季，机组距水面距离较大，很大程度上造成无法提水；同样，水源水位调查不到位，待到洪水季节，超过使用设备水位线，将面临被冲走的危险。

第二，非专业施工队伍进行提灌站建设，由于没有专门的使用工具、设备，安装质量存在很大的问题，非常容易导致管道连接不牢。甚至电机、水泵轴线，同心度较差，造成联轴器间隙过大等缺陷问题的出现。

第三，利欲熏心，承建单位擅自变动工程，更改使用设备，更换使用型号，甚至盗用假冒伪劣产品，造成不可估量的经济损失。一是未按规范化设计和施工给提灌站建设带来了不良后果，达不到提灌站所规定的各项设计指标，不能正常进行提水作业，无法满足农田灌溉的要求；二是检修困难，无法监测设备工作情况，不能正常管理调度用水；三是设备使用寿命短，增加管护费用；四是运行中事故频繁，造成整个工程瘫痪甚至人员伤亡。渠北多庆丰的一处提灌站在进行勘测和规划设计时，未对当地水源情况进行认真调查，造成洪水来临后，机组全被淹没，使机电设备一直没有发挥出应有的作用。柏水乡挖断嘴电灌站，扬程超过 80 m，管道长超过 300 m，业主自己进行勘测和规划设计，建成后，一直不出水并伴有气蚀现象，后找农机部门专业技术人员现场处理，发现一方面是进水管道之间连接处不牢，造成漏气，另一方面是进水管安装方法不对，而造成上述现象，最后技术人员提出方案改造后才得以解决。

（二）完善农村电力提灌站建设的工作建议

农村电力提灌站建设，作为一项系统化工程，涉及科目、项目等种类繁多。进行建设期间，必须对输变线路、农业灌溉、管网建设等进行全面系统的规划设计。设备工具方面，需要专门的测量、施工、设计仪表等。同时，要专配一支包括行政管理、技术监管、安全负责等各方面的专业工作人员，更需要一支排水、建筑、电控、输变、农业工程技术等人员，组成的专业施工队伍。而作为农村电力提灌站建设的主管部门，在如下几个方面工作更应该落实到位：

第一，着力宣传电力提灌站建设方面的法律法规，根据相关管理条例的决定，制定适合本地管理实际的政策性文件，有效提升电力提灌建设管理水平。

第二，各级管理部门严格审批电力提灌站待建项目，禁止建设未经批准的电力提灌站。对于早期设计方案不可行，投资概算不合理的，严禁建设或迁移。而新建或迁移的电力提灌站，必须安排专业技术人员进行审查和验收，检验合格后，方可投入使用。

第三，地方农机部门，联合地方相关部门，对地方电力提灌站的建设，结合地城水源、地理地形等情况，合理编制设计规划方案。早期，同时做好运营效益分析，为今后行政领导、党委政府做进一步的决策工作提供参考依据。

第四，参照机电灌溉设施建设的相关规定，机电提灌泵站的勘测设计、施工安装，应由具有设计能力的四川省农机研究设计院及机电提灌工程队或农机推广站承担，根据实际亦可由其他具有建设资质的单位或企业承担。农机部门应做好机电提灌站在建工程中的监理工作，按相关规定中给出的技术标准、建设程序及基本要求委派相关技术人员对工程进行全程监理。

第五，使用设备材料，严格按照农村提灌建设相关规定的要求进行办理。同时，根据相关法律规定，认真做好提灌站产品生产、质量监督、销售监管、服务推广等行业管理，提高农村提灌建设质量。

第二节 探索实践与思考体会

一、探索实践

（一）实践之一：依靠改革，强化管理

1. 改革工资分配制度，坚持劳酬结合

改月工资为日工资、岗位工资、计件工资、效益工资等多种形式的工资分配办法，按岗定薪，优绩优薪，拉大分配差距，搞活津贴分配办法，将工资分为基本工资和津贴工资两大块，津贴分配向艰苦岗位和技术含量较高的岗位倾斜。

2. 进行全员竞争上岗

在全处实施了科级部全员竞争上岗，先后有 28 名员工走上了科级干部岗位，有 13 名科级干部在竞争中先后被降职或淘汰，形成了"能者上、平者让、庸者下"的良好的人才竞争机制，实现了从身份管理到岗位管理的转变。

3. 进行全员考核

每月由各单位考评小组按照细化、星化后的德、能、勤、绩等考核项目对每个干部职工进行考评打分，年终汇总，对考核末位人员按制度进行调岗降职、扣罚奖金。

4. 建立灵活高效的管理队伍

按"精简，高效"的原则，将处机关的 18 个景、政、群、业、条、秘、室、精简合并成 14 个，"定职、定成、定编"精简人员，通过人员分流等形式使管理人员由 533 人精简到 438 人。

5. 建立健全各项管理制度

建立了《用水管理制度》《工程管理制度》《机电管理制度》《财务管理制度》《人事分配制度》《水费收缴制度》《供水收费公示办法》等一系列管理制度，以制度创新促进各项管理工作步入良性运行轨道，做到了有章可循、照章办事。

（二）实践之二：依靠群众监督，提高服务质量

为了加灌区末级渠道管理，调动灌区群众参与灌区管理的积极性，2000 年进行了"用水户参与式灌区管理"改革，共成立用水者协会 65 个，用水组 327 人，入会会员 21 465 户。

在改革用水户参与式管理过程中，主要做了以下几个方面的工作：

1. 调查摸底进行规划

以多种形式进行宣传动员，使用水户形成共识，积极参与管理人员深入灌区全面普查，摸清"家底"，绘制示意图，建立渠道、面积、户数、人口、经济状况等台账。

2. 推选用水户代表

制定协会章程制度，召开群众座谈会推荐用水户代表，召开代表会议选举用水组组长，起草《用水者协会章程》《用水者协会管理制度》《会员守则和权利》《用水者协会会长职责》等章程制度草案。

3. 选举协会会长、执委，表决通过协会章程制度

从组长中选举协会执委，从执委中选举会长。讨论修改并通过协会章程及各项管理制度，组建机构，建立工作机制。

4. 建立监督机构

成立由水管所、乡镇领导、村委和用户代表 7~9 人组成的用水者协会监事会，发挥行政组织的服务、协调职能和水管单位的专业管理职能，规范指导和监督协会日常工作，公开水务，管护维修工程，调节水事纠纷，按章程制度办事。

5. 确定协会办公地点，完善办事程序，规范协会运作

确定办公地点，章程制度上墙，记录、收据、通知单、水票等资料全部收集存档，实

行"四监督""一会""一公开"制度（执委会、用水户、地方组织和水管单位的共同监督，协会定期召开执委会议，公开协会日常工作）；用水组一年一选，可以连选连任，对不称职的用水组长进行改选，对章程制度在运行过程中暴露出的弊端进行修改完善，保证规范运行。

6. 田间工程管理

明确管理责任和措施办法，田间工程全部交由协会管理，支渠由工程管理处维修，协会管护，斗农按用水户受益面积划分到用水户管理和维修。

7. 协会人员报酬

协会水管人员的报酬由工程管理处从水费中提取 0.005 元/m³ 支付，用水户只按水价缴费，不再纳其他费用，杜绝了加价收费、搭车收费、截留挪用等问题。农民人均减负可达 35.7 元，全灌区每年减负可达 500 万元。

（三）实践之三：依靠项目建设，夯实基础

积极进行基础设施改造，实现了工程基础大改变、面积翻番、效益翻番。

一是续建配套与节水改造项目工程，渠道渗改造工程：总防渗改造 6.00 km，新建支干渠 53.90 km，改建支渠 1.93 km，新建支渠 91.60 km，改造支渠 15.00km，支渠防渗改造15.00 km，改造渡槽 1 323 m、倒虹吸 380 m。

二是机电工程政造，新建一泵站临河调节站 1 座，改造泵站 8 座，改造主厂房842.48 m²，增设广房 105.6m²，安装大型电机、水家机组及相应配套电气设备 10 台套，更换压力管道 106 m，新建永久管理公路 160 km。

三是田间工程。新增配套灌溉面积 14 万亩，衬砌斗渠 468 km，配套农渠 604 km。

四是信息化工程，建成灌区信息化调度总站 1 座，泵站及水管所信息化子站 9 座，配置计算机 98 台，架设光缆线路 57.289 km。

各项工程累计开挖土石方 129.53 万，石及混凝 6.01 万；共消耗水泥 1.39 万 t，钢材 1 607.82 t，木材 664.81，防渗塑料 34.6 万。

完成总投资 7 601.36 万元，其中中央财政预算内专项资金 5 100.00 万元，地方配套资金 2 501.36 万元，田间工程 77 518 万元（由地方自筹和灌区群众投劳折资完成）。

（四）实践之四：依靠科技，振兴水利

1. 励磁屏改造

泵站原来安装运行的 20 台同步电动机励磁装置属于 20 世纪六七十年代产品，元件老

化，故障较多，严重影响上水生产。但更新费用较大，为此组织工程技术人员对泵站励磁装置进行了改造，将元件电路改为集成控制电路，改造后的励磁屏有以下特点：一是投资小，每台只需 4 500 元；二是温度活应性强，在环境温度 45℃ 以上能正常运行；三是电压波动时，能自动调整励磁电流，不易失步跳闸；四是励磁电流输出波形对称，负载平衡，运行稳定；五是效益明显，无须对原设备进行大的改动，但使原设备发挥了最大功效，年连续运行可达 180 多天无故障，年节约维修费用 20 万元。

2. 通信设施政造

灌区原通信采用手动拔键式调度台进行话务切换，运行常阻滞，严重影响调度生产。1998 年、2001 年，分两次架设光纤通信线路 57.289 km 改造了工程管理处至各泵站、变电及 3 个水管所的通信设施，建成光纤通信局域网络，实现了自动程控交换，无须专人值班，减员 4 名，降低了费用。光纤网络通信系统不仅彻底解决了通信阻滞困难，且用计算机进行程序处理、自身运行监测、故障识别、故障自诊断告警等功能，还可以传输 CATV 等信号。

3. 进、出水阀门改造

工程 8 座泵站进出水阀都是"手动+电动闸阀"，耗能高，费用高，事故率高，每年维修费用 15 万元。近几年，将进水手动闸阀更换为手动媒阀出水，电动更换为蓄能液控蝶阀。该阀门最大的好处就是在发生系统失电事故后，利用整个罐中储存的能量自动关闭阀门，可以有效地防上水锤和高速倒转飞车损坏设备，大大提高了泵站机电设备的安全运行率和灌溉保证率，年节约费用 8 万元。

4. 水泵叶轮改造

原安装的铸铁叶轮出水率低，抗汽蚀性能差，维修周期短，费用高，运行时间最高只有 3 800 h 左右，将铸铁叶轮改为钢制轮，钢制叶轮表面光滑流阻系数小，轮盘水力损失小，抗气蚀性好，使用维修方便，运行台时教可达 16 000 h 以上，是铸续叶轮的 4 倍，水泵出水率达到 108%，大大减少维修固期、减小维修量，节约资金，共节省费用 6 万元左右。

5. 大流量水泵的使用

泵站采用大流量水泵机组，其流量在 2.6 mm^3/s 以上，与多台小流量机组比较，功耗降低，管理方便，时效性高，年提水量可增加 3 000 万 m^3 以上。机组控制柜由工程技术人员自行设计制作、自行完成安装，单台柜节约资金 4.5 万元，共节约资金 26 万元以上。

6. 信息化建设的实施

兴电灌区泵站监控与信息化管理系统已完成了调度中心总站、6个泵站、2个变电所及4个闸口的监测与控制，同时，改造灌区量水堰，建立自动测流和标准测流断面592处，实现了远程操作控制、监测管理和自动测流，大大提高了运行水平，方便了调度管理，为水资源优化配置创造了条件。

（五）实践之五：依靠节约，巩固基础

1. 注重用水效益

在用水管理上，从只注重社会效益向注重"生态效益+经济效益+社会效益"方向转变，具体做法是：按户摸清土壤情况和种植结构，然后根据作物需水量实行计划定额配水，例如小麦每公顷年用水量5 400 m^3，产值1.6 元/m^3；豇豆每公顷用水量5 400 m^3，60 元/m^3；枸杞每公顷年用水量6 300 m^3，产值167 元/m^3。通过算经济账，采取了预留一定水量保高效经济作物灌溉的办法，让有限的水资源向经济效益更高的作物倾斜，使灌溉效益增强，农民收入增加，群众购水积极性更高。

2. 走高效节水农业之路

积极推广地膜农作物种植技术，使灌区地膜覆盖率达到54%，与地方乡村信用合作社协调，给农民贷款，帮助农民建设高效农业日光温棚1 208 个，双菇菌棚108 个；向农民提供水泥帮建蓄水窖池，实施滴灌、点灌，发展旱地西瓜、蔬菜等533 hm^2，增加收入2 000多万元。

3. 大力推广常规节水技术

主要是"小畦灌溉"，要求地块不能超过0.033 hm^2，实行地块过大不溉，地不平整不溉，地不作不溉，流量小于0.1 m^3/s 不溉制度。加快灌溉速度，减少了水的损失，使灌区99%的灌溉面积达到常规节水灌溉。

4. 常抓节能降耗

兴电灌区装机容量高达6.18 万 kW，机泵设备85 台。在节能降耗上，一是实行机设备责任制，把好检修质量关，加强设备的日常维护保养；二是改造高耗设备，增加科技含量；三是随着信息技术的逐步应用，实行少人值守，减员增效，降低开支；四是优化调度运行方式，使泵站能源单耗由4.47 kW·h/（kt·m）降到了4.42 kW·h/（kt·m），年节约电量769 万 kW·h，节省电费30.76 万元。

5. 加强防渗改造

渠系改造采用新技术、新方法，渠断面梯弧化，支干现浇 U 形化，支渠、斗渠预制衬剂 U 形化，明渠村全部采用土工防渗膜，建筑物接口应用国内最新的 PTN 环保新材料，减少了水损失，使渠系水利用率由 1998 年的 0.64 提高到 2005 年的 0.68，年节约水量 400 多万，年可增加水费收入 96 元。

二、体会与思考

（一）发展出效益

从建设到管理，兴电人一直在自我加压，不断进取，二次创业，10 年奋斗，完成了"两翻两增"，即面积翻番和效益翻番，节水增效和基础增强。1996 年提水量仅 6 085 万 m^3 水费收入 110 万元，2006 年提水量达到 1.08 亿 m^3，水费收入 2 657 万元，解决了区 15.0 万人的温饱、19.8 万头大牲畜的饮水困难，贫困山区向灌区移民 7.6 万人，灌区向周边辐射和拉动，还解决了周边山区 8 万多人、10 多万头大牲畜的饮水困难。

（二）节约增效益

坚持推行定额管理、水价调节、数字调度、覆膜保墒、高新节水、常规节水、节能降耗、防渗改造等多项节水措施，发展常规节水 2.046 万 m^3，实现了一降一升，即每公顷用水量降到 5 400m^3，低于全省农田实灌每公顷用水量 8 685m^3 和全国 6 750m^3 的平均定额，1 m^3 水的产值由 1995 年的不到 1.00 元提升到 2006 年的 2.03 元。

（三）科技创效益

立足应用，追踪国内外先进科技，自主创新，自主开发，应用现代高科技技术与原有传统设备的有机结合，建成泵站监控信息化管理系统，使泵站提水量在同等条件下达到最大化，装置效率高且稳定；使提水成本降低，多级泵站间流量和水位配合最优，为水资源的优化配置创造了条件，保证了农民增收及经济社会可持续发展，使高成本的宝贵水资源得到有效利用。

（四）改革固效益

在"深化改革，增加活力，加强管理，提高效益"的总体方针下，通过改革为兴电灌区造就了三支队伍，即有创新、会应用、专业化的技术队伍，懂业务、会经营、开拓型的经营队伍，讲政治、会管理、干实事的管理队伍，使灌区管理逐步走上了科学化、规范化管理轨道。

第七章 大型电力提水灌区信息化建设

第一节 大型电力提水灌区信息化建设内容

本节主要从灌区建设与管理的业务流程入手，分析灌区管理信息的组成、类型，以及信息流（数据流）的输入、输出和处理过程，并在此基础上全面、概括地描述灌区信息化建设的模型与架构、功能划分与集成方式、数据组织、分布和共享机制等。以此为依据，分节详细介绍信息采集通信、计算机网络、监控系统、信息存储与管理、应用系统等功能的具体内容。

一、灌区建设与管理的业务流程

信息化建设只是一种手段，即运用信息技术达到提高灌区管理的效率和效能的目的。因此，满足需求是灌区信息化建设的首要任务，也是成败的关键。要明确灌区对信息化建设的要求，首先应分析灌区建设和管理的业务内容，以及这些业务的处理流程。在此基础上借助信息技术进行优化，最终实现灌区信息化管理。

（一）灌区建设与管理的业务内容

灌区的业务内容决定了信息化建设的内容，并直接影响信息化技术方案的比选与确定。灌区业务内容主要包括建设管理、运行管理和事务管理三个方面。

1. 建设管理

现阶段，我国大型灌区建设管理主要涉及五个方面内容，即灌区续建配套与节水改造项目规划、投资计划下达及招投标、已建和在建工程管理、工程改造和项目批复文件管理。从信息化角度分析，这五个方面的工作均涉及与之有关的信息获取、查询和管理的工作。

2. 运行管理

灌区运行管理涉及的业务内容主要是与灌溉（有的灌区还涉及工业、生活、发电、生态、供水和防汛）水资源调配有关的水情、工情等监测信息和建筑物运行等信息的获取、存储、管理和运用（如水资源调配方案决策、计划制订和水利工程建设实施等）。

3. 事务管理

灌区的事务管理主要分为与水资源调配有关的业务管理和涉及办公行政事务的政务管理两个方面。灌区的业务管理一般受当地水利局或省（自治区、直辖市）水利厅（局）直接领导，由灌区管理局（处）直接负责。灌区管理局（处）下设管理处（所、段）管理所（站）等，具体负责各渠系、渠段，以及相应建筑物的维护管理，水资源调配方案的制订和执行等。

（1）灌溉水资源调配业务管理。灌区最主要的业务管理职责和任务就是灌水资源的调配。灌溉水资源调配包括以下过程，即根据用水计划制订配水计划，配水计划经水量平衡后得到切合实际的配置方案，最后建立各分水建筑物的各时段过流控制过程。

灌区用水坚持以农业灌溉为主，兼顾工业和城镇生活用水。发电服从灌溉、用水服从安全，实行计划用水、科学用水、节约用水的原则。

（2）电子政务管理。办公政务管理建设的最终目的是实现灌区日常事务管理自动化，同时为领导决策和机关工作人员日常工作提供信息服务，提高办公效率，减轻工作负担，节约办公经费，从而实现办公无纸化、资源信息化、决策科学化。

（3）公众服务。大型灌区是我国农业经济的基础设施，也是一个信息密集型行业。灌区水管理信息包括水雨情信息、汛旱灾情信息、水量水质信息、水环境信息、水工程信息等。信息及知识越来越成为水资源生产活动的基本资源和发展动力，信息和技术咨询服务业越来越成为整个灌区水资源结构的基础产业之一。

灌区公众服务系统采用万维网服务形式，主要通过信息网站实现信息的发布和提供公众服务。近几年，水利系统已建设了近百个信息网站，为水利宣传、政务公开、提高办公效率、为公众服务起到了很大的促进作用。而大型灌区目前还未建设，基于万维网的服务系统，为了信息交流和为用水户服务，有必要在灌区信息化建设中充分考虑公众服务系统的建设，使灌区信息真正进入互联网世界。

（二）灌区建设与管理业务涉及的信息及其处理

灌区建设与管理业务涉及的信息是从其业务工作需求中抽象归纳出来的，针对这些信息的处理过程就是信息化管理的过程。

1. 涉及信息

与灌区有关的信息基本上可分为数字、文字、图形、图像、视频和音频六种。按照信息在灌区灌溉用水管理、工程建设维护管理、工程运行监控管理、日常行政事务管理中的作用，灌区的信息可以进一步具体地分为五类。

（1）基础数据。灌区基础数据指那些用来描述灌区基本情况，信息更新周期比较长的资料，又可以分为灌排信息、用水户信息和灌区管理信息三个方面的数据。

（2）实时数据。灌区实时数据指那些在灌区运行过程中，为了用水管理和设施管理的需要而监测得到的实时数据，包括灌区气象数据、实时水雨情（包括雨情、水源水情、渠道水情、闸坝水情、田间水情等）、土壤墒情及地下水位监测数据、水质、作物生长状况、实时工险情，以及闸泵的控制数据（启/闭、开/停，以及开度指令等）。

（3）多媒体数据。灌区多媒体数据包括灌区管理所需要的不同种类的数字视频、数字图形图像、数字音频等数据。

（4）超文本数据。灌区超文本数据为表现、展示灌区管理运行现状的各种超文本数据，包括与灌区管理有关的法律法规、业务规范规程规定、灌区主要工程的调度规则和调度方案、灌区通报简报等新闻发布内容以及有关的经验总结等数据。

（5）空间基础数据。灌区空间基础数据指与灌区空间数据有关的基础地图类数据。灌区所有的数据几乎都具有空间信息的属性，但不是所有的这些数据都是空间基础数据，只有当有较多其他的空间信息需要依赖某一空间数据定义时，该空间数据才成为空间基础数据。这些数据包括遥感影像图、灌区电子地图等。

各类数据均包括历史数据。随着时间的推移，积累的数据会越来越多，这些数据对灌区建设与管理是非常宝贵的资源和财富，因此，无论是存储管理还是应用上，都要落实安全、有效的措施。灌区涉及的信息很多，在灌区信息化建设过程中，这些信息都需要以适当的方式进行采集并数字化。例如，用水户的社会经济资料需要通过相应的统计部门收集并以表格的形式录入计算机的数据库中完成数字化；灌区工程的竣工图需要拍照或扫描制成数字图形或图像；渠道实时水情的采集需要建设一套水情自动遥测系统，通过水位传感器、遥测终端和通信系统将它传输到水情监测中心；灌区植被覆盖信息的采集除了传统的实地调查方法外，还可以采用遥感技术实现。

①工程建设信息处理

A. 信息获取。工程建设数据主要分为历史数据和进度数据两类。历史数据包括已建成工程的立项、批复、竣工验收等国家级、省（自治区、直辖市）级文件，以及设计、施工、竣工等的数据文本及图纸资料。这些文件和资料需要通过信息技术手段成批输入并存储到计算机中，可以采取先近后远、逐步输入的方式。进度数据则是针对在建工程，紧密依附于具体工程实施的时间进度，随时输入保存，并供查询分析和应用。无论是历史数据还是进度数据的获取，都应该提供两种方式：一是把数据提交到灌区数据中心，集中输入；二是由数据所在地的机构通过计算机联网在线输入数据中心。

B. 信息查询。由于通信技术的飞速发展，技术的成熟，基于互联网的信息查询为管理工作提供了极大的方便，也被工作人员所广泛接受。因此，应该提供有线或无线的 Inter-net 接入方式，实现不受时间和空间限制的信息查询和浏览，保证信息运用的时效性。

C. 信息管理。形象、直观的操作界面是信息化系统工作效率的基本保证。续建配套与节水改造项目建设与项目所在地的地理位置、地形、地质，还与已有工程关系密切，如果能够以地理信息系统（GIS）为基础，以载有渠系、水利工程建筑物的地图为操作界面，进行信息查询、维护和管理，乃至建设和改造方案的比选和决策，则会大大提高系统的可操作性和易操作性，方便应用，也容易被灌区管理者和广大用水户所接受。

②运行管理信息处理

A. 信息获取。灌区运行管理信息的获得主要是通过对灌溉、生活、工业等用水量信息收集，以及雨情、水情、工情、水质、墒情等数据的采集来实现。

a.雨情信息。雨情信息是降水径流预报和防汛保安的主要信息源。其主要作用：一是根据实时雨情信息预报洪水，以保证水库和渠道及建筑物的安全；二是根据雨情信息分析灌区需水量和来水量，以实现水量的科学配置；三是依靠暴雨时的雨情监测，为区域防汛排洪提供辅助决策依据。因此，雨情监测站（雨量站）点的设置要考虑不同区域（水源地、渠系、灌域）的地理气候条件和管理机构的分布位置两个因素。前者参照有关水文规范，按平均每 35 km^2；的集雨面积设置一处雨情监测站，后者则按就近纳入相应管理机构管理的原则设置。

根据灌区常年人工观测的经验及相关水文规范要求，监测的雨量分辨率要求达到0.1mm，雨量传输设备要保证数据的及时传送，特别是汛期暴雨期间，现场还要有自记存储设备。现场自记存储设备除了按测量时段存储数据和记录时间外，还必须按时自报、上传至数据中心，上传频率能随时修改设定。

b.水情信息。灌区的水情信息主要指水位和流量信息。水位包括水库、渠道水位和管界交接断面水位，以及须调节闸门的控制闸（节制闸、分水闸等）的闸前和闸后水位。流量包括水库的入库流量以及灌区内的渠道流量、过闸流量、管界的交接核算流量等。

水位、流量数据是灌区水管理的基本信息，也是重要信息。它是执行灌溉计划、优化水资源配置和科学调度的基础，也是各级管理部门核算水量的依据。与雨情信息一样，水情信息同样要求在现场有自记存储设备，可以查询，并能实时传输，应根据管理需要，随时查询到实时数据和历史数据。从信息化建设经费和需求必要性考虑，灌区的水情信息宜倡导自动采集与手工记录相结合的方式。也就是说，综合考虑通信链路、电源供应等因素，对水资源调配和安保影响不大的站点，可以由管理人员手工记录，通过电话（或其他方式）报数。由数据中心管理人员录入计算机。有些站点也可以实时自记，定期由管理人员采集后导入计算机。水位精度达到±1 cm即可满足灌区水资源调配的量测要求。

流量数据应根据特定过水断面的水位—流量关系获取。但对于控制闸，还需要与闸位数据结合，才能控制流量的调配。当然，如果具备条件（如经费、渠道工程措施等），也可以在输水渠道或管道中安装高精度的流量计，直接、自动地获取流量。

c.工情信息。主要是监测灌区建筑物是否发生变形、位移、渗漏等影响安全的信息。这些信息是工程正常运行的重要保证。一般情况下，水利工程建筑的结构变化是一个漫长的过程，即使在线监测，其实时变化也不明显。但是，一系列的工情信息有助于分析建筑物的渐变过程和发现潜在的安全问题，以便及时采取工程措施，保障建筑物安全。工情信息要获取诸如应力、变形裂缝、温度、位移、沉降、渗漏等参数，但是获取这些参数的传感器价格昂贵，除了大型、重要建筑物可以考虑安装外，其他建筑物宜采用便携式移动监测仪器定时采集工情数据，然后录入计算机。因此，可以结合灌区续建配套和节水改造，在重要的建筑物中埋设在线工情监测装置，其他建筑物的工情可以采用移动监测方式。

d.现场信息。为了保证工程安全运行，除了要获取上述工情信息外，对于一些重要建筑物和设施的运行现场还要进行数据形式或可视形式的监视。需要监视的信息包括闸门、泵站的水泵及电动机组、水电站的水轮发电机组等的运行工况及现场场景。

其中，闸位信息是闸门运动或遥控的过程参数或目标参数，是确保闸门安全运行的必要的现场信息。灌区中重要的分水闸、节制闸、泄洪闸的闸位信息都应及时上传，闸位的精度达到±1 cm即可满足运行管理要求。

对于泵站和水电站，现场运行数据主要由模拟量和开关量组成，包括电量、非电量、状态及过程信息。

除了水闸的闸位数据，以及泵站和水电站的模拟量和开关量监测外，现场的视频监视是可视化监控的有效手段。由于视频信息传输对通信链路的带宽、速率要求均很高，相应的投资也比较大，因此，视频信息一般只传输到现场监控中心，如水库管理所、闸管所、泵站和水电站的控制室，供值班人员监控运行情况，一旦发现异常，可以就近迅速到达现场实施处理。为了帮助事故分析、责任排查，视频监视信息应按照档案管理规则存储管理和维护，制定入库周期，及时传输到灌区信息系统中，供上级管理部门领导和管理人员使用。过期的历史视频，如果没有特殊情况，如事故等，则可以按照制定的管理规章由责权人删除。

以上涉及运行管理业务的信息可以采用信息化设备自动获取，也可以采用非自动或半自动方式人工获取。特别是在信息化建设的初期阶段，因经费、管理维护工作量和技术力量等因素的限制，要提倡充分采用人工获取方式，只要录入计算机即可，同样可以起到提高业务管理效率的作用。

e. 其他信息。除了上述信息外，影响灌区运行管理的信息还有气象、墒情、农作物种植结构以及生长形势等信息。其中，气象信息，如反映区域降雨现状和趋势的预报数据或卫星云图等，可以通过气象部门获取。由于墒情、农作物种植结构以及生长形势等信息的面上分布的特点，通过仪器设备广泛采集较为困难，可以借助空间遥感影像分析，或考虑在灌溉试验站建立模拟现场，把在模拟现场采集的数据，依据"关系""辐射"到灌区的各个相应灌域。

B. 反馈控制。灌区运行信息获取的最主要运用就是对建筑物的反馈控制。灌区运行控制主要包括闸门、水泵机组和水轮发电机组的控制。其中，闸门控制又分为两种：一种是需要调节闸位（启闭高度）的进水闸、分水闸、节制闸和泄洪闸；另一种是无须调节闸位，只要全开或全关的小型闸阀。需要调节的闸门应该能够根据流量目标参数实现过流量控制和闸位目标参数实现自动或计算机控制调节。无须调节的闸门则根据上级调度指令实行人工手动或电动启闭。受通信与调节方式的限制，灌区的闸门调节允许适量的时间延迟，达到目标值的全过程时间不超过 15 分钟即可。

系站控制主要实现电机与辅助设备的现场和远程操作。其操作一般分三个层面，即远方调度层、集中监控层和现场操作层。

远方调度层设在灌区管理局，对各泵站（也包括水闸）运行状态进行监视和下达调度控制指令。

集中监控层设在各泵站现场管理中心。主要完成对现场控制单元进行监控，获取并整理各种运行参数形成各种报表，系统组态，上传有关泵站运行状态数据，对泵机组下达上级调度指令控制其运行。

现场操作层设在泵房，完成对现场设备的人工/自动监测和自动/手动控制。对应以上三层，系统采用三级控制，现场操作层为现场控制单元级，为第一级，控制权限最高；集中监控层为监控级，为第二级，控制权限次之；远方调度层为远层控制级，为第三级，控制权限最低。现场设备同时只能接受三级中的某一级控制，可以通过切换开关或软件，依据具体情况，按权限设定。

水电站的控制原则和控制过程与水泵站类似。

C. 信息传输。在灌区运行过程中，无论是获取到的信息，还是闸门和水泵的控制指令，都要通过通信链路作为载体实现传输。根据灌区的管理机制，以处、所、站为例（有的灌区可能是处段、所或局、处、所等），信息传输一般可以分为四层三级。四层是灌区管理处、管理所、管理站和测控点；三级是管理处到管理所为一级，管理所到管理站为二级，管理站到测控点为三级。出于信息共享、分布式管理以及通信技术的原因，信息也可以越级或多路传输。

灌区控制灌溉面积大、渠系延伸长、测控布点多，因此，从经济、技术、可操作性等方面出发，要考虑不同层链路的不同技术方案。如雨情信息的传输；底层链路的带宽、速率要求就相对低于高层链路；需要传输控制指令的链路就要求有较高的可靠性和时效性等。因此，在技术方案设计时要区别对待，予以具体分析，确定合适的方案。

a.信息流向。信息采集点到信息中心（或分中心）的信息流基本上是单向的，例如自报的雨水、工情数据和视频信息等，均是由信息采集点传向分中心经整编后再传向信息中心或直接传向信息中心。受控的信息测控点的信息传输则是双向的。例如，需要调节自报周期或采用轮询方式的雨、水、工情信息，以及闸门控制信号等都是先接收相关职能部门经由信息分中心或信息中心下达的指令，然后根据指令要求上传指定信息或执行指定动作，动作结束后再将结果信息上传，信息分中心与信息中心之间也实行双向数据传输。

b.速率和频率要求。信息传输的速率和频率要求直接决定了通信链路的带宽，并影响通信设施的选型配置和投资费用。灌区信息化系统中的各种操作指令以及雨、水、工情信息的数据量均不大，并且允许适量的延时，也就是说传输速率和通信频率要求不是太高，在标准的 2 400~4 800 kbit/s 传输率范围内均可满足要求。但是，视频信息则需要较大的带宽和较高的速率。一般要 2~4 Mbit/s 以上的传输率才能保证实时、平滑、高分辨率的画面质量。由于信息分中心与信息中心之间存在数据、音频、视频等大量的实时信息传输，所以总带宽要在 20 Mbit/s 以上，并预留一定余量，以备需要时扩展。

c.传输方式。灌区通信系统覆盖面积大，区域内地形复杂，野外测点多，且多元电源供给规划通信链路总长都在几十千米以上，甚至几百千米。因此，无论是投资限制还是技术要求都对传输方式提出了很高的要求。

对于大部分灌区，在其区域范围内电信无线公网基本覆盖，而且信号质量较好。因此，在电信部门提供数据传输业务以及信道租用费用可以接受的情况下，信息采集点首先要考虑利用 GPRS 或 GSM 方式传输数据，既方便又节省建设费用。闸门控制信号以及视频监视信息的传输只是在闸门与现场控制室之间，距离较短，可以采用敷设光缆的方式，既可靠，投资费用也不高。视频确有需要传输到远程的管理局（处），也应首先考虑租用公网，如 VPN/SDH 或通过宽带上网传输，实在不可行时，才考虑自建光纤或扩频微波等通信链路。信息分中心和信息中心之间，可以通过公网接入，借助国际互联网（Internet）作为桥梁实现信息的双向传输。具体方式是信息分中心和信息中心可以就地接入当地的电信宽带网络，通过电信宽带网络实现互联。这种方式同样也可以节省巨大的自建通信网络费用，而且不需要自己维护和管理，减轻技术和人员的负担。出于商业运营的目的，电信公网的趋势必然是覆盖面越来越宽、可靠性越来越高、租用费用越来越低，因此，将成为灌区通信的主要方式。

③事务信息处理

A. 灌溉水资源调配过程中的信息处理

a.用水计划。编制用水计划的目的是弄清楚各用水单元对于灌水的需求情况（包括需水量和需水时间），为灌区水量平衡与渠系配水提供依据。灌区是以支渠或斗渠（主要是支渠）作为用水单元。某一条支渠或斗渠的用水户首先向支渠管理机构提出需水申请，支渠管理机构根据需水申请，编制本支渠的需水计划上报灌区管理处作为编制配水计划的依据。

b.配水计划。配水计划主要是制订各干渠和支渠口的水量分配计划，有了各干渠和支渠口的水量分配计划后，灌区的取水口（水源处）就可以在汇总的基础上，通过水量平衡，制订供水调度方案。干渠和支渠管理机构根据各用水户的用水申请，并根据各段渠道和田间的水利用系数分别求出逐日及每个轮灌期的需配水量。

年度配水计划。灌区所在县、市、区按照灌溉面积、灌溉制度、作物构成、用水定额和渠道水利用系数编制年度用水计划，于每年初报各级灌区管理委员会和灌区管理处。灌区管理处根据年度可获得水量和当年水情预报，核定灌区内各县、市、区用水计划，编制当年全灌区的年度配水计划后报上级水利局批准，批准后下达给各县、市、区政府或直接下达到用水单位，各县市、区再将水量下达给各乡、镇。

时段配水计划。在年度配水计划的基础上，根据渠道过水能力、灌域需水量、作物需水时间进一步编制时段配水计划。在编制渠系分期配水计划时，既要考虑渠道的过水能力，又要考虑错峰用水，以满足各灌域的用水需求。另外，还要坚持"先远后近、先高后低"的用水原则。

水量预分计划。遭遇干旱年或连续干旱年份时，因为水库蓄水不能满足灌溉用水需要，就需要编制水量预分计划。编制的主要依据是灌区的灌溉面积，并根据分配的水量制定轮灌制度，安排灌水次数和时间，保证各灌区的均衡受益。

c.水量平衡。由于灌区范围内的水文气象情况复杂多变，引入取水口的水量与配水计划完全吻合的情况比较少见，甚至是不可能的。因此，必须根据当年的水库蓄水量或河道来水量进行水量平衡计算，以确定实际配水量。

在进行水量平衡计算时，要根据实际情况采取不同的措施。

当取水口实际引入水量减少，而其差额未超过计划配水量的 5% 时，仍按原配水计划调配水量。

当取水口实际引入水量减少，其差额在 5%~25% 范围之内时，应修正配水计划，以求得供需平衡。

当水源严重不足，取水口可能引入的流量锐减，与原配水计划中的水量差额超过 25% 时，应采取非常措施，如重新划分轮灌组合等。

d.供水计划。供水计划主要根据平衡后的配水量确定取水口及各个分水口的流量以及供水的持续时间。在确定流量时，主要依据该轮灌期内计划供给的水量以及轮期时间的长短，同时也要考虑渠道的过水能力、输沙能力、水的含沙量以及用水单位的特殊要求等。如果轮灌期内的供水量较大而轮灌期较短时，流量就较大，反之则小。但流量最大不能超过渠道或过水建筑物的过水能力。通常情况下，实际流量总是小于渠道的设计流量。但是，流量太小会使渗漏损失增大，而且容易造成淤积。

e. 控制点上下游水位、流量控制值确定。在计算出各区段的净配水量、毛配水量之后，就可以根据渠道上、中、下游地段的自然、地理条件和过水建筑物形式、结构、物理特征的不同，考虑折算比例后，推算出各区段的净流量和毛流量，按照各控制点的水位流量（$H—O$）关系曲线求得各区段的上、下游控制水位值，以此指导过水建筑物或设施的运行。

灌区可以在实用化静态配水的基础上充分考虑灌区的实际情况，进一步研究适合灌区的优化配水模型，经过一定时间的率定和实用化考核后，投入正式运行，达到节水增效的目的。

B. 电子政务管理信息的处理

a.公文管理。公文管理是通过电子邮件、远程通信以及 Internet 技术的运用，实现本单位与上下级单位之间的公文流转、信息共享和交流。公文管理按照保密条例制定文档的密级和使用权限，使用户能够方便、快捷地获取所需信息。

b.公用信息。建立公用信息发布系统，办公办事指南、电子公告牌、列车时刻表、航班时刻表、长途区号及邮政编码、本单位电话及通信名录、领导分工、机构分布等信息，并提供简单、易操作的全文搜索功能。

c.后勤管理。对机关后勤服务设施进行科学管理，优化配置。

d.人力资源管理。灌区人力资源管理在授权权限内统计、查询干部、职工的履历等基本情况分不同级制、不同职称、不同学历、不同工龄等情况进行实时查询。

e.政策法规和科技成果管理。政策法规和科技成果管理提供对国家、省（自治区、直辖市）水利部、水利厅、水电局的行业制定的有关法律、法规、条例、办法等实时查询，以及对灌区历年的科研成果和水利行业科研成果进行实时查询和检索功能，以避免重复研究和盲目研究。

f.业务管理。利用业务管理功能，管理局及其下属的各职能处、所、段可以实时查询灌区水情、雨情、工情、农情、灌溉方案、运行情况及气象预报、工程状况、防汛减灾、水环境管理、水源涵养等业务资料。借助这些信息资料，可以向公众发布水情、防汛、灌溉信息，实现政务的透明、公开和公正。

g.文档管理。文档管理是办公政务管理系统的重要组成部分，它具有以下特点：一是信息量大。要收录上级单位下发的及本单位发布的所有文件。二是信息反馈及时准确。文件从下发当天就可以进入办公政务管理系统。三是易于重复引用。在办公政务管理系统中，所有文档均以数字化的形式传输，因此只须一次输入，就可以实现多次引用。四是具有全文搜索功能。借助超文本和流媒体技术提供的全文搜索功能，尽管系统中存有成千上万的海量信息，都能在几秒钟内找到需要的信息。

h.会议管理。会议管理的内容包括会议安排、会议通知单、会议纪要、会议议题归档。归档后的会议资料统一存储在数据库中，可以按指定的方式进行查询和统计。

会议通知发出后，会议管理自动对会议通知单反馈信息进行实时跟踪，因此有助于管理者动态掌握会议的具体安排。

i.电子邮件。电子邮件是办公政务管理系统中各工作流程衔接的纽带。同时，电子邮件也可以非常方便地促进工作人员之间信息的交流。电子邮件及其管理功能可以起草、发送、接收电子邮件以及作为附件的各种电子文档。可以在信息中心和信息分中心建立电子邮件服务器，向所有管理人员提供 Internet 电子邮件服务以及发信服务器安全认证功能，以减轻垃圾邮件对邮件使用者的干扰。

j.人事档案管理。利用灌区基础数据库中的人员档案数据，可以对灌区干部、工人实现职称工资、继续教育、奖惩、离退休状况等的管理，信息的存储、查询、统计、报表输出，以及数据的维护管理。

C. 公众服务管理信息的处理

灌区信息公众服务系统应从规范化和行业统一管理的原则出发，按照水利部农村水利司（一级）—省（自治区、直辖市）水利厅（二级）—灌区管理处（三级）三级体系进行规划。内容包括网站标准。

作为第三级站点的灌区应根据灌区的功能特点，确定公众服务管理信息的内容，一般应设置灌区新闻发布、灌区管理部门职能介绍、灌溉用水管理、政策法规、水利工程、抗旱、科技信息灌区论坛、用水户协会等栏目。

二、信息获取

由于灌区水源类型、水资源利用、业务管理内容等不尽相同，所要获取的信息也不尽相同甚至差别很大。如有的灌区不但承担灌溉、工业及生活供水的任务，还同时承担防洪、水力发电等任务。因此，应根据灌区的功能特点及所承担的任务确定获取信息的种类和相关要求。

（一）灌区信息的分类及特征

灌区业务涉及许多方面，按照数据更新的频率及时限长短分为灌区的基本数据、实时数据、多媒体数据、超文本数据和灌区空间基础数据。

1. 灌区基本数据

灌区基本数据指基本不变化的资料，如灌区的行政区划、管理机构、各种已建工程资料等静态数据的更新周期一般较长，主要用来描述灌区的基本情况，可以分为灌排系统、用水系统和管理系统三个方面的静态数据。

2. 实时数据

实时数据指实时更新的资料，在本书中主要指在灌区的日常运行中为了灌区的管理需要而监测的数据，如灌水期间渠道的水位、降雨期间的雨情资料等。这些数据更新频率比较高，需要保存历史数据供分析使用，是灌区的重要基础资料。实时数据通常包括以下几个类别：

（1）雨情监测。在水库灌区和南方山区布点相对密集，而对于北方则可较疏，西北干旱地区则必要性不大。

（2）水情监测。水情包括水位和流量，是大型灌区信息化的基础数据之一。一般情况下根据灌区管理单位的管理细致程度布点，主要是闸前、闸后，各级交接断面，重要配水点，以及在田间与收费相关的计量等。

流量监测除泵站管道输水部分采用电磁流量计以外，基本都采用建筑物量水配合自动水位采集装置计算流量和用水量。

（3）闸位监测。闸位监测一般情况是结合闸门控制统一考虑，但不排除一部分目前基于投资或技术等原因，无法实现控制而仅仅监测闸位的信息点。布点针对主要的分水、节制和泄洪闸。

（4）工情监测。主要是指水工建筑物和衬砌渠道的应力、裂缝、位移、变形、渗漏等方面的数据信息，目前除大坝外极少采用。

（5）墒情监测。主要监测作物根系土壤含水量，其技术主要包括电导率测量法、时域反射和中子测量法等。

（6）水质测量。由于灌区供水任务逐步增多，水质测量越来越受到重视，尤其与人体健康关系密切的浊度、氯化物、重金属、溶氧等参数。布点一般为水库或供水出口。由于在线测量成本非常高，主要采取化学方法结合电子技术，根据测量参数不同，具体技术也有所区别。

（7）气象监测。主要是与灌溉相关的温度、湿度、气压、风向、风速、降雨、蒸发、光照、地温等气象要素的监测。由于与气象部门的信息共享较难，部分灌区自建小型气象站，用以在线监测小范围内的气象状况，一般采用一体化自动气象站。

（8）视频监测。基于视频监测的可视化管理可以做到足不出户，但能实时观察各个管理节点的工况，例如水闸等重要的水利工程建筑物。

3. 灌区多媒体数据

灌区多媒体数据包括不同种类的数字视频数据和数字音频数据，以不同格式的文件形式存在。多媒体文件一般比较大，一般直接以文件形式在计算机硬盘存储。

4. 灌区超文本数据

灌区超文本数据包括表现、展示灌区管理运行现状的各种超文本数据。具体包括与灌区管理有关的法律法规、业务规范规程规定、灌区主要工程的调度规则和调度方案、灌区通报简报等新闻发布内容以及有关的经验总结数据等。超文本数据一般以文件系统方式和数据库系统方式进行存储。

5. 灌区的空间基础数据

灌区空间基础数据指与灌区空间数据有关的基础地图类数据。灌区几乎所有的数据都具有空间信息的属性，但不是所有这些数据都是空间基础数据。只有当有较多其他空间信息需要依赖某一空间数据定义时，该空间数据才称之为空间基础数据，包括灌区基础电子地图、各类专题地图、遥感图等。

对于不同类型的数据，其信息采集的手段、方式是不同的。如对于静态资料，在基础资料的信息化过程中进入灌区数据库，基本是不更新的；对于动态资料，就需要根据其具体的特点定期或不定期进行采集，然后进入数据库；而对于实时数据而言，由于其更新时间甚短，从灌区管理的需要出发，又需要实时掌握这些数据，所以靠人工采集已不能适应灌区现代化的需要，必须采用光电、计算机等技术进行自动、实时的采集，建立信息采集系统。这一节讨论的信息采集系统专指实时数据的采集。一般来说，灌区信息采集系统主要采集渠道水情、气象（包括雨情）、田间水情（墒情）、作物长势等要素。

（二）灌区信息获取的不同方式

根据灌区不同的信息类型、属性特征和作用，灌区信息（实时数据）的获取主要有以下几种方式：

1. 在线监测

固定测点，实时采集，实时传输。常用于闸门的自动控制。

2. 自报监测

固定测点，按照定时或规定变幅自动上报。常用于水位、雨量参数的测量。

3. 自记监测

固定测点，将测量数据当地保存，隔一段时间通过人工取回。常用于一些非重要的水位流量监测。

4. 便携巡检

动态测点，配备一定数量的便携式仪器定期巡检，通过数据接口上报。常用于取水口的水质监测。

5. 自动监测

自动采集方式是使用特定的传感器采集信息，通过遥测设备对传感器所采集的信息进行现场存储，并使用特定的编码方式，通过特定的通信设备将信息远程传输到中心站，在中心站使用软件对信息进行解码、分析、处理、入库的过程。自动采集方式采集观测信息及时，采集频次高，减轻了工作人员的工作量，提高了工作效率；缺点是前期资金投入大，部分测点不适合自动采集，对使用维护人员有较高要求。

6. 人工监测

泥沙及水情信息的采集目前主要采用人工观测方式。水位、闸位、流量、降水量、土壤含水量、蒸发量、水质等信息，也可采用人工观测方式。在传统人工监测的基础上通过计算机将信息数字化以后上报。

人工观测方式是通过特定的测量设备，以现场实际测量的方式记录所采集的信息。人工观测方式可通过现场实际测量有效地消除测量设备所带来的观测误差，测量值准确；缺点是观测工作量大，信息的获取不够实时，在恶劣天气情况下工作危险性大。

7. 其他方式

灌区基本数据的获取方式：主要来源于人工录入。

灌区多媒体及超文本数据的获取方式：主要来源于灌区长期运行管理过程的积累。

灌区空间基础数据的获取方式：从相关单位购买或索取。

三、通信系统

（一）信息传输

1. 通信系统及其在灌区信息化中的作用

在灌区信息化系统中，无论是从测控点获取水情、工情数据和视频、音频信息，还是下达的闸门控制指令，以及信息中心与信息分中心之间的数据传输，都要以通信链路为载体。因此，通信网络是信息传输的命脉，是灌区信息化建设的基础设施。通信系统的建设要根据灌区业务的需要，利用现代通信技术，为采集到的各种数据的传输、水资源调度指令的下达，以及业务管理软件的执行提供可靠的链路和信道。

2. 通信系统分类

根据灌区管理机构的层次划分，一般来说，通信网络可分为干线通信网和信息采集通信网。干线通信网主要是承担灌区信息中心与信息分中心之间的通信链接，需要传输的信息包括水情工情数据，视频、音频信息、闸门控制指令以及计算机传输数据等大量的实时信息，因此要求线路具有较高的带宽（2Mbit/s 以上）、较高的可靠性和时效性等。干线通信网的通信方式可租用电信运营商的数据公网（如 ADSL、DDN、VPN、SDH 等方式）或自建微波通信（扩频微波）网、光纤通信网等。信息采集通信网主要是承担闸门、渠道量水断面等测控终端站的数据采集通信任务，链路的带宽、速率（标准的 2 400~4 800 bit/s 传输速率范围内均可满足要求）和实时性要求相对较低。信息采集通信网的通信方式目前可选用的有有线通信（近距离）、GPRS/GSM/CDMA 通信、超短波通信、卫星通信（VSAT 卫星、北斗卫星、海事卫星）等。

3. 通信系统建设的原则

灌区通信系统覆盖面积大，区域内地形复杂，为了节省投资和降低维护人员的技术要求和工作量，建议灌区通信系统建设的原则如下：

（1）信息分中心和信息中心之间，优先选择接入当地的电信宽带，通过电信宽带网络实现互联。出于商业运营的目的，电信公网的覆盖面会越来越宽、可靠性越来越高、租用费用也会越来越低，这必然是灌区通信的主要方式。

（2）在灌区范围内电信无线公网覆盖良好，信号质量稳定，且电信部门提供数据传输业务以及信道租用费用可以接受的情况下，信息采集的通信方式可以优先选择 GSM、GPRS 方式传输数据；否则，可以考虑超短波通信和卫星通信。

（3）闸门控制信号以及视频监视信息的传输若在闸门与现场控制室之间，距离较短，可以采用敷设光缆的方式，既可靠，实时性也强，投资费用也较低。

（二）计算机网络系统

1. 计算机网络及其在灌区信息化中的作用

计算机网络是架构于通信系统之上，通过高性能的交换设施（交换机、路由器等）将灌区各管理机构，以及信息中心和分中心的计算机、服务器连接在一起，形成分布式的网络环境，以全面提高灌区水资源调度决策和工程建设管理等业务工作的效率。灌区计算机网络系统是灌区信息化建设的基础设施，为灌区管理机构之间数据、图像等各种信息提供高速可靠的传输通道和信息共享平台，是实现信息采集传输、信息管理、业务管理、决策支持及远程监控等业务功能的重要保障。

2. 计算机网络的组成、功能和服务内容

灌区计算机网络系统逻辑上由内网和外网两个部分组成。

（1）内网。灌区计算机内网是将各管理机构（以中心、分中心为枢纽）的局域网互联在一起的计算机网络。内网的建设应结合灌区的实际情况进行，对于水利信息网已经覆盖到的地区，原则上不需要建设独立的计算机局域网，相关设备可就近接入水利信息网。对于目前水利信息网还没有覆盖到的灌区管理部门，确因建设需要，根据系统运行和使用需求，可购置适当网络设备，建设局域计算机网络。局域网除支持 TCP/IP 协议外，还应该支持其他协议。

（2）外网。外网（广域网）是接入互联网以形成更大范围的网络连接，实现信息共享。计算机广域网信道使用可分为三种情况：一是利用电信公网组建计算机广域网；二是利用省（自治区、直辖市）电子政务外网组建计算机广域网；三是利用电信公网和省（自治区、直辖市）电子政务外网混合组建计算机广域网。具体采用何种技术方案须视当地电子政务外网建设开通的情况而定，最终随着当地电子政务外网的发展和完善，灌区计算机广域网信道应完全转移到当地电子政务外网。目前已经建立水利信息网的省（自治区、直辖市），灌区广域网应在其上运行，不应另行建设，只须对没有联通的部分进行补缺。灌区外网与内网应物理隔离，形成独立的计算机网络。

3. 计算机网络建设的原则

计算机网络的设计需要综合考虑业务应用需求，各灌区可以利用的各种通信与网络资源以及信息安全要求应遵循以下建设原则：

（1）安全。应分别建立物理隔离的内网和外网，以满足业务应用系统和信息安全保密的要求，在内外计算机网络之间，应建立单向的由外向内的信息输入渠道和有控制的由内向外的信息发布手段。

（2）公网优先。在线监测信息的传输，在保障安全的前提下，宜利用公共通信网络进行传输。

（3）内外网分工。除了可以公开的数据和业务应用放在外网外，其他数据和应用系统都应部署在内网。

（4）统筹配置服务器。网络服务器的布置应根据内、外网业务需要，分别配置相应能力的服务器。

四、监控系统

（一）灌区监控的对象及内容

1. 灌区计算机监控系统

灌区各级渠道重要的进水闸、节制闸、泄洪闸、分水闸以及各级泵站有必要实施控制。监控系统按"无人值班、少人值守"进行总体设计，本着实用、可靠、经济、先进的原则进行配置。

2. 视频监视系统

多媒体视频监视系统能将被监控现场的实时图像和数据等信息准确、清晰、快速地传送到控制室监控中心，监控中心通过视频监视系统，能够实时、直接地了解和掌握各被监控现场的实际情况。同时，中心值班人员根据被监控现场发生的情况做出相应的反应和处理，因此能有效地管理水利设施的运行情况及其周边现场情况。

灌区监控点多，但布局分散，单个监控点规模较小，通信流量较大（含视额数据），因此，信息通信保障是其建设关键。

（二）灌区控制系统组成及功能

灌区计算机监控系统由于控制对象较多、分布范围较广，为满足控制要求，监控系统宜采用分层分布式结构，设现场手动控制级、分中心自动控制级、远程调度控制级。

一是现场手动控制级由现场手动控制设备组成，是系统最后一级，也是最优先的一级控制。主要设备有 LCU、触摸操作屏、断路器、交流接触器、按钮等。

二是分中心自动控制级由监控中心的监控主机及以太网通信网络构成，通过主控机的监测监控界面，显示现场设备的运行参数与状态，同时下发控制命令，监督现场监控单元对监测监控命令的执行。主要设备有服务器、监控主机、网络通信设备等。

三是远程调度控制级主要通过网络下达控制调度的指令，同时接收现场反馈的运行过程数据或视颜，以达到监视的目的。

以上各控制级的切换均通过设在现场控制单元上的转换开关完成。无论闸门处于哪一级控制下，监控中心的监控主机均能对闸门的运行状态实时监测。监控主机通过交换机接入监控中心局域网，将监控过程载入实时数据库与历史数据库，并支持在线查询。整个系统由监控主机、各现场监控单元、操作机构及各类传感器组成。

（三）灌区监视系统组成及功能

灌区视频监视提倡以现场实时监视为主，远程监视以分析事故原因为主，确有必要才进行远程实时监视。

1. 现场监视

灌区监视系统中的现场监视级主要由前端设备、传输设备、控制与显示设备等组成。

（1）前端设备由各种类型摄像机组成，用以监视远控闸门的运行情况以及灌区关键点的安全状况。

（2）传输设备根据现场情况由各种电缆、光缆或无线通信设备组成。根据传输距离远近和线缆敷设难易程度，选择合适的传输方式。

（3）控制与显示设备由现场视频控制设施对前端可控制摄像机进行全方位控制，并通过计算机显示器或大屏幕对前端图像进行显示，同时将视频记录下来，并存储在硬盘录像机或视频服务器中。

2．远程监视

灌区监视系统中的远程监视主要由现场网络视频服务器、视频传输网络、客户端显示设备组成。

（1）现场网络视频服务器是一种对视音频数据进行压缩、存储及处理的专用嵌入式设备。视频服务器采用 MPEG4 或 H264 等压缩格式，在符合技术指标的情况下对视频数据进行压缩编码，以满足存储和传输的要求。

（2）视频传输网络带宽根据传输视频路数、图像分辨率、传输速率确定。高带宽意味着网络使用费用的增加，由于不同的图像状态（静止、正常活动、高速运动）、图像分辨率、传输速率，其占用网络带宽差异很大，对于正常活动图像，图像分辨率达到 352×288，传输速率为 25 kbit/s 的情况下，一路视频图像所占用的网络带宽在 $500 \sim 900$ kbit/s。根据传输带宽的需要，可以选择公用 ADSL 网络的 VPN 方式或租用电信专用光纤通道、自行敷设光缆、采用扩频微波传输等方式。

（3）客户端显示设备可采用普通的微机。通过微软 IE 浏览器访问远程网络视频服务器。

（四）闸门监控系统

灌区闸门监控系统从应用角度看，一般可分为管理局闸门监控系统、水管处（所）闸门监控系统、现场闸门监控站，也可以根据灌区实际情况制定控制级别。

闸门监控系统的建设是将闸门启闭方式、运行数据获得方式由原有的人工方式转换为自动方式，避免人工作业在人力资源、时效性、准确度上带来的不便，为水资源统一调配、准确计量提供科学的手段。同时闸门自动控制给远程多级控制创造了平台，使控制和管理权限更加透明和可操作。

五、信息存储与管理

灌区业务管理涉及的信息可以分为五类：灌区基础数据、灌区实时数据、灌区多媒体数据、灌区超文本数据及灌区空间基础数据。

灌区数据的使用对象按照地理属性划分一般有三种：一是现场使用者，例如各个监测站点；二是属地管理站所；三是管理局及职能科室。

信息存储与管理是整个灌区信息化业务应用系统建设的基础，它的设计及架构的合理与否关系到整个系统建设的效率。主要包括以下几个方面的工作：数据库管理系统平台的选择、数据表的设计、数据的部署方式、数据共享的策略和机制以及数据安全措施等。信息存储与管理建立在所有的业务系统共同应用的基础之上。

（一）数据组织及表的设计

灌区建设与管理的业务内容主要涉及的信息类型有数值类型、文字类型、图形类型、图像类型、语音类型、视频类型六类数据，其中数值类型和文字类型应用范围比较广。灌区数据几乎涉及数据库存储的所有类型，所以数据组织方式的优劣关系到整个系统建设的成败，对日后系统的扩展升级有着至关重要的影响。

数据库组织方式主要包括数据库概念设计、逻辑设计、物理设计三个方面。

1. 概念设计

概念设计的目标是产生反映灌区建设与管理信息需求的数据库概念结构，即概念模式，它使数据库设计更加符合灌区的需求，达到规范的要求。在设计数据库系统时，要把现实世界的事物通过认识和抽象转换为信息世界的概念模型，再把概念模型转换为机器世界的数据模型。

2. 逻辑设计

数据库逻辑设计就是将概念结构转换成特定数据库系统所支持的数据模型的过程。在设计过程中需要考虑到数据库系统的性能、数据模型特点，然后根据逻辑设计的准则、数据的语义约束、规范化理论等对数据模型进行适当的调整和优化，形成合理的全局逻辑结构。

数据库逻辑设计优劣对将来数据库的运行效率和管理都有比较大的影响。如果数据库逻辑设计不好，则所有的优化方法对于提高数据库性能的作用都是有限的。规范化方法为数据库逻辑设计提供了理论指导和实用工具，在减少数据冗余的同时节约了存储空间，同时加快了增、删、改的速度。另外，在规范的数据库逻辑设计时，还可以考虑适当地破坏规范规则，即反规范化设计，来降低索引、表的数目，降低连接操作的数目，从而加快查询速度。常用的反规范技术有增加冗余列、增加派生列、重新组表等。

例如，有时要进行查询的列分布在不同的表中，如果这个链接查询的频率比较高，那就可以根据需要，把其他表中的这一列加进来，从而使得多个表中具有相同的列，因此，避免了查询时的链接操作。其缺点就是需要更多的磁盘空间，同时因为完整性问题需要增加维护表的工作量。总之，在进行数据库逻辑设计时，一定要结合应用环境和信息技术的具体情况合理地选择数据库模式。

3. 物理设计

数据库物理结构设计的优劣直接决定了整个系统的性能，因此，在确定数据库的存储结构和存取方法之前，要对数据库系统所支持的事务进行仔细分析，优化数据库物理设计的参数。除此之外，还需要知道每项事务在各个关系上运行的频率，哪些事务具有严格的性能要求。特别需要指出的是，在进行数据库物理结构设计时，一般并不知道所有的事务内容，了解的信息可能不完全，所以，设计的物理结构应该是可修改，并易修改的。

（二）数据部署

这里的数据部署不是纯数据库技术的部署问题，而是灌区大量的业务数据的物理分布问题。数据部署一般来说分为集中式和分布式。每种方法各有优缺点，随着网络及通信传输技术的发展，集中式管理是数据部署的发展方向。

基于灌区目前的管理模式、通信现状及地域特点，灌区的数据部署可以根据灌区的特点，在网络非常发达的灌区，可以采用集中式；而网络的通信状况不太好的灌区，建议采用集中式和分布式相结合的方式，数据链路通畅的地方采用集中式，不通畅的地方采用分布式，但是数据必须通过人工的方式定期备份到数据中心。

（三）数据管理的内容

数据库一旦出现故障，轻则影响系统运行，重则数据丢失，导致不可挽回的损失。所以，数据库的日常管理就显得非常重要。

数据库日常管理内容主要包括下列内容：

一是数据库的运行状态监控：启动是否正常，连接是否正常，是否有死锁等。

二是数据库日志文件和数据库备份监控：自动备份是否正常，备份文件是否可用；异地备份是否正常，备份文件是否可用。

三是数据的增长情况监控：对数据库的空间使用情况，系统资源使用情况进行检查，发现并解决问题。由于数据的不断增长，数据文件占用的空间不断增大，同时，系统资源的使用情况也会不断变化，所以要经常跟踪检查，并根据情况进行调整。

四是数据库健康检查：对数据库对象的状态做检查。

五是对数据库表和索引等对象进行分析优化。

六是寻找数据库性能调整的机会，进行数据库性能调整，提出下一步空间管理计划。
SQL Server 、Sybase、DB2、Informix、Oracle 等 DBMS，都有类似的数据库管理工具，只是

使用命令和方法有所不同而已。

（四）数据共享

灌区涉及两个层面的数据共享与交换，一是灌区内部各管理机构间的数据共享交换，二是灌区与上级管理机构。水利局的方式主要有两种：一是同构数据库之间采用数据库复制交换方式，如灌区内部数据库采用相同的数据库结构标准，适合采用数据库复制技术实现数据交换；二是异构数据库之间采用数据交换服务系统交换方式，如与水利局、水利厅、水利部等部门的数据库难以做到同构，需要开发专门的数据交换服务系统，实现灌区与上级机关的数据共享和交换。

（五）数据库系统的选择

目前，商品化的数据库管理系统以关系型数据库为主导产品，技术比较成熟。面向对象的数据库管理系统虽然技术先进，数据库易于开发、维护，但尚未有成熟的产品。商品化的关系型数据库管理系统有 SQLServer、Oracle、Sybase、Informix 和 DB2。

六、应用软件开发

灌区应用软件的建设与业务内容是紧密相关的。每个灌区在进行应用系统软件开发时，必须对本灌区的业务及信息流进行详细的需求分析，在此基础上，才能建立应用软件的框架体系继而划分功能模块。由于不同的灌区，业务工作内容不尽相同，甚至差别很大，这一节仅针对共性问题，阐述应用软件开发的内容、模型和方法。

（一）应用软件分类与功能

灌区作为直接面对用水户的水利管理部门，其业务管理的内容主要包括建设管理、运行管理、事务管理三大类，因此，信息化应用软件建设也应围绕这三项内容展开。一般的分类方式为：

灌区建设管理应用软件，包括项目建设管理、灌区工程管理软件等。

灌区运行管理应用软件，包括信息采集、量测水、配水调度、防汛、水费计收、视频监视、闸门控制软件等。

灌区事务管理应用软件，包括灌区综合信息管理、档案管理、办公自动化、财务管理、门户网站软件等。

1. 灌区建设管理软件

（1）项目建设管理系统。项目建设管理系统是为灌区水利工科项目建设管理而设计的应用软件。系统建设的目标是为项目管理人员提供方便、快捷的管理方式，为上级管理单位提供准确、及时的项目数据。该系统的建设应该利用目前信息技术中地理信息技术的强大功能，将项目建设涉及的灌区水利工程直观、清晰地展现出来，方便各类项目信息的查询和统计，同时可为管理者提供需要的专题地图，为各级水利主管部门及灌区管理单位对灌区项目建设实施科学高效的管理提供有力的工具。

（2）灌区工程管理系统。工程管理系统是针对灌区已建水利工程设施的管理工作而设计的应用软件。它为灌区工程管理人员完成水利工程设施的管理和维护、水资源调度、抗旱提供支持。系统可将灌区工程文档、工程照片、工程图纸、多媒体资料等与地理信息技术有机地融合在一起，从而提高灌区工程文档和图纸管理的标准化水平。

2. 灌区运行管理软件

（1）信息采集处理系统。信息采集处理系统主要接收与处理水情数据、工程监测数据、气象数据、雨量数据、墒情数据、含沙量数据等，这些数据都是灌区的实时数据，可以为其他应用软件提供数据支撑。根据需要或受限于技术条件，也可以通过手工录入的方式接收人工采集的各种数据。

（2）量测水管理系统。量测水管理系统根据灌区的量测水现状，结合《灌溉渠道系统量水规范》（GB/T 21303），将各种量水计算方法固化到系统中，对各量水站点自动输入和手工输入的数据，系统选择适用的量水计算公式和参数，快速生成满足要求的量测水数据。

（3）配水调度管理系统。配水调度管理系统以流量为依据，利用计算机软件系统进行分析计算，合理调配灌区用水，提高灌区用水信息管理水平。配水调度管理系统主要包括灌区来水分析、需水分析、配水调度、辅助决策支持。个别灌区还要涉及防洪调度问题。灌区配水调度管理系统的目标是解决灌区在用水管理工作中存在的信息化程度不高、时效性不强、信息管理分散、处理手段落后和信息共享机制不健全、使用效率较低等突出问题，更好地为灌区配水调度工作服务。

（4）防汛预警系统。防汛预警系统主要包括灌区防汛预案、防汛工程、防汛预警等内容。该系统能够根据灌区的防汛现状，采用现代信息技术，以加强防汛指挥的科学性，提高信息采集传输、处理和防汛调度决策的时效性和准确性为主要目的，进一步促进防汛工作逐步从被动向主动转变。充分发挥水利工程防洪减灾的作用，增强在抗洪抢险救灾中的快速反应能力，提高防汛指挥决策水平。

（5）水费计收管理系统。水费计收管理系统利用网络及数据库等技术，根据灌区的具体业务特点，对灌区水费结算和统计的整个业务流程进行信息化管理。系统根据具体的收费业务流程和结算管理对象，设计不同层次、不同功能模块，以提高灌区水费结算的透明度，建立灌区与用水户之间的良好关系。

（6）视频监视系统。视频监视系统通过在枢纽工程、重要建筑物及安防点安装视频监视设备和传输系统的方式，实现远程，实时了解它们的运行和安全情况。有了视频监视系统，监视对象一旦出现异常，可立即采取应对措施，消除和解决事故隐患，增强应对突发事件的能力，提高信息化管理效率。

（7）闸门监控系统。闸门监控系统在实现对闸门的现场控制和远程遥控的同时，还可以监测闸门的实时状态，例如闸门位置、闸门荷重、上下游水位等信息，必要时发布故障报警和趋势显示等。

3. 灌区事务管理软件

（1）综合信息管理系统。综合信息管理系统是集灌区基础信息、气象、视频监控、水雨情监测、工程 GIS 及其他各类信息与服务为一体的综合系统，其特点是涵盖内容多、信息量大。它综合了灌区各业务子系统的数据及管理内容，主要用于管理灌区的日常工作。

（2）档案管理系统。档案管理系统将灌区业务及行政办公流程中的文件、资料等的流转过程用计算机软件管理起来，确保文件资料收集、积累的完整，以利于档案的整理、编研工作的开展，便于日后档案、资料的查询利用。因为档案的重要性，所以安全的数据备份就特别重要，必须予以重视，采取对策。

（3）财务管理系统。财务管理系统的建设，可根据灌区的实际需求，购买相应成熟的商用软件，尽量不要自行开发。

（4）行政办公管理系统。与财务管理系统类似，行政办公管理系统的建设，可根据灌区的实际需求，优先考虑购买相应成熟的商用软件；对于较小的灌区，因其行政事务简单，功能要求不高，也可以考虑自行开发。

（5）网站管理系统。网站已逐渐成为一个单位和机构的门户，网站建设和管理系统的开发也是灌区走向开放的重要途径。网站除了为公众提供信息服务外，还为灌区管理机构和人员提供移动的信息发布和查询机制及功能。同时，作为门户，网站也是灌区业务管理各功能子系统的统一且唯一的入口。因此，建设好网站及其管理系统是实现灌区移动办公的有效方法。

（二）应用软件架构

信息化是一个系统工程，灌区的业务相对比较复杂，在保证各部门业务工作独立性的前提下，满足信息的共享和应用，适应业务科室的合并及拆分，便于人员的有序流动，灌区的应用软件架构，建议采用平台化分层结构。

第一层：基础架构。将基础数据库和空间信息数据库系统作为平台的基础。二者通过数据引擎进行数据交换和共享。

第二层：接口。封装数据的读、写、校验等操作。

第三层：应用系统。根据灌区业务工作的内容，划分软件子系统。通过模块调用实现系统的集成。

七、配套设施建设与改造

（一）供电设施

供电设施建设包括信息中心站、信息分中心站、遥测站、监控站、中转（继）站等的供电设施建设及电源和辅助设备的配置要求等。

供电系统是自动测报系统的心脏，对整个自动测报系统的运转起至关重要的作用。信息中心站、分中心站及遥测站的数据接收通信设备均采用交流电浮充蓄电池供电方式，计算机网络设备采用 UPS 不间断电源交流供电方式，以保证停电时能接收数据。其他设备可考虑采用交流电供电，但应具有瞬态电压抑制措施。

为保证在"有人看管、无人值守"的运行模式下，设备能在雷电、暴雨、停电的恶劣条件下可靠、正常地工作，遥测站采用太阳能浮充蓄电池直流供电。蓄电池容量要保证在连续阴雨天的情况下能维持设备正常供电，太阳能板功率要保证在连续阴雨天后能在规定的天数内将电池充足。遥测站所需的电池容量和太阳能板功率根据设备用电情况及当地年日照时数综合确定。具体连续阴雨天数要依据当地实际情况确定。

（二）防雷设施

防雷设施建设包括系统防雷设计、防雷接地、等电位连接、屏蔽等设施建设以及对应的土建内容。

雷电影响是造成灌区数据采集系统损坏、故障的重要原因。影响途径主要有直击雷、感应雷和其他雷击破坏。针对不同的雷击破坏提出不同的防范要求，我国有《建筑物防雷设计规范》（GB 50057-2010），站房的防雷要求应符合要求。中心站还应符合计算机、通信等防雷要求。防直击雷的主要措施包括安装较好的接闪器（避雷针）、接地体，以及等电位连接。感应雷能通过通信设备的天馈线、电源线、传感器信号线进入设备，要采取相应的防雷措施。通信线、信号线和电源避雷是数据自动采集系统必须采取的避雷措施。等电位连接也是防感应雷的重要措施。要注意直击雷和感应雷可能同时发生，因此要兼有二者的防范措施。

很多灌区地处暴雨和雷电高发地区，必须在中心站局域网与设备的接口间加装数据与信号回路的防雷电的浪涌保护器。中心站所有插座均采用防雷插座。

在遥控站，RTU 的连接线端口均加装信号浪涌保护器，以防止 RS485 接口遇雷电感应时过电压损坏。

在天馈线与电台的连接处，加装无线信号浪涌保护器。

所有室外安装设备均应低于当地避雷针高度 5 m，中心站天线杆顶部都要加装避雷针。避雷针应为钢制良导体，顶端光滑尖锐，杆底部用钢筋与建筑物环状避雷接地网焊接构成避雷系统其接地电阻应小于等于 4Ω。

天线防雷、电源防雷、信号防雷应与所有设备接地线在地下连接在一起，形成一个等电势接地，用以防范感应雷。系统的接地电阻应小于 4Ω。

在自动采集传感器、低压控制柜和 RTU 控制箱的选材上选用金属柜，用其屏蔽接地设施避免感应雷击。在低压电器供电前端要加装电源避雷器，避免电源线引入雷击电。

第二节　大型灌区信息化建设实用技术方案

一、大型灌区信息化建设规划、可行性研究报告与初步设计报告

信息化建设规划、可行性研究报告（以下简称"可研"）与初步设计报告（以下简称"初设"）的编制是信息化建设过程中极其关键的步骤，报告编制的水平将在很大程度上影响到项目建设的水平。由于水利信息化建设具有显著区别于传统水利工程建设的形式与特点，为了指导和规范规划、可研与初设的编制工作，水利部颁布下发了《水利信息系统可行性研究报告编制规定（试行）》和《水利信息系统初步设计报告编制规定（试行）》，中国灌溉排水发展中心也组织编写了《大型灌区信息化建设规划编制大纲》，对报告编写中涉及的若干问题做出了明确规定。本节将以上述文件为依据，重点结合大型灌

区信息化建设的业务需求及特点，对报告编制中需要充分关注的问题予以说明。

（一）编制要点

规划、可研与初设具有不同的使用范围与功能特点，灌区规模不同，行政编制与管理机构模式不同，地域环境、自然状况与资源条件不同，对信息化建设的需求也存在较大的差别。但对于灌区信息系统建设来说，一些共性技术问题在报告编写时是应该共同关注的。

1. 高度重视编写工作

规划、可研与初设既是信息化建设过程中必不可少的环节，更是保障项目科学、规范实施的基本指南。同时，它们也是项目完成后审查、验收的基本依据。尽管报告可以委托专业机构编写，但决策与把关的责任仍然在灌区，建成后的系统最后也将由灌区使用。当前，灌区信息化仍处于试点建设阶段，只有少数大型灌区进入试点建设行列。灌区普遍反映信息化人才较为匮乏，既熟悉水利业务又精通信息技术的复合型人才更是凤毛麟角。因此，在启动灌区信息化建设时提高对规划、可研与初设编写重要性的认识，高度重视报告的编写工作，应该成为灌区领导与管理部门的共识。

2. 准确把握核心内涵

深入开发和利用水利信息资源，全面提升灌区水利事业的效率和效能，是灌区信息化最核心的内涵。提升效率和效能是建设的根本目的，而效率与效能的提升是通过对信息资源的深入开发和利用来实现的，这正是信息系统区别于传统水利工程最显著的特点。围绕如何深入开发和利用水利信息资源推进信息化建设，以提升灌区水利事业的效率和效能，将是整个信息化建设过程中值得深入思考的问题，也是编制规划、可研与初设时需要准确把握的核心要点。

3. 遵循基本原则

从某种意义上说，水利工程可以看作水管理部门的硬件，而信息系统则是其软件。以信息化为标志的非工程措施和传统水利工程措施的结合，代表了当今水利科技发展的潮流。由于"软件"系统具有的变化性、可塑性与不稳定性，导致在编制规划与初设时，系统的技术路线与技术方案可能有着多种选择，这就需要进行充分的分析、评估和论证，经过科学的判断和决策，基于制定的基本原则，选择最适合灌区实施的建设方案。

4. 科学确定建设内容

规划、可研与初设最关键的环节是科学、合理地确定在规划、可研及初设编制年度内的项目建设内容。建设内容确定之后，相应的技术方案、系统配置、设备选型、估算（概算／预算）报价也就可以随之确定了。而建设内容的确定必须基于对灌区信息化目标、内涵及发展趋势有着透彻的理解，对本灌区信息化建设业务需求有着深入的认识，对信息化已有的基础条件和前期工作有着详细的了解。因此，建设内容的确定居于最核心的环节，建设项目安排越科学、合理，系统今后的应用效果就会越好，投资回报率就会越高。

（二）规划编制

1. 总体要求

灌区信息化建设的决策一旦形成，一般应该首先编制规划。规划可以看作是为本灌区信息化建设描绘的一幅蓝图。一个精心编制的高水平的规划将成为指导整个信息化建设过程的纲领性文件，确保信息化建设一直沿着科学的方向发展。规划应描绘出灌区信息系统的全貌，勾勒出建设过程的"路线图"，包括系统的体系结构、目标功能、项目内容、技术路线、实施计划等。在规划中，不同阶段的建设内容在整个信息系统体系中的位置、功能、与其他部分的关系等要清晰明了，以保证系统整体结构的完整性，有效避免不同时期、不同公司建设的系统彼此不能兼容的信息难于以共享，甚至出现重复建设、重复投资的问题。规划作为一种对建设与发展的展望，具有一定的超前性，所列的项目内容并不一定都是近期内有条件实施的，只有当投资意向基本确定并进入立项审批阶段，建设才可能实质性启动，此时，项目将进入可研阶段。

规划强调的是宏观上对整体的把握、技术上对方向的把握、结构上对层次的把握、内容上对要点的把握。

2. 主要内容和深度要求

（1）详细描述灌区经济社会发展的全貌，深刻领会灌区信息化的内涵、目标与功能特点，深入分析灌区经济社会发展对水管理工作的要求，确定规划编制的指导思想与基本原则。

（2）站在科学发展观的高度，充分论证规划项目对灌区经济社会可持续发展的重要意义。

（3）准确把握信息技术的发展趋势，深入分析本灌区建设与发展对信息化的需求，提出规划项目建设的总体目标、实现的主要功能和推进信息化建设的基本思路。

（4）根据建设目标和功能，科学确定项目建设内容。

（5）认真研讨为实现项目建设的目标和功能、完成项目建设内容可能采用的技术路线和方法，并经过反复比较和论证后确定。

（6）在技术路线的指导下搭建系统的总体结构框架模型，说明系统的层次结构和信息处理流程，明确各组成部分或单元的功能及与其他部分的连接关系。

（7）描述系统的基本组成与配置情况，说明项目的投资估算方案。

（三）　可研编制

1. 总体要求

可研报告以规划为依据，在系统体系结构的总体框架内，根据可能批准的投资规模，按照"急用先建，应用为主，注重基础"的原则提出投资年度内的建设目标、任务、内容、方案等。可研报告需要对所列建设项目与建设内容的必要性、技术路线与技术方案的可行性进行详细的分析与论证，包括对不同技术路线和技术方案的分析与比较，并提出推荐的优选方案。

2. 主要内容和深度要求

（1）对现状和需求进行调查分析，确定项目的建设目标和建议内容

可研最核心的工作是科学、合理地确定投资年度内的建设内容，建设内容确定之后，相应的技术方案、系统配置、设备选型、估算报价等也就大致随之确定了。项目内容的确定必须基于对本灌区信息化建设的业务需求有着深入的认识，对信息化已有的基础条件和前期工作有着详细的了解，其中，需求分析是关键。

（2）阐述项目建设的意义，论证项目建设的必要性

对项目所列内容的必要性进行充分论证，从项目建成后的政治意义、经济意义、社会意义可能产生的效益和影响等多个方面阐述项目实施的意义，最好有翔实的数据作为论证的依据。

（3）明确建设原则，提出可能选择的多种建设方案

根据项目建设的目标与任务，针对灌区信息系统体系结构的特点，综合考虑信息技术的发展趋势，提出实现项目建设内容的技术方案。在可研阶段，需要确定技术方案选择的基本原则，并在这一原则指导下提出可供选择的多种建设方案。

（4）综合比选论证，确定项目建设方案

对多种建设方案进行综合比选论证，提出推荐的优选方案。

（5）提出建设与运行管理方案

信息化建设是一个综合的系统工程，需要综合协调与管理。建设与运行管理方案将涉

及组织机构、保障条件、运行环境等，其目的是为项目的建设实施及项目建成后的运行维护构建保障机制。

（6）估算项目投资

建设方案应列出系统的软硬件配置及相应的配套工程，并参照相关取费标准与规范，估算项目投资经费。

（7）论证项目建设的可行性

从技术、经济、管理和社会条件等方面论证项目建设方案的可行性，给出可行性结论。

（四）初设编制

1. 总体要求

初设（或实施方案）是在可研通过之后，项目进入实际建设阶段时需要提供的报告文件。初设作为项目阶段建设的技术性文件，应以可研为依据，细化到技术操作层面。根据初设可研编制招标文件的技术与商务条款，指导建设单位实施项目建设。可操作性是初设编制的要点。

2. 主要内容和深度要求

（1）根据可研制定的建设目标、建设内容和系统总体架构，详细阐述本阶段建设项目的用户需求，明确建设目标与任务，合理确定项目包含的建设内容。

（2）根据确定的任务与内容，深入分析业务处理流程、数据处理流程和功能、性能需求，形成项目建设须满足的技术要求。

（3）根据技术要求进行分析、比选、论证，进行系统的总体方案设计。

（4）根据系统的组成和技术特点，进行子系统划分和方案设计。

（5）确定系统集成方案、软硬件配置及配套设施。

（6）提出项目建设与运行管理方案。

（7）编制项目概算和实施计划。

二、信息化建设功能设计

灌区信息化建设是一个系统工程，包括信息基础设施建设、专业信息系统建设、保障措施与环境建设及数据平台建设。通过与灌区管理局的深入交流与现场实际调研，综合考虑水库灌区效益、需求、认识到位程度、人员配置及管理情况、技术成熟度和实施难度等基础条件开展信息化建设，主要建设内容分为硬件和软件两部分。

信息化建设实现的主要功能如下：一是灌区工情信息的采集与监测，包括基础工情信息和部分实时工情信息。将灌区的图片和资料通过扫描仪和数字化仪转化为图片文件，包括灌区气象、水文、土壤、作物基础数据及灌区概况、渠系分布、农业生产、历年工程批复建设情况、工程效益及绩效评估等方面基本概况数据的输入、修改、查询等功能。通过图形实时模拟显示计算成果，提高系统管理操作的直观性和可视性。二是重要分水口的自动启闭及量测水的远程控制。通过在灌区水库水源出水口闸门进行自动化改造，实现总闸的自动启闭、自动放水、自动量水，以及干渠重要分水口闸门的自动启闭及量测水。三是通过对泵站出水管道的流量监测、压力监测和高位水池水位的自动监测来实现对泵的自动化控制。管理人员在信息中心可实时查看高位水池水位数据、出水管道压力和流量数据，以此控制泵的启闭。通过实时掌握水池水位、管道流量、压力、泵站开关状态、电压和电流等各种监测指标，为水库灌区取用水安全提供保障。四是节水灌溉智能化控制。系统设置主要作物适宜的土壤水分调控阈值，得出了各作物的三种节水灌溉模式。当土壤水分临近或低于土壤水分下限值时，实施灌水，达到土壤水分上限值要求时停止灌水，以适应不同水文年的作物高效用水要求。五是通过灌区信息化建设加强对灌区基层人才的培训，提高灌区信息化应用水平，体现灌区信息化建设的优势。

三、主要硬件设备设计与选型

（一）水库水位监测设备

灌区中的水库大多具有供水、灌溉等功能，而且具备调蓄、防洪功能。因此，监测灌区水库水位一直是水文、水利部门的重点。实时动态监测水库水位，对保证灌区正常用水乃至灌区的安全有着重要的意义。虽然部分灌区水库都配备了水位尺，但仍然采用人工观测，还未安装自动化监测与控制设备，本次灌区信息化建设拟实现水库水位监测的自动化，满足水库雨水监测自动化需求。

雷达式水位计是一种高精度、非接触式的水位测量仪。通过往水面发射高频雷达波，接收水面反射比，测量到水面的距离，测量中不与水面接触，不受浑水、污泥、水生植物等因素的影响，并且安装工作量比较小，只须安装一个悬臂。该设备最主要的优点是抗干扰能力强，不受温度、风、蒸汽等影响，安装、使用、维护方便。以 RTU 为核心单元，使用雷达式水位计，利用 GPRS 公网传送数据，采用市电进行供电。

（二） 流量监测设备

本灌区主要涉及闸门计量，根据上述渠道流量监测方法对比，结合本灌区水源泥沙量大的现实情况，采用超声波多普勒进行测量。

1. 传感器安装

灌溉渠道大多数都是明渠，形状为矩形、梯形，少部分是 U 字形的。灌溉的暗渠会有少部分是圆形的。对上游和下游渠道的要求如下：在传感器上游，要有渠道宽度 10 倍的直渠道，如果上游是闸门、水泵，传感器和闸门、水泵之间要有渠道宽度 30 倍的直渠道；传感器的下游，要有渠道宽度 5 倍的直渠道。

2. 活动支架安装

如果有沉积物，如淤泥，要把传感器安装在沉积物的旁边或者上面，这时就需要用到安装支架。因为每个现场安装支架的高度和宽度都不相同，一般都是在现场附近制作。传感器的支架和岸边起固定作用的支架之间用螺丝拧在一起，这样在维修和维护时，把岸边支架上的螺母拧掉就可以把传感器从水里面捞出来。

3. 闸位测控传感器

根据闸门启闭卷扬起闭和螺杆起闭方式不同，选择轴连接闸位计传感器，使输出轴通过偏心联轴器（或弹性联轴器）与闸门卷扬机的减速机构小齿轮轴头（或卷筒的轴头）相连接，也可采用直连接 3 m 拉线式位移传感系统，实现对闸门起升高度的测量与控制。轴连接闸位计参数特点：①内部配以精密的变速机构，集检测与 A/D 转换为一体，具有断电记忆功能；②适合各类闸门（平板门、弧形门、人字门、门机和桥机等）；③分辨率与所配编码器有关，如配编码器 GD-32768/64，每周分辨率 512 码，连续转 64 圈；④精度为±0.1%×量程±1；⑤通信方式为并行格雷码、RS485 串行通信接口、4-20 mA 标准模拟量；⑥工作电压为 DC 12-24 V。

4. 电动阀

在实际应用中使用较多的阀有电磁阀和电动阀。电磁阀较易被异物堵塞，对水的阻力较大，一段时间过后需要有专人维护维修等；而电动阀则没有这些缺点，故选用电动阀。

电动阀的工作原理是利用电动执行部分控制阀门，从而实现电动阀的开启与关闭。电动阀由两个部分组成，上面是电动阀的执行部分，下面是电动阀的阀门。电动阀是通过电能转换成机械能控制阀门开关，从而实现阀门的开关调节动作。

该电动阀具有节能、不发热的特性，电耗降低最多可达 80%，功率低，可长时间通电，工作稳定。低电压下可正常工作，不会因电压轻微抖动而发生阀芯的抖动。阀体采用全铜锻造，强度高、性能强，拥有更强的控制能力，发热低，适合各类工作环境，反应时间短，以便及时响应控制。

（三）系统应用软件设计

1. 数据信息流程

（1）信息化总体结构。铜东灌区信息化建设总体结构分为信息采集、信息传输、信息管理、信息应用四大部分，建设项目主要包括通信传输网络、中心管理平台、水库水闸自动监测控制系统、干渠渠道流量闸门监测控制系统和视频监测系统五大部分，总体结构如图7-1所示。

（2）数据信息流程。灌区信息化系统中包括水情信息、水费信息、调度信息、视频语音信息和其他与灌区业务相关的信息，这些信息是各级管理部门进行决策所必需的基本信息。

信息源的分布包括灌区管理局调度中心、水库管理所分中心、监测站点等业务相关单位。这些信息的收集、传输和处理应用是灌区信息化系统要解决的主要技术问题，根据信息源及其特性对信息进行分类并分析各自的流程，对系统设计有着重要的指导意义。

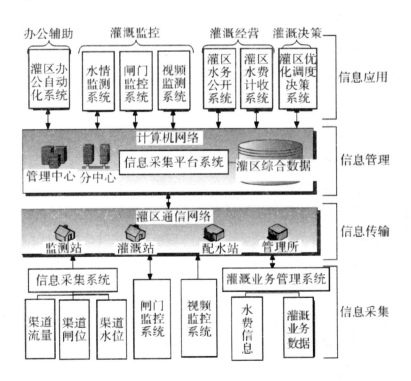

图7-1　总体结构图

数据采集系统包括水库水位实时监测、渠道流量实时监测、气象墒情实时监测、视频实时监测等功能。系统主要功能是为铜东灌区灌域日常管理提供信息服务。在综合数据库和 GIS 的支持下，为管理部门和相关单位提供各类相关信息查询服务和预警信息，提供及时准确的在线信息查询等信息服务，同时实现监测信息的接收与处理。

根据灌区信息化集中式管理需要，灌区内所有信息需要汇集到灌区管理局信息中心，在此可以看到所有监测站点的情况。水库管理所信息分中心可以查看本辖区范围内所有监测站点的情况。灌区管理局信息中心可以通过网络调取水库管理所信息分中心的数据。

灌区管理局信息中心是所有信息的集散地，通过网络向需要数据的站点提供数据支持。水库管理所信息分中心可以查看水库管理所所属灌域的站点信息情况。

本次信息化需要建设信息中心与各信息分中心的骨干网络、视频监视站点到所属管理所的宽带网络，管理所与信息中心连接成一个局域网络，在信息中心建立数据传输业务平台，实现远程控制，实时采集数据，提供传输通道，同时为业务应用子系统建立网络应用平台。

根据需求分析及上述的方案设计，灌区计算机网络、办公业务数据传输、视频信息传输等需要高带宽、稳定可靠的通信保障，因此，需要自建光缆通信网络来辅助通信。流量、闸位等信息采集属于小数据量通信，采用 GPRS 公网通信。

2. 智能节水灌溉系统

灌溉控制系统由管理中心平台、管控网络和田间控制操作层三部分构成。其中管理中心平台是实现管理的核心，管理中心平台与田间的阀门控制节点采用 GPRS 网络进行连接，发送控制命令操作阀门，监控管网压力、流量状态。田间阀门控制器连接电磁阀门，接收轮试点区管理终端的控制命令，发送脉冲实现电磁阀门的远程开闭控制；同时，连接管道压力计监测管网压力、连接流量计监测管道流量。其具体功能如下：

①电磁阀启闭控制；②采集阀控制状态等信息，如通信电量、控制电磁电量等；③检测电磁阀的开关状况；④检测连接到田间控制终端的多种外围设备，如水压等传感器；⑤接收自己所属远程控制终端发来的开阀、关阀命令，进行开阀、关阀操作；⑥阀门状态异常故障报警。

阀门控制器是系统的核心模块，包含 MCU 和射频系统，能够调制/解调无线信号，完成命令解析，对阀门控制模块、水压采集模块、供电模块进行一系列的逻辑控制和操作。

阀门控制模块是执行阀门开/关命令的末级单元。其功能是按照 MCU 所提供的控制逻辑为相应的电磁阀门提供正向/负向电流以控制电磁阀门开启/关闭。

3. 视频监视系统

通过现场的摄像装置，视频监视系统可以通过网络将现场的实时图像准确、快速、清晰地传输到相应的管理部门——水库管理处。值班人员及管理人员根据视频图像所反映的现场情况，就可以异地监视水工建筑物的运行、处理事故。实时采集到的视频信息可以存储在计算机中，作为历史资料，对于事故分析、责任排查、建筑物运行管理水平提高都具有非常重要的价值。

视频监视系统主要由前端设备、传输设备、控制设备、记录及监视设备四大部分组成。前端设备由安装在监视点的高分辨率彩色摄像机、全方位云台、变焦镜头和室外专业防护设备等组成。其主要负责图像数据的采集和信号处理；实时监视相关水库工程及管理所周围环境；在信息中心的监视设备上监视现场的实时图像；视频图像循环存储，图像存储时间不低于 7 d；信息中心安装视频管理服务器，集中存储视频图像；信息中心和管理站可以监视视频监视点；图像分辨率为 704×576 像素，传输速率不少于 25 帧/s；具备红外夜视功能，光线昏暗时也可以看清被监视对象；具备防网络阻塞功能；有系统管理权限之分；利用网络传输视频信息；为系统容量扩充留有余量。

4. 闸门监控系统

闸门监控系统以"无人值守"为设计原则，通过传感技术、自动化控制技术、计算机软硬件技术、网络通信技术的综合应用，使用户能够控制闸门，还可以通过计算机远程控制闸门的启闭状态，采集和传输图像信息，远程控制系统的联锁，使闸门控制系统、水位、流量、视频画面和闸门控制系统能够集中显示在软件画面上，使远程操作更加直观。

网关控制系统具有以下特性：一是图形仿真站点场景，可实时显示网关的高度和状态；二是通过计算机鼠标操作可以打开或关闭计算机网关；三是在现场展示压力和实际信息，详细掌握设备的操作情况；四是完善事件记录，记录每个网关操作的打开时间和高度；五是丰富的广告信息。该软件可以集成水位信息，实时显示水位的当前高度，且远程操作更加可靠，更易于满足业务需求。根据计算机化要求，控制系统实施了现场控制、水库管理层控制和三级编程控制。

（1）现场控制。主要包括逻辑控制部分、操作部分（电机保护器、相序保护器、过载保护器、交流接触器、关口表、电压变送器和电流变送器等）、通信部分（以太网、无线 GPRS 或光纤传输、RS485 接口等）三个部分，构成了工业级高可靠性的关口自动化控制系统。内部控制系统支持螺杆、绞车、斜拉等闸门类型，单孔或多孔闸门可接入系统。此外，考虑到网关通常位于远程位置，系统除了支持有线网络外，还可以选择通过光纤到变电站的有线或 GPRS 无线进行远程控制。考虑到子站和存储站门更接近信道门，可以优先考虑光纤通信接入公用网络。

现场控制单元采用 PLC 完成对闸门的逻辑控制，PLC 首先根据闸门现有的参数，如闸位、机械上/下限位、电子上/下限位、按钮输入、闸门是否有运行机械故障报警等判断现有的工况，然后通过控制指令和逻辑运算使闸门完成操作，在软件上考虑闸门上升、下降时的逻辑互锁和反向延时，以防止闸、阀的机械和电气冲击，考虑上升、下降时左右的闸位高度是否达到纠偏要求、是否超差等，所有这一切都通过 PLC 内的梯形图软件编程来实现。PLC 通过 RS-485 总线通信接口与监控中心闸门监控计算机构成一主多从结构的通信系统，完成上位机发出的采集和控制指令。监控中心计算机通过应用软件直接监控，监测闸门的状态，并控制门到设定开度；现场控制柜中的测控仪和 PLC 直接控制闸阀，并响应上位机的控制命令、采集命令，组成分布式系统，共同实现对闸门的监控。

（2）水库管理所级控制。主要由水库管理所级计算机和 PLC 控制系统组成，当电动执行机构可通过工控机对闸门进行水库管理所级控制时，能够监测闸门控制箱所有信号量、测量值等实时工况及运行参数，执行和记录调度员发出的本站设备调节及控制命令信息。

远程控制，可实现对闸门的手动启闭控制，也可设定一开度值，与当前开度值进行比较，由 PLC 控制系统自动给出启闭指令，当到达目标值时自动停止，当闸门控制柜收到启闭指令后，首先进行判断，如指令正确则按给定开度值控制电动机启动；同时，电动执行机构获取闸门位置。在此过程中，若闸门超出上下移动范围，立刻终止电动机运作，保护闸门不被损坏，完成操作指令后电动机停止；同时，通过光纤传输向水库管理所级控制系统和调度中心返回启闭高度结果。

（3）灌区管理局调度级控制。调度中心控制是系统的远程调度方法，能够监控闸门监控点的信号量、测量值等实时工作状态和运行参数，执行和记录中心调度工作站发出的每个泵站的设备调整和控制命令信息。此外，根据各泵站的水位和运行工况，还可对相关闸门的启闭进行调节和控制。若工作条件允许，调度中心控制层的上位机可直接操作闸门控制箱，实现远程集中控制。根据收集到的信息，上位机可以建立各类信息数据库，由调度员进行分析比较，改进管理方法，提高经济效益，对各种工艺参数值（包括历史数据）建立趋势曲线。

5. 灌区数据库系统

（1）设计原则。软件是灌区信息化建设中最复杂的部分，灌区的业务比较繁杂，涉及业务也非常广泛，包括雨水监测、闸门监测监控、水利工程管理、用水调动管理和电子政务等，每部分各具特点，应用开发的语言也不同。面对如此复杂的软件建设情况，做好软件的整体规划尤为重要。

根据灌区业务应用系统的特点，灌区数据层规划为数据平台的建设模式，其数据库从框架上规划为灌区基础数据库和地理信息数据库，本次信息化建设实施方案中主要涉及基础数据库的建立。

灌区数据库建设包括两个方面，即数据库结构建设和数据库内容建设。数据库结构是指通过对灌区的分析，合理分类灌区信息，依据数据库设计的相关理论和方法，建设结构合理、技术易于实现、满足应用要求、安全可靠的逻辑和物理数据库。

灌区数据库平台集成灌区的工程管理保存和管理。用水管理与行业管理密切相关，具有基础性、专业性、时效性和共同作业性等特征的相关数据信息，可以为灌区其他专业信息系统的开发应用程序提供强大的数据支持。同时，灌区数据库平台具有较规范统一的渠道形式和数据标准，可以在行业内部进行信息交换、统计分析和评价等。

（2）基础信息数据库设计。主要包括水情数据库、闸控数据库、工情数据库、管理数据库和水利空间属性数据库。

水情数据库包括水位流量、监测站基本信息、监测站实时水位、统计水位信息、流量、统计流量信息、实时雨量和累计雨量信息等基本信息。数据存储格式为数字、字符格式。数据共享方式为部分外部公开，其余为内部共享。闸控数据库包括闸控站基本信息、闸门开启高度等实时监控信息。数据存储格式以字符、数字为主。数据共享方式为部分外部公开，其余为内部共享。工情数据库主要包括水源、渠道工程及附着在其上的水利工程建筑物的资料，包括在建工程和已完成的工程。数据分类为工程的基本特征信息、技术指标信息、运行状况信息及图片图像信息等。这类数据需要人工输入。管理数据库包括灌区的行政管理信息、经济情况、固定资产信息、人事工程财务行政档案、财务情况和用水户协会信息等。水利空间属性数据库包括灌区范围内的所有水源、水利工程、管理设施、监测站点及地形地貌的空间属性信息。

（四）灌区智能灌溉信息化建设建议

1. 灌区现代化建设应尽快制定技术标准

贵州省山地灌区地形、地貌、水资源、作物、土壤、工程分布、基础设施及运行管理机制体制等存在差异。目前实施的灌区信息化建设种类繁多、标准不一，导致信息资源无法共享，形成信息孤岛，硬件设施重复投资，亟须制定贵州省山地灌区技术标准，更好地指导灌区信息采集、传输、应用层建设，为灌区现代化管理提供科学的决策依据。

2.加强水利先进实用技术在灌区的推广应用

贵州省大型灌区信息化建设主要为灌区管理、用水调度管理、行政办公决策与管理提供服务，具有显著的经济效益、社会效益和生态效益。贵州省大型灌区信息化建设的效益集中体现于通过各种用水信息的采集分析，建立科学的用水调度管理模式，为科学灌溉、合理用水、节约用水提供依据，提高灌溉保证率，增加农作物产量，提高农业生产力，改善当地农民生活条件，提高灌溉效益、供水效益。同时，通过先进的量水设施精确计量实用水量，不仅可以增加灌区水费收益，而且可大大减少交接水双方的矛盾，从而确保灌区的社会稳定，为灌区水利现代化和经济社会可持续发展提供可靠保障。

第三节　甘肃景泰川电力提水灌区信息化建设初探

一、灌区概况

甘肃省景泰川电力提灌灌区（以下简称景电灌区）位于甘肃省中部省城兰州市以北180 km 处。景电工程一期工程自 1969 年开工建设 1974 年竣工。二期工程于 1984 年 7 月开工建设 1987 年开始上水，1994 年基本建成。景电二期延伸向民勤的调水工程是一项利用已建成的景电二期工程的灌溉间隙和空闲容量由总干分水闸通过腾格里沙漠腹地自流向民勤。调水工程于 1995 年 11 月开工建设，2000 年 9 月基本建成，2001 年 3 月 5 日开始向民勤输水。

二、景电灌区信息化建设总体规划

（一）景电灌区信息化建设的指导思想

根据《全国水利发展第十个五年计划和 2010 年规划》和《全国大型灌区续建配套与节水改造规划》确定的发展目标，针对本灌区高扬程、多梯级、多机组大流量、点多线长面宽的特点和灌区管理的实际需要，按照"科学规划，分步实施，因地制宜，急用先建，先进实用，高效可靠"的思想，逐步建立起与国民经济基础设施地位相适应，能有效地促进水利事业可持续发展的水利信息化体系，以推进灌区的技术优化升级和提高灌区的管理水平，更好地为国民经济建设和灌区社会经济发展提供服务。

（二）规划建设原则

①以需求为导向，实行长期目标与近期目标相结合，分期实施，急用先建，逐步推进。立足当前实际，整合已有资源，最终形成完整的灌区信息化体系。

②统筹规划统一标准互联互通资源共享避免重复建设。

③充分利用现有资源，活存量，专通结合。

④在灌区信息化建设中要按照"先进实用，高效可靠"的原则保证系统的开放性和兼容性，为系统技术更新功能升级留有余地。

⑤充分利用国家的信息公共基础设施和相关行业的信息资源实行优势互补资源共享。

⑥突出重点，分步实施，集中力量抓重点应用工程加快信息资源开发，保证信息资源安全。

⑦实行"一把手"负责制，加强信息队伍建设，强化信息人才的培训。

（三）总体结构设计

根据景电管理局管理体制，灌区水管理信息系统分外网、内网建设：外网为社会公众政府部门水利部水利厅等提供访问服务；内网为局处（室）、科（队、厂、站、所），干、支、斗等测控点等局内单位提供生产办公平台。

从系统功能来划分灌区水管理信息系统由"灌区信息化门户平台"和"业务应用系统平台"组成。从网络结构来划分灌区水管理信息系统建立在"灌区专用通信网"和"高速局域网"之上。

灌区水管理信息系统由以下业务应用系统组成：泵站计算机监控系统、闸门自动控制系统、水量自动计量系统、图像监控系统、WebCis 系统、人事管理系统、政务办公系统、财务管理系统、物资设备管理系统、用水计划编制系统、水费管理系统、工情水情、气象水文、土壤采集系统。

采用先进的信息门户及中间件技术，通过建立虚拟数据中心使灌区已建的与业务应用系统相应的物理上分散的数据库实现逻辑上统一。对建立在异构、分布数据库之上的业务应用系统进行数据集成和信息资源整合，实现信息资源共享和互联互通，解决信息孤岛难题，保护早期投资。对灌区新建业务应用系统，按照统一技术标准统一技术架构进行设计和开发，保证互联互通。由于采用了信息门户及中间件技术，可允许异构分布数据库建设随业务应用系统建设同步进行，可使信息化建设有限的资金尽快发挥效益，即建成一个业务应用系统，则立即投运一个，体现了"科学规划，分步实施"的指导思想，从而加快灌区信息化建设进程。

（四）灌区专用通信网建设

景电通信工程由一期、二期、民调通信三个部分组成，主干传输采用 SDH155Mbps 光传输，是一个由光缆线路传输、数字同步终端传输设备、程控交换机组成的综合业务数字网。根据业务的需要可以提供话音和非话音（数据图像）通信服务。系统主要由主干光纤及数字传输系统、数字程控交换系统、数字调度通信系统、数据传输系统、泵站图像监控系统、无线接入系统、Intranet 系统、微波通信系统等几个部分组成。它是专为景电工程服务的灌区专用通信网系统。

（五）高速局域网建设

在局域网建设过程中应遵循开放性、先进性、可靠性、安全性、可扩充性、经济性原则。

采用千兆以太网和快速以太网相结合的方式构筑管理局网络，网络的骨干部分采用千兆以太网技术，在用户接入部分则采用 10/100M 全交换方式，并按部门或单位划分 VLAN，加强管理和安全保护。

该部分由宽带访问 Internet 出口远程局属单位和移动办公人员及授权的其他相关单位的接入。

（六）灌区信息化门户平台建设

门户系统是水管理信息系统的统一访问入口。对于一般的用户，它提供一个基于 Web 的界面，能够访问系统的各种信息和功能。此外，它还应该支持 Web Service、WAP 等访问方式，能够实现各部门的各种应用集成，也能支持 3G 等无限通信协议进行移动访问。它能够支持单一登录也能通过调用个性化和规则引擎提供个性化服务。每个用户可以根据自己对资源访问的权限来进行自己个性化的界面设计，定义自己个性化的 Web 页面。信息门户和中间件技术是对异构应用系统进行数据整合集中展现的窗口，是近几年发展起来的先进成熟的技术。

专家知识库系统通过有效的组织工作中的常用业务知识、文档规章制度等，帮助人们快速查询到自己需要的知识，从而迅速解决问题。

（七）应用系统平台建设

1. 泵站计算机监控系统

一期工程总干一至六泵站采用了目前国内先进的以计算机综合控制为核心，以网络传输为纽带的新型的、功能先进的分层、分布、分散式结构集保护、测量、控制为一体的泵站综合自动化系统，实现了对一期泵站的计算机远程监控及调度。

2. 闸门自动控制系统

闸门自动控制根据闸门所处的地理位置特点，我们采用了两种远程控制方式：一种是对距离系站较近的支渠口，结合泵站计算机监控调度系统，把闸门控制设备纳入系站进行控制；另一种是对距离泵站较远的渠道口，在调度中心通过计算机拨号连接远方测控单元，下达指令进行控制。

3. 水量自动计量系统

水量计量，在高扬程提灌灌区，成本的关系显得尤为重要，我们采用把住总进口掌握各出口的做法。在一期总干一泵站压力管道上安装了4台固定式超声波流量计，在一期总干一泵站压力管道上安装了4台周定式电磁流量计，实现了对泵站总流量的远程实时监测。所有干、支、斗实现了水自动计量，部分支渠口还实现了远程水量测报。

4. 图像监控系统

在景电一、二期总干一泵站安装了远程图像监视系统，可实时监视及记录黄河河面水位状况及泵站内机电设备的运行状况，将根据需要进一步扩大图像监控点。

5. 人事管理系统和财务管理系统

人事、财务管理软件选用经人事部、财政部评审的专业管理软件。

6. 在建应用系统

WebGIS系统、政务办公系统、物资设备管理系统、用水计划编制系统、水费管理系统、工情水情气象水文、土壤采集系统正在建设之中。

三、信息安全建设

信息门户与水管理信息系统在物理安全、网络安全、系统安全、信息安全、管理安全五个层面上实现安全保障体系建设。

根据网络规划布局现状，信息门户与水管理信息系统可划分为内网门户/外网门户两个域。

外网门户，该安全域中主要是运行在互联网上，包括 Web 服务器、邮件服务器等。

须建立如下安全机制网络防病毒机制；入侵检测机制、漏洞扫描机制、网页保护机制、防火墙身份认证机制。其中在防火墙后面的业务逻辑和数据库等后台部分，还包括信息加密机制、数字签名机制、授权管理机制、应急恢复机制等安全机制。

内网门户系统。该安全域运行在灌区内网上，主要运行协调部门、单位的办公业务的审批调度信息交换与共享、监督监察服务等包括各种应用服务器、数据库服务器等。须建立如下安全机制：网络防病毒机制，入侵检测机制，漏洞扫描机制，防火墙、安全隔离机制，身份认证机制，信息加密机制，数字签名机制，授权管理机制，应急恢复机制。

对于总系统与子系统之间的重要信息交换，可建立虚拟专网（VPN）来加强安全性。

这些信息安全系统从物理环境网络、系统和应用各个方面为系统建立了安全防护措施形成了整体信息安全防护体系。

四、灌区信息化建设的经济效

灌区信息化建设提高了机电设备和水工建筑物安全运行的可靠性，实现了科学调度，改善了供水响应能力；实现了机组优化运行，提高了装置效率，节约了能源，较好地做到了级间流量的配合，减少了溢流弃水，提高了渠系水利用率，节约了水资源；减少了运行管理人员，降低了提水成本；实现了水量的量化管理和水资源的优化配置。

五、我国大型灌区信息化建设存在的问题与对策

（一）灌区信息化建设目前存在的主要问题

我国大型灌区信息化建设存在的问题可总结为建设问题、管理问题和技术问题三个方面：

1. 建设中的主要问题

（1）资金投入不足

29个灌区信息化试点建设，3年累计实际投入资金13 589万元，占计划投资的63.8%，占规划总投资的13.8%；其中渠南、沸史杭、双牌、青年运河、青铜峡、泾惠渠灌区，3年实际投资金额不到计划投资金额的30%。信息化作为一项综合性工程，由于资金投入不足，相关系统建设不配套以致工程很难发挥效益和作用。有的灌区建设了水情信息采集点和闸门控制点，受资金制约还没有开发应用软件，采集的数据也就无法应用；有的灌区仅用3万~5万元开发一个简易软件，应付使用。

（2）认识理解不到位

当前，灌区信息化的发展刚刚起步，处于摸索和试点阶段，应本着"以需求为向导，经济实用的原则"，综合考虑灌区现有的人力、物力、财力情况，制定实用的建设任务。而个别灌区，对信息化建设的目的认识不够，存在着攀高求大、追求先进、不讲效益等问题。

（3）建设内容欠妥

由于投资不足和理解不到位，灌区在选择建设内容上出现偏差。例如，淠史杭灌区总体规划中，没有考虑上游供水水源情况，只规划了渠道信息采集，难以形成用水管理方案。泾惠渠灌区仅建设 8 个信息采集点，但中心机房装修工程投资过多，不够经济实用。面子工程、形象工程仍然存在。

2. 管理中的主要问题

（1）缺乏标准规范

目前灌区信息化建设的相关标准规范还很不健全，基本沿用水文、通信、水工的相关标准给数据格式统一、不同厂商设备的互联都带来一定难度，系统兼容性差。

（2）复合型人才匮乏

总体上讲，从事灌区信息化建设的专门技术人才，特别是复合型人才数量严重不足，懂计算机的不懂水利，懂水利的不懂计算机，技术结构不够合理。在灌区信息化建设中，有的灌区全部依靠企业来确定建设内容、选择设备、核算经费。此外，很多公司又属纯技术公司，缺乏水利知识，不能提出满足灌区实际应用的需求分析，个别公司根据自己熟悉的知识设计信息化内容，开发出来的系统不符合灌区业务流程，实用性差。

（3）行业管理本身信息化程度低

大型灌区信息化建设是从上至下管理理念的全方位变革，在灌区管理单位积极推进信息化建设的同时，作为整个农村水利信息化的重要组成部分，大型灌区行业管理的信息化程度也应该同步发展。目前由于刚刚起步，只是在灌区节水改造管理方面进行了部分研究和开发工作，随着灌区信息化工作进一步深入，行业管理的信息化脚步也将加快。

3. 技术上的主要问题

（1）测量方面

目前灌区的测量技术主要是水文和工业上成熟技术直接移植，存在环境适应性和成本问题，灌区的环境对电子设备来说相对恶劣，而且点多面广，因此对产品的稳定性和成本就极其敏感，对精度的要求不是很高。另外，明渠测流仍然没有太好的办法。

（2）控制方面

灌区控制对象只有泵站和闸门。对于泵站，尤其是多级泵站，水泵自身调节应用极少，靠启闭台数无法精确匹配流量。闸门实现遥控不少，流量控制仍然不多，动态配水只是实验阶段。

（3）网络方面

目前灌区网络建设存在的问题较多，如专网与公网的问题、宽带与成本的问题、功率和耗电的问题等。例如，有的灌区自建光缆，甚至将光缆铺到每个闸门，理由是目前光缆本身的成本已经很低，但实际上光缆铺设的施工成本、维护成本，尤其是光缆设备的成本依然很高，而除了视频以外，灌区大部分的测控传输的数据量是很小的，光缆大部分宽带资源浪费。

（二）加强我国灌区信息化工作的对策

为了加强我国灌区信息化建设工作，应重点从以下五个方面着手：

1. 加快标准规范建设，实现有序管理

抓紧建设全国灌区管理信息系统，以便从根本上改变目前大型灌区及行业管理基础工作薄弱、信息管理技术手段落后的状况，适应灌区管理能力建设和节水改造项目管理工作的需要，进一步研究制定大型灌区信息化有关技术标准和有关政策，促进大型灌区信息化建设的规范化，逐步实现我国灌区间的信息共享。

我国正在组织开展研究和建立灌区信息化技术标准体系。主要内容有：建立规范化的数据分类和编码标准、元数据标准及管理标准、术语和数据字典标准、数据质量控制标准、数据格式转换标准、空间数据定位标准、信息系统安全和保密标准、信息采集与交换标准等，建立全国灌区统一的多级比例公共基础地理信息平台。

2. 抓好试点项目建设，积累运行经验

按照《水利部信息化工程建设管理办法》的要求，加强对试点灌区信息化建设项目的管理。加强前期工作，通过坚持规划和重大设计方案的专家论证评审制度，严格执行项目的立项审批程序。要调动各方面的积极性，多渠道筹集资金，确保配套资金的落实。对项目的建设和监管实行公开招标，确保工程质量，同时对试点灌区进行中期评审，实行动态管理。对地方积极性高，配套资金落实情况好，信息化试点工作成效显著的灌区，中央继续加大支持力度；反之，取消灌区信息化试点的资格。通过加强项目资金管理和以上措施，建立一套行之有效的、科学的信息化建设管理制度。

3. 加大技术支持力度，确保试点成功

充分依靠科研院校单位的力量，充分发挥专家的作用，为试点灌区的信息化建设提供强有力的技术支持，以保证信息化建设的科学性。为加强对试点灌区信息化建设项目的技术支持，成立全国大型灌区信息化建设项目专家组，负责项目的具体技术指导和监督，并组织对项目研究成果的验收、评审和鉴定。专家组将通过召开技术研讨、现场会、制发工作简报等方式交流灌区信息化技术的最新发展情况，并对试点灌区提供技术咨询。

4. 加强软件应用建设，避免重复开发

抓紧组织一流的科研机构联合攻关，加强软件和应用系统开发，避免低水平重复开发，提高灌区信息化建设资金的使用效率。利用国家"863 计划"项目，开展"大型灌区信息化建设 GIS 应用示范"。主要内容有：研究制定大型灌区 GIS 数据标准以及开展相关政策研究；建立大型灌区专用 niGis 平台。利用水利部"948"项目，引进国外灌区水资源优化调度关键技术与设备。主要引进内容有：田间水量计量设备；数据通信系统中的 RTU 设备；视频控制中的 RIX 设备；灌区水管理软件（WMS）。

5. 加强技术人员培训，培养骨干队伍

针对灌区信息化人才严重缺乏的状况，制订切实可行的人才培养计划。加强对干部职工的信息化知识培训，把信息化知识和计算机应用水平纳入干部职工的考核内容。通过多种形式，培养和造就一大批能够跟踪国际先进水平、掌握信息系统应用开发技术、精通信息系统管理、熟悉灌区信息化知识的多层次、高素质的灌区信息化人才，为推进灌区信息化建设奠定坚实的基础。

［1］李宗尧. 灌区管理与调度［M］. 南京：河海大学出版社，2006.

［2］美国内务部垦务局，高占义，谢崇宝，等. 现代灌区自动化管理技术实用手册［M］. 北京：中国水利水电出版社，2004.

［3］邱林，陈晓楠，段春青. 灌区水资源管理及应用［M］. 郑州：河南人民出版社，2006.

［4］赵阿丽，高希望. 灌区改造项目环境管理［M］. 郑州：黄河水利出版社，2007.

［5］汪志农. 灌区管理体制改革与监测评价［M］. 郑州：黄河水利出版社，2006.

［6］年立新，中国灌区协会. 参与式灌溉管理：灌区管理体制的创新与发展［M］. 北京：中国水利水电出版社，2001.

［7］贺北方. 水库灌区优化调度与管理［M］. 黄河水利出版社，1996.

［8］钟玉秀. 灌区水权流转制度建设与管理模式研究［M］. 北京：中国水利水电出版社，2016.

［9］韩晓娟. 农业水利工程中高扬程提水泵站节能降耗方法［J］. 南方农机，2022，53（13）：169-171+183.

［10］赵惠莉. 高扬程提水灌区泵站节能降耗方法探讨［J］. 农业科技与信息，2021（18）：105-106.

［11］李东，吕文星，钱新鹏，等. 甘肃省景泰川电力提灌灌区耗水系数监测试验研究［J］. 地下水，2021，43（02）：110-112.

［12］曾俊波. 浅谈电力提灌泵站的工程规划［J］. 发展，2019（06）：72.

［13］王俊. 浅谈电力提灌站机电设备的运行与管理［J］. 山东工业技术，2015（11）：163-164.

［14］王云山. 高扬程提水灌区人才队伍建设探讨——以景泰川电力提灌工程为例［J］. 农业科技与信息，2009（21）：59-60.

［15］王燕，徐存东，樊建领. 从景电灌区水土资源现状探讨提水灌区节水措施与途径

[J]. 灌溉排水学报，2007，26（S1）：198-199.

[16] 朱红耕. 提高提水灌区能源利用率的措施和途径 [J]. 江苏水利科技，1995（01）：31-33.

[17] 田媛，苏德荣. 高扬程电力提灌区节水与灌溉成本关系的探讨 [J]. 甘肃农大学报，1988（01）：146-151.

[18] 王传豪. 景泰川灌区节水节能效果显著 [J]. 中国水利，1988（08）：20-21.

[19] 朱惠琴. 关于加强灌区管理提高工程效益的几点意见 [J]. 水利经济，1987（01）：17-20.

[20] 李静. 大满灌区水利灌溉工程运行管理对策 [J]. 农业科技与信息，2022（05）：72-74.

[21] 王自云. 灌区运行管理中信息化建设现状及对策研究 [J]. 低碳世界，2021，11（06）：131-132.

[22] 周超峰，赵景业，刘小军. 灌区末级渠系运行管理与农民用水户协会存在问题和建议 [J]. 河南水利与南水北调，2020，49（08）：94-95.

[23] 王琦. 浅析引大灌区工程现状及运行管理措施 [J]. 吉林农业，2019（12）：58.

[24] 杨涛. 灌区输水渠道运行管理若干问题及对策 [J]. 科技风，2019（03）：189.

[25] 何印兴，侯晓丽，陆春建. 灌区运行管理中信息化建设现状及对策探析 [J]. 河南水利与南水北调，2018，47（11）：83-84.

[26] 黄得菊. 引大灌区运行管理中存在的问题及解决对策 [J]. 农业科技与信息，2018（08）：78-80.

[27] 邓子云. 浅谈引大入秦灌区工程现状及运行管理措施 [J]. 农业科技与信息，2017（18）：104-105.

[28] 陈烈奔，孙庆宇，钱萍. 灌区运行管理中资源与信息共享模式浅析 [J]. 水利水电快报，2017，38（08）：55-57.

[29] 代小平，陈菁，陈丹，等. 灌区运行管理的系统动力学模型研究 [J]. 人民黄河，2014，36（01）：88-91.

[30] 朱洪利. 浅谈灌区节水配套改造后的运行管理 [J]. 农业与技术，2013，33（03）：40.

[31] 管瑶，冯永祥，贺兴宏. 额敏灌区运行管理现状及机制改革措施探索 [J]. 新疆农垦科技，2009，32（02）：50-51.

[32] 吴丽. 阜康市灌区农民用水者协会运行管理模式及成效 [J]. 现代农业科技，2011

（14）：299+301.

[33] 靖娟，秦大庸，张占庞. 灌区运行管理模式的创新研究 [J]. 人民黄河，2006
（07）：45-46.

[34] 姜波，聂龙涛. 刍议江东灌区信息化工程运行管理 [J]. 黑龙江水利科技，2012，
40（02）：269-270.

[35] 蔡如堂. 灌区良性运行管理机制的探索 [J]. 农田水利与小水电，1994（05）：5-7.

[36] 鲍其章. 灌区提灌泵站运行管理中存在的问题与对策 [J]. 农业科技与信息，2022
（10）：71-73+80.

[37] 蔡玉梅. 浅谈灌区水利工程运行管理措施 [J]. 农业科技与信息，2022（05）：75-
77.

[38] 柳千红. 灌区水利工程运行管理安全工作分析 [J]. 黑龙江粮食，2021（09）：105-
106.

[39] 魏祥，苏晓辉，王飞. 灌区工程运行管理探讨 [J]. 治淮，2021（06）：90-91.

[40] 刘嘉晟. 灌区节水运行管理技术浅析 [J]. 内蒙古水利，2020（12）：74-75.

[41] 薛媛，王蕾，刘志伟. 灌区工程运行管理与维修养护措施分析 [J]. 水利建设与管
理，2018，38（05）：67-69+63.

[42] 王立金. 如何做好灌区水利工程运行管理安全工作 [J]. 工程技术研究，2018
（05）：184-185.

[43] 滕云成，李明，韩金超. 浅谈农民用水户协会在灌区末级渠系运行管理中的作用
[J]. 水利科技与经济，2010，16（03）：258-259.

[44] 沈建荣. 景电灌区计算机自动化运行管理系统探讨 [J]. 甘肃水利水电技术，2002
（02）：148-149.

[45] 邓娟，郭华，张奕虹，等. 关于灌区管理信息化系统构建的问题分析及建议 [J].
建材与装饰，2018（41）：184-185.

[46] 赵国强. 灌区节水改造后运行管护及管理体制改革刍议 [J]. 科技资讯，2011
（02）：138.

[47] 李海伟. 灌区高效节水灌溉工程建设和运行存在的问题及对策 [J]. 农业科技与信
息，2022（07）：62-64.

[48] 李廷安，李明. 甘肃省临泽县推进灌区现代化建设的思路与措施 [J]. 水利发展研
究，2022，22（04）：117-120.

[49] 王苏，陈丹，周蔚，等. 基于水管理创新理论的灌区水管理评价分析 [J]. 农业与

技术，2020，40（13）：10-13.

[50] 王炜. 大中型灌区自压输水系统建设与管理 [J]. 水利规划与设计，2019（11）：79
－82.

[51] 高占义. 我国灌区建设及管理技术发展成就与展望 [J]. 水利学报，2019，50
（01）：88-96.

[52] 马春梅. 景电一期高效节水灌区用水管理制度分析 [J]. 农业科技与信息，2018
（10）：104-105.

[53] 赵彩琴. 水利工程运行管理现状及对策——以甘肃省靖远县刘川电力提灌工程为例
[J]. 甘肃农业，2015（24）：62-64.

[54] 魏孔荣. 浅述甘肃刘川灌区工程运行现状和维修养护工作思路 [J]. 甘肃农业，
2015（14）：51-52.

[55] 汤玉江，冯臻. 大型灌区水利管理体制和运行机制改革初探 [J]. 水利科技与经济，
2009，15（07）：578-579.

[56] 赵海亮. 景电灌区现代化改造需求探析 [J]. 农业科技与信息，2021（21）：106-
110.

[57] 高占义，王云辉. 大型灌区现代化改造的策略与技术选择 [J]. 中国水利，2021
（17）：8-11.

[58] 李学荣，李益农. 新时代灌区管理面临的形势及深化改革的思路 [J]. 水利建设与
管理，2021，41（06）：53-56.

[59] 刘芳. 灌区管理标准化信息系统设计研究 [J]. 黑龙江水利科技，2020，48（11）：
122-124.

[60] 张峰. 发展农村自来水高效现代化节水灌溉工程应注意的问题 [J]. 城市建设理论
研究（电子版），2018（02）：182-183.

[61] 于兴华. 景电灌区发展中存在的问题与对策 [J]. 甘肃水利水电技术，2008（05）：
295+297.

[62] 宿兰. 浅谈景电灌区高标准农田建设——以条农集团为例 [J]. 新农业，2022
（24）：95-96.

[63] 刘增. 提高灌区农业灌溉用水效益的措施与方法——以景电灌区为例 [J]. 农村实
用技术，2022（12）：127-128.

[64] 张兆芸. 高效农机节水灌溉技术在景电灌区的应用研究 [J]. 中国农机监理，2022
（09）：26-28.

[65] 张明坤. 黄河高扬程灌区存在问题及调蓄水池改造工程的必要性探讨 [J]. 价值工程, 2022, 41 (26): 23-25.

[66] 张景辉. 信息技术在景电灌区高质量发展中的作用及应用策略 [J]. 农业科技与信息, 2022 (17): 122-124+128.

[67] 张建伟. 黄河流域生态保护下景电灌区高质量发展思路 [J]. 新农业, 2022 (07): 83-84.

[68] 沈国云. 景电灌区（泵站）标准化规范化管理建设实践 [J]. 农业科技与信息, 2022 (11): 69-72.

[69] 闫沛鑫. 景电灌区续建配套与现代化改造项目立体感知体系建设探讨 [J]. 内蒙古煤炭经济, 2021 (12): 149-150.

[70] 刘小雪. 景电灌区现代化改造项目信息化主要建设内容探讨 [J]. 农业科技与信息, 2021 (08): 97-98.

[71] 周怀兵, 齐广平. 景电灌区灌溉管理制度改革问题分析 [J]. 甘肃农业, 2016 (14): 9-11.

[72] 张明慧. 浅谈景电灌区泵站水泵机组震动及运行管理措施 [J]. 科技资讯, 2013 (26): 149.

[73] 张瑞茹. 浅议提高景电灌区灌溉用水效益的措施与方法 [J]. 甘肃科技, 2012, 28 (19): 12-13.

[74] 包良江. 浅论景电灌区农业灌溉渠道管网的保养与维护 [J]. 甘肃科技纵横, 2010, 39 (04): 69-70.

[75] 张玉. 景电灌区实施节水灌溉的综合效益分析 [J]. 甘肃科技纵横, 2007 (05): 69+175.

[76] 董江善. 从景电灌区谈高扬程提水灌区管理的发展方向 [J]. 甘肃科技, 2003 (10): 109-110.

[77] 张福. 对景电灌区农业灌溉用水管理的思考 [J]. 甘肃科技纵横, 2010, 39 (02): 78-79.

[78] 史中兴. 提高景泰川电力提灌灌区灌溉效益的管理模式研究 [J]. 地下水, 2018, 40 (06): 99-100.

[79] 郭立春, 刘中伏, 曹瑞清. 景县浅井灌区经济效益分析 [J]. 地下水, 1996 (03): 103-105.

[80] 孙军华. 灌区节水改造工程中的新技术与应用 [J]. 河南水利与南水北调, 2012

（05）：36-37.

[81] 郭妮娜. 浅析我国水资源现状问题及治理对策 [J]. 安徽农学通报，2018，24（10）：79-81.

[82] 和平，翟超，孙志锋，等. 新疆水资源综利用效果及发展变化分析 [J]. 干旱区资源与环境，2016，30（01）：95-100.

[83] 姜大明. 学习贯彻党的十八届五中全会精神 全面节约和高效利用资源 [J]. 国资源，2015（12）：36-38.

[84] 张志新. 关于发展新研节水灌溉的几点建议 [J]. 节水灌溉，2004（4）：38-39.

[85] 王金，邢相军，张丽娟，等. 灌溉管理方式的转变及其对作物用水影响的实证研究 [J]. 地理研究，2011，30（09）：1683-1692.

[86] 李代鑫. 中国管理与用水户参与灌研究管理 [J]. 中国农村水利水电，2002（05）：1-3.

[87] 杜明军. 中国农田水利设施体制机制研究的综述与展望 [J]. 水利科技与经济，2009（12）：1043-1048.

[88] 翁贞林. 小型农水农户参与式管理研究进展及其述评 [J]. 江西农业大学学报，2012（2）：42-47

[89] 徐成波，王薇，温立萍. 小型农水利工程运行管护中的主要问题和建议 [J]. 中国水利，2011（7）：23-25.

[90] 尹庆民，刘德艳，焦晓东. 合同节水管理模式发展与国外经验借鉴 [J]. 节水节水灌溉，2016（10）：101-104+108.

[91] 许志方，张泽良. 各国用水户参与管理经验述评 [J]. 中国农村水利水电，2002（06）：10-15.

[92] 赵翠萍. 参与式灌溉管理的国际经验与借鉴 [J]. 世界农业，2012（02）：18-22.

[93] 卢利辉. 对农业高效节水运行管理模式的探讨 [J]. 陕西水利，2015（S1）：76-77.

[94] 吴同庆. 甘肃省玉门市高效节水农业农民参与管理模式研究 [J]. 北京农业，2015（15）：272-273.

[95] 裴亮，郭志生. 滴灌工程施工方法及运行管理模式分析（Ⅱ）[J] 水利水电技术，2011（27）：75-77.

[96] 石国梁. 棉花膜下滴灌系统的安装和运行管理 [J]. 农村科技，2011（7）：77-78.

[97] 朱美玲. 干旱绿洲灌区农业田间高效用水评价指标体系研究——基于田间高效节水灌技术应用 [J]. 节水灌溉，2012（11）：58-63.

[98] 崔世彬，张庆华，马静，等. 小型农田水利工程可持续运行管理评价 [J]. 人民黄河，2011（338）：146-148.

[99] 朱美玲，李鑫，关全力，等. 干旱区农民节水合作经济组织绩效评价 [J]. 水利经济，2011，39（6）：13-16，69.